亚布力 ✳
企业思想家系列丛书
Business Thinkers Series

特别鸣谢 其乐之 对本书的鼎力支持

SHICHANG DE
JUEDINGXING ZUOYONG
LINIAN YU XINGDONG

市场 的 决定性作用
——理念与行动

中国企业家论坛◎编著

知识产权出版社
全国百佳图书出版单位

图书在版编目（CIP）数据

市场的决定性作用：理念与行动 / 中国企业家论坛编著 .
— 北京：知识产权出版社，2014.8
ISBN 978-7-5130-2912-4

Ⅰ . ①市… Ⅱ . ①中… Ⅲ . ①社会主义市场体系—研究—中国 Ⅳ . ① F123.9

中国版本图书馆 CIP 数据核字（2014）第 182754 号

内容提要

十八届三中全会通过的《中共中央关于全面深化改革若干重大问题的决定》中，最令经济学者和企业家记忆犹新的是：市场的作用由"基础性"转向了"决定性"，虽然只有几个字的差别，却在改革的历史中有着极其重要的意义。如何解读这一差别？在实践和行动中，如何推进这一理念的更替？在深化改革中，中国的经济走向何方？哪些行业还存在发展潜力？近百位中国知名学者、企业家相聚一堂，就这些问题进行了深入探讨，发出了学者、企业家们自己的声音和期望。

本书内容以会议讨论的形式呈现，通过最真实、贴切的语言详细记录了亚布力群体的思想轨迹，追寻到了中国本土学者、企业家最丰富的思想世界。

责任编辑：黄清明　　　　　**执行编辑：**陈晶晶

市场的决定性作用——理念与行动

SHICHANG DE JUEDINGXING ZUOYONG——LINIAN YU XINGDONG

中国企业家论坛　编著

出版发行：知识产权出版社有限责任公司		**网　　址：**http://www.ipph.cn
社　　址：北京市海淀区马甸南村 1 号		**邮　　编：**100088
责编电话：010-82000860 转 8391		**责编邮箱：**shing-chjj@163.com
发行电话：010-82000860 转 8104 / 8102		**发行传真：**010-82000893/82005070/82000270
印　　刷：北京科信印刷有限公司		**经　　销：**各大网上书店、新华书店及相关专业书店
开　　本：720mm×1000mm　1/16		**印　　张：**18
版　　次：2014 年 8 月第 1 版		**印　　次：**2014 年 8 月第 1 次印刷
字　　数：284 千字		**定　　价：**38.00 元

ISBN 978-7-5130-2912-4

序

企业家不能做"啃老族"，不能有"公主病"

李东生　亚布力中国企业家论坛轮值主席
　　　　　TCL 集团股份有限公司董事长兼 CEO

　　新的一年到来了，亚布力中国企业家论坛年会（以下简称亚布力年会）再次跨出了新的一步。在此，我谨代表本论坛，代表本次年会的每一位工作人员，向黑龙江省委省政府、亚布力中国企业家论坛的合作伙伴及来自全国各地的嘉宾朋友们，表示热烈的欢迎！今天的活动显得红红火火，希望这红红火火的势头能够一直保持下去！

　　亚布力年会被誉为"中国达沃斯"、"思想加工厂"，成长到今天已经整整 14 个年头，作为企业界、经济界乃至全中国最有影响力的论坛，它的每一次召开都会聚集全社会的关注目光。我们已经成长为中国经济的一面思想旗帜，不仅仅见证着每一个阶段中国经济的发展，更不断地参与着、推动着它的进步。

　　这一届亚布力年会，我们的主题是"市场的决定性作用——理念与行动"。什么是市场的决定性作用？经济学鼻祖亚当·斯密的经典名言是："凭借看不见的手，那些在完全竞争的经济中追求自身利益的人能最有效地促进公共利益。"这也就是说市场在资源配置中是最具效率的。例如，比金融从业人士更理解市场作用的马云，用余额宝让行业倒数第二的货币基金 7 个月后逆袭成了行业老大，这是市场起决定作用的最佳呈现。而就在 2014 年新年前，更了解移动互联网市场的马化腾，又用微信红包引爆了移动支付，大有后来者居上之势。

党的十八届三中全会（以下简称十八届三中全会）提出，经济体制改革是全面深化改革的重点，要处理好政府和市场的关系，要使市场在资源配置中起决定性作用。我们注意到，对于市场作用的提法已经由过去的"基础性"升华为"决定性"，事实上这是一个理念上旧时代的结束，也是各位企业家新时代的开端。因为，市场的决定作用就是市场要在所有微观经济领域全面发挥作用，所有要素的市场流动、交换、交易都应该由"看不见的手"完全决定，"看得见的手"必须完全从微观经济领域退出。因此，我们必将迎来一个发挥企业家精神和智慧的时代，一个创造全球领先的企业与品牌的时代，一个真正意义上的民族复兴时代！

当然，市场充满机遇和鲜花，也遍布风险和荆棘。一方面，美国退出 QE（Quantilative Easing，量化宽松）所带来的全球经济动荡、中国经济进入"7 时代"（国内生产总值增速保持在 7%）显现的问题、关键产业的系统性变革、政府职能的结构化转型、教育体制与人才培养的多重挑战、环境污染与集群式经济带的不均衡发展、城乡一体化进阶性布局、普世价值观与社会共识、民族文明的博弈及自由民主精神与集权式一体化进程，使得我们面临的宏观形势更趋复杂；另一方面，面对基础生产能力的夯实、关键技术的进步、革命性创新的涌现和互联网思维的席卷，每一位企业家都在拷问自身，还有没有直面挑战、改变现状的勇气和能力。那么，我们要靠什么来披荆斩棘、驾驭风险？

我想，我们不能有"啃老族"的心态，不付诸努力却妄想获得充满"父爱、母爱"的行政扶持；更不能有"公主病"，在自己的小世界小圈子里，自我感觉异常良好，却不敢面对新的技术浪潮去迈出哪怕一小步。这样下去，"市场先生"一定会决定让你退出。

我们真正的挑战首先来源于自己。如果企业家被过去所"绑架"，沉湎于辉煌，而不能迎风转型，那他便没有未来。我们需要时刻保持谦虚的求学之心。在资本积累与投资能力构建、产业集群变革与发展、资源整合与效用性价值提升、战略性人才体系建设和组织效能管理、知识资本与产业资本融合并向发展等方面不断充实自身。

我们更需要拥有颠覆过去的勇气、信念并付诸行动。在这个大数据、云计算、智能化来临的变革时代，互联网思维正在冲刷大脑，市场上有无数的变化和机遇，我们只有依靠自己正确的判断与行动，去芜存菁，直指核心，确保自己的思想、战略和决策能够符合市场及企业发展的要求，才能拥有未来。

我们的企业家群体，是对市场冷暖感知最灵敏的群体。我们知道，市场已经在改变，正在发生作用；我们齐聚亚布力年会，就是要拿出我们的决心，更新我们的理念，以实实在在的行动去做出更多的努力和改变。

正所谓"匹夫寡力，众志成城；一谋智薄，千智决胜。"我相信，一个人、一个企业的力量是有限的，但我们联合起来的力量将是决定性的。我们不仅要通过彼此思想的碰撞，为行业发展及国家经济建设献计献策、身体力行；更应该时刻发扬同舟共济的精神，共同携手应对挑战，通过理念的创新，塑造行动的共赢，为中国经济的持续、健康发展带来新机遇、增添新动力。

各位领导、各位嘉宾、各位同人，未来，亚布力年会还会发挥出更加重要的作用，在经济及社会建设中担当举足轻重的角色。让我们常存感恩之情、常怀感恩之心，抱团取暖、共同成长！最后，预祝论坛圆满成功；也预祝各位能够在亚布力年会度过一次愉快的精神之旅！

新开放战略——谈 2014 第十四届亚布力年会

陈东升　亚布力中国企业家论坛理事长

　　　　泰康人寿保险股份有限公司董事长兼 CEO

2014 亚布力年会的三大特色

　　这次亚布力年会的主题很明确。因为 2013 年召开的十八届三中全会提出了"市场的决定性作用"，所以我们定的主题叫"市场的决定性作用——理念与行动"。我们有改革政策，但还要看改革的具体落实情况，因为文件出来后主要还得靠落实。

　　2014 年年会还有一点很重要，那就是亚布力年会从 2014 年开始将每年公布中国企业家信心指数。十八届三中全会前，企业家的信心指数是 68.3，十八届三中全会之后我们又做了一个小范围的调查，企业家信心指数上升到了 73，可见，十八届三中全会在企业家特别是民营企业家中间还是得到了热烈响应。

　　十八届三中全会的精神有几个方面，一是市场的决定作用，二是对私有财产的保护同国有资产的保护一样神圣不可侵犯。过去的 30 年，中国经济高速增长，形成了政府主导经济的特色。这些年国家加大了反腐的力度，基本上倒一个官员就会抓一批企业家，企业家感觉到了很大的压力和障碍，所以出现了移民潮、资产转移等现象。企业家总是觉得在对自己合法财产的保护上，法律层面虽然是清晰的，但信心不是那么足。十八届三中全会明确提出来保护私有财产，我觉得企业家信心指数的提高主要是由于这个原因。2014 年，对于投资的信心，比如说加大投资，基本上大家还是比较谨慎的。我认为亚布力年会每年发布的信心指数未来会成为一个风向标。这是因为信心指数主要的采集对象是这些活跃的民营企业家们。

亚布力年会迄今已举办了十四届，2014 年年会还有一个很重要的话题——互联网金融。众所周知，2013 年最热门的词就是互联网金融。互联网实际上不仅对金融业产生了冲击，而且对所有的传统产业都有影响，所以冯仑在演讲时曾说，他们去参观小米后的感触是：互联网对房地产商也有很大的冲击，对金融业就更不用说了。这种冲击最终导致传统产业不得不学习互联网文化，建立互联网思维。用互联网改造传统产业，这肯定是未来的一个大趋势，所以这也是本届亚布力年会很重要的议题之一。

2014 年亚布力年会也邀请到了中国投资公司董事长丁学东以及中国工商银行董事长姜建清。中国投资公司是全球前五大主权基金之一，中国工商银行是全球最大的商业银行。两位一把手同时来到亚布力年会，这是罕见的。中投作为全球前五大主权基金，他们也看到民营企业家走出去的需求和力量，所以也希望寻找商业上的合作伙伴。中国工商银行也想跟这些民营企业家探讨如何来支持民营企业的发展。他们一个讲你要股权投资就可以找中投，另一个讲你要贷款就找工商银行——可见，对民营企业家他们不是坐而论道、摆摆样子，而是给民营企业家在自己的企业发展过程中真正做了一个对接，这也是本次亚布力年会的特色。

总体来说，本次亚布力年会有三大特色：第一，企业家信心指数的公布；第二，互联网冲击的研讨；第三，上述两大巨头公司跟民营企业的对接。

传统产业要积极拥抱互联网变革

这次亚布力年会有很多分论坛蛮有意思——混合所有制与国有企业改革新思路，其中，关于国有企业董事会是不是真实的话题引起了广泛的讨论与争论；大家对互联网未来格局的讨论也不错；还有一个分论坛也不错，就是讨论养老、医疗、新兴产业的问题。这次论坛也开了几个闭门会议，比如关于十八届三中全会提出来的国家治理结构和治理行为的现代化，大家对这个话题也很感兴趣。

　　就在本次亚布力年会，华泰保险董事长王梓木和我也搞了一个夜话，由《第一财经日报》的副总编杨燕青主持。她问了很多尖锐的问题，主要就互联网金融和金融互联网，大家在理论上、概念上、实践上做了一些讨论。互联网革命就像当年的电力革命一样，会武装所有的传统产业。云计算、大数据以及无线互联网的三位一体，会改变所有人的生活，改造所有的传统产业。我们要积极拥抱这种变革，拥抱这种创新。当然这些互联网公司现在走在改革的前面，给我们做了一个示范。所以这次在亚布力年会所有的大佬，都有一种惶恐不安的焦虑情绪——互联网会不会把我们颠覆了，互联网会不会把我们灭掉了？我的总体判断是未来会崛起很多互联网公司，同时传统公司谁率先积极变革，率先拥抱互联网，谁就会成为未来的赢家，互联网不会完全取代传统产业。

　　互联网给我们最大的启示是"互联网思维"、"互联网文化"。不管讲"互联网思维"还是"互联网文化"，我觉得其本质是客户体验为核心。过去我们讲以客户服务为核心、以客户为核心，这都不对。我理解的客户体验就是产品和服务给客户的感觉。怎么能够做到客户体验极致，就是谁离客户最近，谁的速度最快，谁的产品和操作最简便，谁就是最后的赢家。由于大数据和无线互联网的存在，谁离客户最近，则会带来成本降低的结果，这也是改变未来的核心。互联网今天之所以能够所向披靡，一个重要原因就是它有海量的客户，方便且便宜。我认为，互联网成功的最大核心就是互联网不仅具有大量的客户，而且能大大地降低成本，提升客户的体验和感受，这就派生了电子商务甚至到今天社交网络的发展。所以这些对我们的启发很大，传统企业是一个金字塔型的指挥体系，而且伴有极高的成本。互联网的变革，会提升所有企业、所有产业的效率。谁能够做出大规模、低成本和超级的客户体验，谁就是未来的赢家。

　　所以作为传统产业要积极地拥护这个变革，拥抱互联网，学习互联网。这点好像很抽象，其实是很具体的。我们泰康正在这样做，因为互联网金融接下来就是互联网保险。冯仑的演讲里面也讲了这个，互联网怎么能够颠覆房地产？当然不会颠覆，但是互联网会让房地产降低成本，所以冯仑讲得很兴奋。高房价、高地价是不是能够通过互联网的手段而降下来？这不是天方夜谭，互联网是有这个促进作用的。

三大红利、三大挑战、四大高成本

泰康作为一家金融企业，2013年有三件大事对我们影响很大：十八届三中全会是中长期的利好；国务院也出台了关于养老产业、医疗产业的扶持和发展政策；还有放开单独二胎的政策，人口会出现新的红利。以上这些国家政策都对保险业的发展有利，对整个国民经济的发展也非常有利。

我有一个观点，即中国经济未来十年有如下三大红利。

红利一是城镇化。这个就不用过多争论了。虽然大家对城镇化有各种不同的议论，但是城镇化实际上是工业化、城市化的延续，还会继续推动中国经济未来10年的高增长。这个高增长可能是7%，甚至能到8%，我认为这也算是高增长，过去那是超高增长。这个城镇化还是以投资拉动，虽然我们说消费、出口也很重要，但消费成为主流，不是一天的事，所以以投资拉动为核心的城镇化还有10年的发展后劲，这是中国经济持续增长的基本面。

红利二是消费拉动。实际上就是服务业。中产阶级的形成，服务业会提升。我们讲中国的服务业在经济总量的占比是43%左右，西方这个数已达到70%~80%。中国经济结构转型，中产阶级形成与服务业的崛起，刺激消费。所以服务业的发展，消费拉动就是中国经济未来持续增长的第二个很重要的红利。

红利三是新开放战略。每年亚布力年会的闭幕式，大家都想听听我的一些观点和分享，但这次年会根据当时现场会议的情况，我最终没有讲。我想讲的是在经济发展下的新开放战略。为什么叫新开放战略？所谓开放就是引进来和走出去。我们过去30年是以引进来为主，我认为未来10年，甚至未来30年是以走出去为主，引进来为辅，所以未来走出去是新开放战略。这也是解决我们当前经济产能过剩、劳动力成本上升、经济结构转型的一个好的补充。这应该成为一项国策。我有这个观点将近一年的时间了，这是我第一次通过媒体发表这个观点。

中国经济当前的三大挑战如下。

一是产能过剩。

二是政府的债务。关于政府债务有个估数，有的说 50 多万亿，有的说 30 多万亿。我国政府债务用国际的标准来衡量还是在可控范围内，但是已经到预警线了，应引起有关部门的关注。

三是土地、房地产的高价格。我不认为这是房地产泡沫。但是土地价格和房地产价格不断攀升，对制造业的挤压效应是很厉害的，对整个经济结构是有破坏作用的。

如何应对这三个问题，产能过剩是一个长期的结构性问题，新开放战略是应对产能过剩最好的战略；地方债务应该是逐步把它公开透明化，使其接受各方监督，不形成大面积的呆坏账。房地产高价格，这是一个与我们地方土地财政有关的问题，也与我们长期学习新加坡、香港等地的土地模式有关，不是一天、两天能够解决的。

2014 年我认为经济应该有 7.5% 上下的增长。按照我们的经济总量、我们的时机与措施，要保持增长，我认为这不是一个大问题。当前最大的问题，还是世界上美国的量化宽松在紧缩，新兴市场的资金向发达国家回流问题。其实这对新兴市场的冲击已经很大了，而关于对中国市场的冲击，很多经济学家的看法是"不会太大"。为了抑制量化宽松，我们采取了一个资金"长松短紧"的策略，实际上从 2013 年至今，钱荒，还有高利息的市场都没有得到缓解，我认为这才是当前我们最头疼的问题。

还有就是中国经济长期所形成的，也是应该进行改革的四大高成本问题。

第一个是金融成本高。这个已经在金融的利率市场化、费率市场化、逐步提高金融的效率、降低金融对其他产业的成本影响中开始进行改革了。

第二个是物流成本高。我们曾大量举债建高速公路、码头、港口、机场、高速铁路。而现在很多机场亏损，估计高物流成本在 3~5 年是很难降下来；高速公路的成本只有通过慢慢收费，才能降下来。

第三个是土地的高成本。

第四个是政府的效率。2014 年亚布力年会谈政府的边界和市场的关系时，谈到这个话题。香港前财政司司长梁锦松曾讲到政府开支占 GDP（Gross Domestic Product，国内生产总值）的比例不能超过 20%。我算算，国内的是 24%~26%，还算接近这个数。同时，我觉得反腐的过程，实际上一方面在提高政府的效率，另一方面在节约很大的成本。

对当前整个宏观经济、中国经济结构性问题、中国经济改革的问题，我大致的看法：一是金融改革会逐步优化并提高金融效率、降低其他产业的融资成本；二是将这些因效率提高而获得的利益，让给了企业，让给了消费者。但是对高物流成本、土地高成本，我没有做太深的研究。

所以我将中国的宏观经济概括为三个红利，三大挑战和四个高成本的改革问题。由此，新开放战略在这种宏观经济背景下显得格外重要。

中国改革不再一枝独秀

改革开放以来，中国的主基调是学习世界主流文明、锁定自己的改革发展道路。尤其是加入 WTO 后，我们通过学习西方发展经验与新技术，进行了一系列卓有成效的变革。过去我们对外的基本态度是融入并合作。近来外部局势发生的变化会使我们的对外关系由过去的互补变成现在的竞争。

2008 年金融危机后，美国采取了一系列改革措施。页岩气和页岩油的出现，大大降低了美国对石油天然气的进口依赖，降低了能源的价格。页岩气的出现使传统天然气的价格降低到了原来的 1/5，这大大降低了美国制造业的成本。另外，奥巴马政府的就业工程以及制造业的再造战略赢得了一片掌声，而金融监管改革与医疗改革也在有条不紊地进行中。最重要的是美国企业在本轮改革中所表现出的强大创新能力让人惊叹。新技术、新能源、制造业再造让美国改革引人注目。还有我们邻国日本的改革也值得大家关注与思考。安倍经济学的核心是大胆的货币政策、机动的财政政策及刺激民间投资。日本采取宽松货币政策后日元汇率开始加速贬值，这不仅给金融市场注入了活力，也开始让企业和消费者振作起来。

国外这些颇有成效的改革都使得未来10年中国的外部竞争环境会发生变化，过去我们以合作为主，未来可能是角逐，这一定会产生摩擦。压力与挑战并存，我们自己有什么核心竞争优势，这值得进一步思考。

（整理自作者在泰康人寿保险股份有限公司吉林分公司 10 周年
庆典期间，接受吉林报业集团访谈的实录）

目　录

第一章

深化改革：中国经济走势

中国经济第二季

以 GDP 为主导的经济发展政策结束了，这意味着对中国经济而言，高速增长的阶段也已结束，以中速增长为特征的中国经济"第二季"已经开始。中国经济的问题通常是在高速增长中得以解决，增长速度放缓意味着大量问题将凸显。如何看待中国经济的"第二季"，与"第一季"相比，"第二季"有哪些可总结的基本特征，这对中国企业来说又有什么启示作用？

针对这些问题，著名经济学家与金融专家胡祖六、南丰发展有限公司行政总裁梁锦松、中国人民大学经济学院院长杨瑞龙、哈尔滨商业大学校长曲振涛在2014 年亚布力年会上展开了深入讨论，中诚信集团创始人、董事长毛振华主持了该场讨论。

毛振华： 今天的讨论分三个部分：第一部分我们对 2014 年的中国经济形势做个评价；第二部分讨论一下今后一段时间内中国经济的趋势；第三部分是我们认为当前有哪些迫在眉睫的改革需要进行。我先开个头。

2013 年是非常值得回味的一年，因为 11 月召开了具有深远影响的十八届三中全会。它就像谜一样，大家经历了很长的等待。一开始大家都不清楚十八届三中全会会有什么决议，谁也不能下结论，谁也不敢说中国往哪儿走。我记得人民大学有个经济研究的中期报告，当时我做主题报告，报告最后我打了一个大标题：我们对十八届三中全会拭目以待。嘉宾李稻葵不同意我的写法。他说："'拭目以待'是什么意思？用'充满期待'就可以了。"我说："不，我还是坚持用'拭目以待'。"因为中国往哪里走，当时我们都不清楚。十八届三中全会《中共中央关于全面深化改革若干重大问题的决定》（以下简称《决定》）60 条出来了，大家亢奋了，好像吃了一颗定心丸。我觉得这是非常值得回味的一段故事。

2008 年以来我们走的是宽松货币、扩投资、扩信贷的道路，这个道路是借国有企业实现的，就是将社会资源配置由市场回归到国有企业，95% 的债券给了国有企业，90% 的信贷给了国有企业，这引发了整个中国社会经济、政治、文化的一次空前调整，这造成了人们不相信市场、不相信民营企业，所以大学生毕业都想去当公务员了。新领导班子履新后，我们做了调整，但是 2008 年那套刺激经济政策的后续影响还没有结束，未来到底如何我们还拭目以待。刚好 5 年过去了，2013 年是我们观察中国宏观经济走势的一个非常重要的年份。我就开这么个头，首先请胡祖六。

一个经济体的发展不可能总是高速

胡祖六： 毛振华的开场白非常精彩！他把 2013 年看成影响中国社会中长期发展的一个里程碑年份，很有价值。过去几年，大家都在讲以中国为首的金砖五国，现在不讲金砖五国了，讲"脆弱八国"，这"八国"就是金砖五国再加上印度尼西亚、土耳其、阿根廷等，"脆弱八国"都有货币贬值、资本外流等特征，大家忧心忡忡。

反过来，以美国为代表的发达国家经济开始复苏，企业盈利状况迅速改善，股市表现非常强劲，标普、普尔 2013 年是 30% 的成长，而新兴市场都是持平或者下跌，甚至比意大利或西班牙都要差。很多国家的主要货币都在贬值，都是三四位的贬值，印尼盾基本上贬值21%，巴西里拉也是百分之十几的贬值。过去五年，我们说新兴市场的崛起、中国的崛起是势不可挡，而且说已经跟发达国家脱钩了，发达国家特别是美国经过金融危机重创后一蹶不振、夕阳西下了。为什么会发生这么大的逆转？就是宏观经济、市场发生了逆转。为什么叫新兴市场？就是不成熟、不发达。新

兴市场其实有很大的共同特点：政府对经济的干预度非常高，主要的产业和部门是被国企或者特殊利益集团所垄断；过度的监管；人才特别是高级人才严重不足，创新能力严重不足。这就是为什么发展中国家尽管有很好的自然资源，甚至人口、年龄结构都很优良，但是一直不能成为发达国家，原因就是这些根深蒂固的结构。毛振华的开场白非常好，中国无论是过去的第一季，还是现在的第二季，之所以能够保持较高的增速，就是因为通过改革把这些结构问题慢慢克服了，释放了红利和潜力。

新兴市场陷入困境，恰恰是因为周期性的刺激政策，而没有进行必要的结构改革。印度尼西亚、印度、巴西、土耳其、阿根廷等国问题的继续恶化可能对全球性的影响不是很大，因为毕竟块头有限，经济规模不是很大，贸易比重、对资本比重依赖还比较低，但是中国不太一样，中国是第二大经济体，我们现在打个喷嚏可能个别国家就会感冒，所以现在中国市场发展前景令世人关注。

那时候谈论中国绝对是风景这边独好、一枝独秀，但现在问题越来越多，因为我们过去几年像毛振华说的光有刺激，没有改革。但即使这样我对中国还是很有信心的，因为十八届三中全会"全面深化改革"的《决定》，深化改革会真正释放民营经济的活力，中国经济还是可以保持中速增长。

中速并不悲观，过去是 11%、12%，现在可能是 6%~8%，一个经济体的发展不可能总是高速的。速度只是问题的一方面，另一方面是质量如何？对环境的影响，收入分配的平等性，是不是有很多腐败，这都是很多老百姓所关注的。我想我们只能靠结构改革，让市场发挥决定性作用。

梁锦松：外界对中国经济担心不外乎以下几个方面：一、地方债务问题、总体债务问题；二、房地产问题；三、产能过剩问题。当然 2013 年多了一件事就是钱荒。这些问题的解决只能靠改革。但决议只解决了问题的 20%，更重要的是得及时出台措施和并付诸行动。

杨瑞龙：我用两句话总结 2013 年：一、在低谷当中徘徊；二、宏观经济在刺激和不刺激当中纠结。为什么这么说？2010 年年底连续三年多，经济都在下行，尽管 2013 年第四季稍有反弹，但是这个反弹仍然表现为明显的政策性反弹，不是市场反弹，因为投资、出口、消费这三驾马车都不给力。第四季的反弹可以明显看到主要是靠投资拉动。面对连续三年的下滑，中央迟迟没有出台刺激政策。因为中国 2008 年后的反弹表现为奇高的杠杆率，特别是国有企业的杠杆率，如果再来一轮刺激，风险会更大。

2008 年以来的经济刺激政策导致了资产泡沫化问题、产能过剩问题、金融扭曲问题，宏观经济没办法再通过投放货币来调节，但是为什么到 2013 年下半年又在刺激上蠢蠢欲动？因为中国经济有个非常明显的特征就是增长依赖症，问题只能在一定速度的增长下解决。所以政府提出经济增长速度不能低于 7.5%，把它作为一个底线，也许在西方国家 7.5% 已经非常高，但是在中国，没有 7.5%的增速就会出现就业、地方财政等方面的问题。

曲振涛： 就 2013 年的经济形势，我说两句话：一是在忧虑中度过，二是结果好于预期。忧虑从年初就开始了，但结果更重要。结果好于预期，终于完成了 7.6% 的增长，是个高于年初目标的增速，所以是可圈可点的。

从粗放式增长到可持续增长

毛振华： 下面进行第二个话题，就是未来一二年中国经济形势会怎样。现在中国的经济具有很大的不确定性，学术界、企业界有很大分歧，不像过去那么容易取得一致的看法。当然每个人的看法都不一样，仁者见仁、智者见智。每个人都有自己的观察角度，或者说关注重点，有人把增长率作为目标，有人把结构调整作为目标，有人把社会分配的合理化、分配机制的完善作为目标，这些都有一定的道理。

2014 年是非常重要的一年，现在只能说大方向定了，改革已经展开了。我自己有一个很重要的体会，我读十八届三中全会的《决定》时和很多人的读法不一样，我找来了以前的报告，即曾经影响了中国的几个三中全会的报告，读了又读，你会发现真的只有这届三中全会的报告写得最干脆、最明确。这写法的确振奋人心，反正搞研究的人都觉得这样说肯定是对的，说得太好了，但是你看以前的报告，比如党的十一届三中全会的报告，它说了什么呢，你会发现它没说什么，但是有一条它说得清楚，国民经济到了崩溃的边缘，整个政策要向以经济建设为中心，至于怎么搞没怎么说。没说的原因我觉得其实大家都是清楚的，当时国民经济都到了崩溃的边缘，你说还能怎么搞？但是你现在读十八届三中全会的《决定》发现，虽然其中说了哪些事情要怎么做，但是没指出问题出在什么地方，最核心的那个问题出在什么地方。从我个人角度来说，非常迷茫，我也想就此请教一下各位嘉宾。

杨瑞龙： 2014 年毫无疑问是改革的一年，但改革涉及的问题很多，所以可以讲是非常复杂的一年。改革的必要性毋庸置疑，当前中国经济存在很多根本性问题，最终的解决方法只有靠改革，所以十八届三中全会提出让市场起决定性作用的时候，大家都欢呼雀跃，因为这次比原来提得更明确了，未来的走向就是市场在多大程度上起决定性作用。刚才毛振华讲了，关键不是看它说什么，而是做什么。我们年会的主题是"市场的决定性作用——理念和行动"，我认为"行动"是更重要的，就是市场起决定性作用到底怎么来体现呢？中国经过 30 多年的改革取得了巨大的成就，这些改革是政府的自我改革，换句话说改革权是在中央政府手中，改革就是中央政府对自己的改革，这就是当前改革所面临的最大困难。

行动落在哪儿呢？还是要落在市场机制，落在民企上。要释放民营企业的竞争力来倒逼国有企业改革，然后进一步推进要素市场的改革，这是我们改革的落脚点。所以尽管我们对改革充满了期待，但是纠结也好，担心也罢，反正没那么容易。总而言之，改革并不是想象的那么容易。

曲振涛： 2014 年中国经济不会有大的跃升，平稳过度就是好事。中央和地方会开始新一轮博弈，民营企业与国企也会开始新一轮博弈，民营企业会在市场上、政策上和法律上和国有企业较劲。

胡祖六： 2014 年是改革行动的元年，因为 2013 年所有人都在拭目以待。2014 年如果不采取一些具体行动让社会有所认可，如果只说不做，老百姓的失望、企业家的失望、投资者的失望会比以前更大。当然，改革不是一朝一夕能够成功的。改革有很多不确定性，也有很多成本，怎么把成本和中长期效应结合起来是个问题，杨瑞龙刚才说如果引发的失业率太高就不能改革，我倒觉得不改革就业率永远提高不了，这几年大学生的就业越来越难，我们这么小的机构一年招 5~6 名分析员，就有 5 000~6 000 名应聘者，这说明当前就业形势非常严峻，就业只能靠民营企业解决，民营企业需要壮大就必须通过改革。

就业和改革的关系与短期成本和中长期成本的关系，只要有改革就会出现这些问题。上海的纺织工业曾是中国的 No.1，但是在 20 世纪 80 年代末、90

年代初，朱镕基任上海当市长期间，因为长三角的竞争而岌岌可危，难以为继，于是他把整个上海的纺织工业全部关闭了，产业结构因而得到了优化，上海的经济发展优势也因此更加明显了。这说明有时候要承受必要的短期成本才能把经济提高起来。

梁锦松：现在提所谓的国家治理体系和治理能力改革就是生产关系的变革，改革越来越到深层次，如果没有生产关系的相应变革，就会越来越困难。总体来讲，眼光应该放得更长远一点，GDP的增长，还是要靠质量上的保证，我们的经济质量肯定有不足之处，不然为什么有那么多人到香港去买奶粉，或去买其他的东西呢？我们应该从数量粗放的增长回归到注重素质的环保的可持续发展。

这不仅包括经济的问题，还包括道德、文化问题，中国人关心什么问题呢？我们现在已经有饭吃了，但如果我们的心中还是以金钱的多少、以每个人住的地方有多大、吃的有多好来衡量，我觉得是很可悲的。除了为自己之外，是不是也应为我们的子孙，为世界，为将来，多思考一下呢？如果你思考的不光是自己的物质享受问题，那经济也就可能从数量上回到质量上。怎么样才能做到和平，怎么样才能做到公平、公益，除了关心自己的利益之外怎么样关心好邻里，有了钱如何持谦卑心，这是值得我们思考的。

应该减少审批

毛振华：第二个阶段到此结束，最后一个话题是关于政策。每个人讲一个你认为最需要解决的问题，或者是最应该出台的政策。

曲振涛：中国转入中速增长阶段，中国文化传统中有不患寡、患不均的心理。这是一个社会稳定的文化心理机制，所以执政党不能抛开文化心理基础思考问题，因此我期望的政策是尽快建立起社会保障线，很多发达国家把社会保障线叫作第二国防，这是我讲的改革的第一个政策。第二个政策是建立起企业之间公平竞争的机制，真正像十八届三中全会《决定》所说的那样，无论是国企、民企，还是外资企业，除了负面清单规定的之外，都有真正平等的竞争。第三政策是期望中国的市场经济在未来的发展当中走向法治，因为最好的市场经济必然是法治的市场经济，中国应该在法治的道路上走得更坚决、更快。

胡祖六：我就讲一句话，减少审批。

梁锦松：我希望中国人多思考信仰的问题，因为没有信仰是很可悲的。

杨瑞龙：第一，厘清中央和地方的财政关系；重新界定政府特别是地方政府的行为边界，为政府退出创造条件。第二，把减税要落到实处。第三，结构调整，特别是产能过剩的产业。

毛振华：每位嘉宾都提了自己的观点，都说明了当前应该尽快解决和尽快出台的政策，非常好。2014年是改革元年，也是经济结构调整非常重要的一年，同时还要保增长，这是非常困难的。中国的经济结构调整，就像我们的社会结构调整一样，已经不是一个单一目标，而是一个多元的综合目标，需要组合拳，需要系统工程。任何做简单的判断都可能有些冒失，只有时间才能给我们肯定的答案。

国际化并购与国际型企业

　　走出去是中国企业的必然选择，但近年来较低的国际并购成功率迫使我们思索"国际化并购"和"国际型企业"的区别。国际型人才储备、文化隔阂、保护主义、意识形态歧视，可能是国际化并购失败的主要原因，但塑造国际型企业则意味着更多的内容。国际化并购只是塑造国际型企业的第一步。中国经济的崛起意味着必须有一大批国际型企业和跨国公司，分析这一区别将有利于更好的国际化并购和塑造更多国际型的中国企业。

　　在2014年亚布力年会上，由亚布力中国企业家论坛创始人、主席田源主持主持的"国际化并购与国际型企业"论坛，邀请了苏州广大投资集团有限公司董事长朱昌宁、中国发展研究基金会秘书长卢迈、香港科技大学副校长翁以登、美国并购顾问公司总裁大卫·福格森（David Fergusson）、怡和集团副行政总裁亚当·凯斯威克（Adam Keswick）、上海纽约大学美方校长杰弗里·勒曼（Jeffrey Lehman）、地中海俱乐部（CLUB MED）主席亨利·吉斯卡尔·德斯坦（Henri Giscard d'Estaing）等中外嘉宾，对此话题进行了讨论。

田源：我们讨论的话题是"跨国并购和国际型企业发展"。我们众多国外企业家都来到会议中，这反映出他们的决心以及对中国企业的兴趣。他们都希望能够促进更多的中国企业对海外进行投资，这对我们来说是巨大的帮助。

首先，我想请卢迈发言。卢迈是我非常好的朋友，他和我认识近 30 年，我们曾是国务院发展研究中心的同事，那是中国最好的智库。

卢迈：中国海外投资 10 年增长 30 倍

谢谢田源主席。这是我第一次来参加亚布力年会。我来自中国发展研究基金会——一个非营利组织。该组织由国务院发展研究中心发起成立。

2000 年，中国加入 WTO 前，国务院发展研究中心举办了中国发展高层论坛，当时一个重要议题就是：加入 WTO 后，中国大企业还能否生存？但加入 WTO 以后，在中国，不仅大企业仍然在发展和保持竞争优势，而且一大批民营企业也在发展壮大。

2003 年，中国海外投资只有 30 亿美元，2013 年增长为 900 亿美元，是 2003 年的 30 倍，而且这个速度还有加快的可能。几年前一个研究认为，到 2020 年，中国海外投资存量总额会达到 1 万亿 ~2 万亿美元，这是根据日本等国的情况进行分析的。从现在看，存量达到或超过 1 万亿美元应该没有悬念，如果要达到 2 万亿美元，则是很大的跨越，仍需仔细考虑。中国在海外投资的企业有 1 万多家，设立的机构有 2 万多个。这些投资中不乏成功的经验，但也有失败的教训。尤其在海外投资刚起步时，有些重要的问题需要好好考虑：第一是提高自身管理水平，第二是更好地适应国际规则，要引起足够重视；第三是要有抗风险的能力。

田源：谢谢卢迈。他说过中国的海外投资发展过去 10 年发展非常迅速，投资额增长了 10 倍。大卫·福格森先生是美国并购顾问公司总裁，他对此有丰富的经验，请他来发言。

大卫·福格森：2013 年中国在美投资增长迅速

我们公司建立于 16 年前，所做的工作就是对并购进行研究和分析。我们现在有非常好的专业网络，同 30 万名并购人士定期进行沟通。另外，我们与很多并购的智库进行沟通，并将进一步对组织进行改善。非常高兴能够参与这些并购，并同大家分享经验，增强国家之间关于并购的沟通。

我们也注意到中国的海外投资从 2013 年开始增长非常迅速。非常重要的一点是，我们克服了中国投资在美国遇到的挑战。比如说美国政府关于国家安全等方面的考虑已得到了有效管理。中国企业对于美国并购程序的了解进一步加深，是因为在美国很多像我们这样的并购专家来到了中国提供这种咨询服务。美国对中国以及其他外国投资者来说，是非常有吸引力的市场。

在美国，如何获得高质量的投资机会？美国相较于中国来说，并购过程更快一些。2013 年是一个重要的年份，更多大规模的效益提升了，私人投资大幅度增长，相信这种趋势还会继续下去。另外，美国正在软化对中国的态度，现在美国人在中国公司就业的数量增长很快。中国在美投资，给美国就业也带来很大好处。

同时，我也希望向大家学习，我们对改革措施非常有信心，相信更多的企业能够积极地参与国外的投资。2013 年，中国在新兴市场和亚洲成为最大外国直接投资者。美国至今是外资接收国，希望两国之间优势互补，尤其是能够通过并购带来健康的未来。

田源：好的，谢谢大卫，很高兴听到你的评论。

朱昌宁：并购关键是与先进模式嫁接

中国方的嘉宾讲的是非常宏观的问题。关于国际并购，我来讲些微观的东西，我们企业来自中国苏州，从事商业地产、餐饮酒店、食品加工等工作。听上去我们这个行业要做的事情并不是很多，我们到国外并购是否有必要？但我们考虑的问题不是简单地到国外买公司、买资产，或在国外取得一块市场的份额。我们更关心的是，能否把世界上某些先进的模式拿到中国市场上进行嫁接。我们曾有这样的尝试，20年前，我们就跟百胜餐饮集团合作了，我们是百胜在中国的股东。百胜公司的肯德基发展确实有口皆碑，而我们跟他们合作的公司也确实每年贡献整个中国市场一半的利润。

这说明什么问题？中国在服务业包括传统服务业领域，比如餐饮、酒店、食品加工等，市场非常广阔。八项规定似乎让吃饭这件事受到了一定的控制，但老百姓吃饭的势头方兴未艾。2014年春节，松鹤楼的营业额比2013年同期上涨了11%。所以，餐饮势头还是很好。

这同时说明中国的市场是非常广阔的。但中国的制作、食品安全卫生，乃至经营模式与水平，跟国外先进模式相比，差距仍非常大。最近三年，我们一直在致力于寻找国内外案例，包括我国的香港和台湾地区，学习好的经验和模式，嫁接到我们的食品行业中。仅仅是简单的合作，或引进一些技术，还是不够的。就像昨天有位嘉宾所说，在国际并购过程中，不仅仅从法律、财务方面考虑问题，而是要学到别人先进的管理模式以及对食品质量的控制。把这些拿到我们的市场上嫁接好，这才是走国际化的道路。

另外，在做的过程中，有些服务行业可能还是很困难，有时走偏或走不下去了。因此，我们非常希望有机会和机制，让我们在并购过程中瞄准一些先进的目标公司，同时还能来这里与我们共享中国市场——与本土企业进行结合。我认为，这点更关键，并具有实际意义。谢谢！

田源：谢谢朱先生的精彩发言，他提到了如何借鉴先进商业模式，将其嫁接到中国市场，地中海俱乐部就是一个非常好的例子，我们正好可以听亨利讲讲。

亨利·吉斯卡尔·德斯坦：并购要看最大市场在哪里

我参加这个会议，一是确保大家吃好、玩儿好，二是复星集团并购地中海俱乐部之后，又发展了它的业务，我们就是希望通过并购使地中海俱乐部的业务全球化。

现在，世界上最大的旅游市场是哪里？中国。2012年，中国旅游消费方面开支最大，2013年出游的游客数量居世界第一。做企业首先要看一下最大的市场在哪里。我所在的行业最大的市场就是中国，因此要集中和专注于这样的市场。而且要找到优秀的合作伙伴，不仅在中国要这样做，在其他国家也需要这样。我们公司很大的盈利收入来自中国，因此我们与复星合作，复星通过形成全球性的股东架构，来防止利益的冲突，可以确保全球取得中国市场的利润。我们自己也有65年的旅游行业经验，在管理、销售、旅游建设方面也给了复星很大的帮助，这是双赢。中国的市场前景可能需要很长时间才能看出来，但我们对此充满信心。希望未来能够继续在地中海俱乐部欢迎大家！

田源：非常感谢亨利，在旅游行业，我完全理解管理上需要克服很大挑战，我们非常喜欢你提供的服务。下面有请香港科技大学副校长翁以登先生发言。他是一个综合的专家。

翁以登：中国公司对海外文化及价值体系的了解较薄弱

朱先生刚才讲得非常好，中国公司国际化的话题非常重要，怎样使中国市场的中国公司更加国际化？在管理、技术、战略方面更加国际化，不是走进来、走出去的问题，而是要在本土取得国际公司的水平。对此，我想讲讲需要关注的五大因素。

中国公司有必要总结经验，借鉴其他国家的公司是如何走出去的。第一，要有资金，即是否有足够的实力走出去。丁学东先生所属的中投愿意帮助中国民营企业走出去，这是非常好的消息。第二，要有战略，不是有钱投资就能够投资。第三，要了解当地法律、社会情况以及这个国家的市场是如何运作的。第四，要解决人才和管理的问题。中国有海外经验的经理人并不是很多。但这个情况正在转变，因为海外很多中国留学生，他们将来能对公司提供帮助。或者是在中西方都工作过的人才，他们非常珍贵。第五，要了解当地文化以及价值体系。想要在中东、美国、欧洲生存的中国企业，都必须了解当地的文化，必须承担企业社会责任，而且必须做公民、雇主，要做到这些必须有很好的公关手段。

中国企业在资金、战略方面都没有问题，人才也有很大改善。但还要更加了解美国社会和企业社会责任，了解美国政府、西方政治以及议会是如何工作的，议员的想法是怎样的。目前，中国企业在这方面非常薄弱。

田源：您给我们讲了很重要的内容。上海纽约大学是中美合作的一个很好的例子，下面请杰弗利来说一说。

杰弗利·勒曼：并购最困难的是文化整合

感谢田源主席的邀请。上海纽约大学是一个合资的大学，这个大学把纽约大学的资源和上海东方师范大学以及上海其他合作伙伴的资源进行了整合。

中国在海外的并购越来越多。但任何并购，即使是在本国的并购，都需要文化的整合，而且文化整合的过程是非常困难的。在国际并购中，整合的复杂程度又增加了。举一个成功的例子，亨利所在的地中海俱乐部，他们在多个文化运作中非常成功，给我们提供了很多宝贵经验。

一个企业进入另一种文化，单打独斗是不行的，我们需要有两种技能。第一，要了解另外一种文化，了解这种文化是如何运作的。并购的成功，其中一个重要的因素就是对文化的交换了解。第二，有能力在多文化的团队中工作，在多文化的环境下共同合作。也许彼此会产生误解，但也有机会让你对一个问题有多视角的观察，并更深入地了解这个问题。

上海纽约大学就培训学生使其具备这样的技能，特别是第二个技能。我们一半学生来自中国，一半来自外国。每个中国学生都有一个外国学生做室友，他们每天在教室中有学习文化的接触，在宿舍中了解生活上的差异，这并不是容易的过程。因此，如果你想进行很好的并购，也可以去招聘我们的毕业生，因为他们已经做好了准备。

田源： 杰弗利说得非常好，多文化的技能非常关键。怡和集团拥有悠久历史，他们在中国、越南和其他亚洲国家都非常活跃。现在欢迎怡和集团副行政总裁艾特·凯瑟克先生分享经验。

艾特·凯瑟克：亚洲比欧美投资机会多

怡和的经验很丰富，我们的公司建立于 1832 年，我是第五代管理人员了。我们的业务包括房地产、旅店、零售业、餐馆、金融服务、采矿和交通服务。我们的市值是 360 亿美元，销售额为 600 亿美元，雇员有 38 万人。我们关注的市场从中国到印度尼西亚，在大中华和东南亚地区我们有很多旅店。我们在欧洲和美国的投资并不是很大，我们的业务增长主要来自中国和东南亚市场。

我们的投资有几个基本的原则。第一，我们选择的投资区域，必须是我们了解的，而且是增长非常迅速的。第二，我们要理解所投资的产品，而且要投资于我们信任的管理层。在企业界不常使用的词就是幸运，但我觉得我们非常幸运。我们投资了印度尼西亚的一家公司，我们帮助这家公司进行了债务重组，使这个公司从中获益。我们坚持这些基本投资的原则，选择我们熟悉的产品和地区，在我们进行收购的时候必须保证文化的一致性，他们能够分享我们的价值观。我们关注的是长远利益，而不是短期收益、快速地翻番和退出。

所以我想这与战略是非常相配的。金融服务、汽车等在业务上也是互补的。在财务方面，总的来说，在未来相当长的一段时间里我们是盈利的，这对我们来说是一件好事情。而且我也想说一下合作的伙伴，我们跟这个家族和企业有几十年的合作关系，我们不光跟合作伙伴关系不错，跟管理层的关系也十分紧密。在这方面我们有很好的例子。我们有非常好的战略，我相信这是未来大家看重的地方。

虽然我不是并购专家，但若问我企业想走出去应该怎么办，那首先要问为什么要走出去。在中国，资本是过剩的，跟欧洲和美国相比，亚洲的机会可能更多。另外，文化的融合也非常重要。还有在合作伙伴上，尤其是好的合作伙伴可以帮助我们避免很多的陷阱和问题。

田源：谢谢凯瑟克先生。刚才我们讲到了合作伙伴的重要性，我认为在中国开展经营，第一件事情就是要了解人，否则，人的问题会衍生很多其他问题。

现在我们开始自由提问。这位嘉宾是一个有关并购方面的著名律师，请你提问。

【互动环节】

嘉宾：谢谢！我觉得大家讲得非常好！2013年12月，我们完成了一个交易，这是在美国第一类这样的交易，是一家中国的公司在美国购买了另外一家中国的公司，但也证明了中国公司越来越多地了解在美国的并购过程。史密斯菲尔德并购的项目，已经获得了美国投资委员会的批准。美国总统、议会还有克里国务卿都在强调美国是开放的市场。只是在涉及国家安全的问题时大家都在观望，我想这方面史密斯菲尔德收购案也给了大家很好的信心。中国商会组织了一个会议，是一个汽车厂商的年会，我们讲到了供应链的管理。会上得知有100多家中国企业在密歇根进行了大量投资，且95%是投资在美国的汽车行业，总的来说我们会非常成功。下一次我们的主题是什么呢？我希望是在品牌和企业社会责任方面怎么样进行更好的整合。别把企业看作一个非常良好的社会企业，而应看作一个准备扎根于本地的企业。所以我觉得今天的会开得非常好，让大家了解了在美国及其他海外市场如何进行整合和长期发展。

田源：谢谢您，讲得非常好！我知道有很多中国公司到密歇根投资汽车领域，其中有一个是万象，他们是这方面的引领者。越来越多的中国企业正在购买美国这方面的业务。你讲到了中国的商会，我相信他们在品牌建设及企业社会责任方面对企业是非常有帮助的，尤其是在美国。我觉得这些问题是有关美国运营方面一个非常重要的话题。所以我们确实也愿意跟大家分享这方面的信息。

大卫·福格森：我觉得他讲得非常好，讲了这方面发生的变化。金融危机之后，我们看到那些跨国界的并购技巧需求非常大。美国过去的 100 多年一直是非常积极地进行投资，所以我们非常了解文化整合的问题及其重要性。我觉得如果跟教育机构进行合作，这方面可以做得更好，我们整合了一组专业人才来解决这些微妙的问题。无论是英国、美国还是法国，对于如何更好地接受外国的投资，我们正在做这方面的工作。

嘉宾：很高兴能参加这个会议，我是来自德国史泰白基金会的代表，平时我是讲德语的，今天我只能用中文说。在这里我听到了很多来自美国、法国、英国的经验及关于国际企业进入中国和中国企业走出国门的并购案、国际化。我想分享一点我自己的经历和德国的一些经验。我是 2000 年到德国史泰白公司读书的，读的是国际专业。这个项目是帮助一些德国的中小企业进入中国，当时的中小企业现在说起来其实也不算小，比如说蔡司是做光学的，马勒是做发动机的，贝尔是做汽车空调的。他们在 2000 年进入中国的时候还属于中小企业，所以他们想知道怎么去中国投资，史泰白是德国政府投资的经济促进基金会，下面有研究机构、大学、投资公司、资产管理公司。于是史泰白基金会设立了这么一个特别的教育项目，帮这些德国的中小企业在中国找中国本地的管理者。我们到中国来帮这些德国企业在中国找中国本土相近行业的高潜质年轻人，送他们去接受国际创业的 IBM 教育。这些人被送到德国去进行为期两年的学习。这两年时间里，他们学习战略、财务计划、销售、营销等各个模块，学完后真真切切地帮助德国的中小企业进入中国。我的同班同学在这两年期间帮助拜耳公司在中国建了三家合资企业，一家是跟长春大众，一家是跟一汽—大众，还有一家是跟神龙公司。我的同学在市场调研阶段就帮一家德国只有 100 人的小企业，在中国从零做了 2 000 多万元的营业额，我自己帮德国一家 380 人的做印刷线路板设备的中小企业进入中国内地，且在中国香港地区帮它建立了亚太区中心、售后服务中心和人力资源中心。德国人的做法是通过培训人来帮助这些中小企业走出国门。它相当于帮这些中小企业培养内部的咨询师，帮他们走出国门。当然在培养的过程中。我们作为第三只眼帮助修正，这是我看到的德国中小企业进入中国的过程。

田源： 好的，现在我们请王先生发言，他也是非常著名的企业家。他有一个基金帮助中国企业走向国外。

嘉宾： 谢谢您的评论。我觉得这是一个非常好的讨论，我受益匪浅。除了咨询公司，我也负责帮智囊团做很多的报告，同时我想给各位专家提一个问题，希望大家回答一下。不知道大家注意到没有，在"二战"后有很多西方的公司国际化，东京奥运会以后很多日本企业也走向了国外。1988 年汉城奥运会以后很多的韩国企业也走出了国门，而 2008 年奥运会之后有多少家中国公司走向国外了，这是数得清楚的。如果加上中国台湾和香港地区，一共有 95 家，也就是说 1/5 的 500 强公司是中国的。但认真地看一下，像怡和这么大这么强的公司不多，但从某方面来看它不是真正的跨国公司，所以我想提出这样的问题：怎么样来帮助企业真正地成为全球公司？我记得外国公司是通过合资企业和合作伙伴进入中国市场的，现在中国企业走向国外是否也可以照此办理呢？中国的公司如何真正地成为跨国公司，而不只是具有很大规模但 90% 以上的收入是来自中国的状态呢？

亨利·吉斯卡尔·德斯坦： 我不能提什么建议，我只想说一下我的观点。为什么它们不是那么全球化的公司，因为中国市场本身在增长，本土市场成长最大的为什么非要国际化呢？欧洲的公司本土市场比较小，他们没有办法必须国际化，因为他们本土市场规模有限，或者他们本土市场的潜力都较小。你知道美国市场以前是世界最大的，而中国企业在本土市场增长是最快的，他们出于历史、技术、文化的原因也需要这样做。你的合作伙伴需要增长，出于双赢的考虑他们需要这种合作关系。情况非常复杂，需要面对现实，美国有规则，欧洲也有自己的规定和习惯。去欧洲的时候一定要找一个你能够信任的合作伙伴，所以复星非常幸运，我们非常信任它，一起打造了地中海俱乐部的架构，我想信任和信心非常重要。这就是我的一个观点。

杰弗利·勒曼：有一家印度公司致力于成为全球性公司的过程中做出了很多努力——把文化进行整合，建立真正的全球工作团队，但实际上其90%的工作人员还是印度人。后来他们为什么能进行国际的扩张？刚开始他们也遇到了很多困难，但现在变好了，因为他们跟本地的合作伙伴建立了有效的关系，而不是自己去雇用当地的人员。而这又是非常有效的方法，因为当地的人员加入外国公司会有怀疑的态度，无论在世界上哪个国家，当地人员更愿意到自己国家的公司工作。所以我非常支持此种合资企业的战略。

卢迈：中国在海外投资的进展应该说很令人鼓舞，现在我们累计对外投资了5 000亿元，这些年在中国累计的外商投资是1.3万亿元，所以到2020年的时候中国在海外的投资额会很快接近于外商在中国的投资额。在这个时候，确实应从公司层面做好它的工作，应该有更多的交流、更多的合作。我这里也做一个广告，我们举行了"中国发展高层论坛"，在这个论坛上有60多家500强的CEO来参加会议，那是一个交流的好场合，对国外投资感兴趣的可以考虑。其实很多人对投资国外感兴趣，当欧洲情况不好的时候我知道很多人在葡萄牙、西班牙、意大利打探，集中的时候有好几十人。另外，我们跟另外一家研究机构合作研究关于中美双边投资协议的主要障碍在哪里，和它可能产生的影响是什么，这个研究现在刚刚开始，我们希望为企业在这方面的投资创造更好的条件。但我在这里还是特别要强调，海外投资要注意风险，不要为投资而投资，我们现在的企业家像朱总等都是很务实的，我们要投资是为了获取资源——无论是自然资源或者是其他战略资源、品牌、技术、渠道等。我们特别要注意吸取日本企业的教训。日本企业20世纪90年代最火的时候，买了阿斯品滑雪场，惹得美国人很不高兴，买的洛克菲勒大楼最后是以折了一半以上的价格卖回给了美国人。咱们千万不要犯这样的错误。阿斯品也一样，他觉得日本人爱滑雪，就把大滑雪场卖给了他们。所以不能为了投资而投资，千万不能为了宣传品牌而投资，为了炫耀而投资，还是要务实。我特别强调务实的两点如下。

第一，要有法律顾问，不光是顾问，自己公司要聘请好的律师。西门子让美国的《反腐败法》查了以后现在有 100 多个律师。我们现在真正走出去的公司自己聘了几个律师呢？这是要特别小心的。有些事情在国内做是顺理成章的，但是出国后一定不能再做了，你送给他们政府的礼品都要仔细琢磨琢磨——不要超过 100 美元。这些方面如果不注意，将来查起来会很麻烦。《反腐败法》的检查是要自己证明自己没错，我们不太懂这一条就会出问题。他要求你把电脑的硬盘交出来，来证明你的账目是清楚的，资产申报是清楚的，每一笔支出没有给中间公司做不合法的事情，我们如果不想到这些事情，那将来就会有大的麻烦。第二，在海外投资的时候还要考虑其他的风险。中国不会永远高速增长，手里的钱不是永远都可以无限制透支。对任何可能的风险从资本的流动性到盈利的可能性等各方面都要做更精确的计算。最好是依托中国市场开拓海外市场，依托自己现有的技术来进一步拓展，我觉得我们现在需要的是非常现实的做法。有人说我们现在是在小跑，事实上我们在跑步前进，那么就得小心。

翁以登：第一，战略是非常重要的。企业不光要看有没有钱，一定要有战略。为什么要出去？战略之一就是你真的可以增加价值吗？你的产品和服务有质量、素质吗？老实说中国的东西在国外声誉不是太好，所以如果要出去卖中国的东西，在品牌质量方面要更努力，要有信心。第二，政府的角色。在国际贸易方面，政府的角色很重要，尤其是在谈判和协议方面。今天早上我参加了刘明康的会议，他说中国在自由贸易协议方面做得不够多，政府一定要多听企业的意见，有很多障碍横亘在国际贸易里面，这方面如果政府做得不好对企业来讲是一个很大的约束。我整天听到应该"小政府"，可是在国际贸易方面政府的角色是重要的。总的来说，政府的角色跟产品质量、中国的形象要联系起来，要改善，因为这些都会影响具体的投资。

嘉宾：我们的讨论非常成功，我们听了之后也非常高兴。我以前都没有参加过企业家论坛，这是我第一次受邀请。我在美国和欧洲每一年都参加 10 次这样的论坛，20 年来一直如此。这是我第一次来中国的国际化并购与国际型企业工作，听到这么多人讲全球的并购会遇到失败，会遇到挫折，我看到了大家的怀疑以及谨慎态度。我觉得这反映出大家非常成熟，每人都有很丰富的经验。杰弗利说在并购中很多人在浪费钱。我是一个职业顾问，我的职业责任是要促进全球并购，所以我必须反驳大家的说法。有人说在西方进行投资没有意义，我觉得是不对的，说并购是一个完全糟糕的事情也是不对的。我想用一个故事跟大家解释，为什么中国的公司将来可以成为全球的公司和赢家。

我在纽约有一个实习生，他是联合国高中的一个学生。我问他在高中表现怎么样，他说除了亚洲学生之外他是前25%，所有的亚洲学生都是学术表现最好的。中国有20万学生在美国留学，这些学生都是学习最努力、最聪明、最有动力的，所以他们非常成功，能建立全球性的最佳公司，我相信这一点。ADM的企业在中国投资非常成功，中国10%的GDP增长是不可能持续下去的，中国将会出现全球性的企业家，类似于现代这样的企业。我相信10年后再回来就会有很多的中国公司变成真正的全球性公司。

田源：最后一位发言人。

嘉宾：我听大家都在讲中国的企业国际化，大家都没有谈到一个比较焦点的问题——中国传承的问题，尤其是亚布力中国企业家论坛的企业家对富二代的培养问题，真正像复星这样的企业是不多的，他是属于金字塔尖的，大部分人是中小型的，中小型怎么国际化？中国人比较保守，都会将企业传给孩子，孩子接不接是另外一回事。纽约大学的校长提得很好，将来人才都可以到这里找，那么企业家是否可以为我们做富二代人才的培训。像我不懂得国际市场我怎么走入美国呢？我走不进去啊。我走进去很怕会被狼咬一下。假设我们教育先行，把富二代的思维意识包括企业管理进行国际化的培训，哪怕我们的企业有一天走不出去，也可以把国外先进的理念带回来，我想这对我们中国的中小型企业国际化有一定的基础作用。谢谢大家！

田源：时间已经到了，我们必须结束这一阶段的讨论。我觉得刚才的嘉宾已经给我们做了总结，对我们来说我们是希望更多的中国公司成为全球性的品牌。我个人相信在10年内，当我们都回来的时候就会看到更多的中国公司成为非常著名的国际公司，比如说像三星、像丰田，中国的复星或者是联想可能会成为这样的国际品牌，这些公司现在正处在发展和国际化的过程中。非常高兴每个人都贡献了自己的想法，把你们的经验和我们进行了分享，我相信每个人都应该感谢所有的发言人。

第二章

改革影响：市场作用的变化

市场的决定性作用—— 理念与行动

　　十八届三中全会将因为它看待市场的方式留在改革史中：让市场在资源配置中起决定性作用。这之前，市场的作用是"基础性"的，虽然只有两个字的差别，却从根本上厘清了市场和政府的关系，市场能办的都交给市场办。如何解读这一差别以及如何在实践和行动中推进这一理念的更替？

　　就这一问题，在 2014 年亚布力年会上，TCL 集团股份有限公司董事长兼 CEO 李东生，亚布力中国企业家论坛创始人、主席田源，著名经济学家与金融专家胡祖六，南丰发展有限公司行政总裁梁锦松，新东方教育科技集团董事长兼首席执行官俞敏洪，均瑶集团有限公司总裁王均豪，综艺集团董事长昝圣达进行了充分讨论，万盟投资管理有限公司董事长王巍主持了这一讨论。

王巍： 2013 年十八届三中全会召开以后，人们对此次会议内容有多种解读，但"市场的决定性作用"的论调是大家都认可的。在这一大环境下，让我们在座的各位企业家跟大家分享一下自己想做什么。

田源： 我觉得，十八届三中全会提出的"市场的决定性作用"会改变中国未来整体的走向，会与全世界接轨，中国全新的发展时代开始真正到来。郭广

昌刚刚从葡萄牙回来，他们刚收购了葡萄牙最大的保险公司，观察复星这些年的动作，发现这四五年来他们在全球化方面一路披荆斩棘，一浪高过一浪。复星的发展方向代表了整个中国企业的发展方向，我想不管是民营企业，还是国有企业、混合所有制企业，未来在市场起决定性作用的新时期都要迈开这样的步伐。我现在大部分时间呆在纽约，做中国企业走向海外的相关服务工作。

企业对新技术、新商业模式的学习很重要

王巍： 昝总的企业有非常强的投资国际产业的能力，现在你在做什么呢？

昝圣达： 我们综艺集团目前有三大块：一是清洁能源，主要在美国、意大利建设电站；二是新材料；三是信息科技，主要在美国投资了两家比较大的公司。我们将大量资金对外投资，而在家门口不敢投资，这是因为中国的法律、法规还不完善。在我看来，无论是国有企业，还是民营企业，更应该做的是出去找市场而不是找

市长，找市长永远没有机会。我希望十八届三中全会以后，在市场发挥决定性作用的浪潮中，民营企业有更多平等的竞争机会。

王均豪： 我们也是一个多元化投资、专业化经营的企业，也希望在未来开放经营的领域中找到投资方向，也想进入金融板块，并且在积极做准备。

胡祖六： 十八届三中全会提出了"市场的决定性作用"，从理念上的突破意义来说，可与1978年党的十一届三中全会相提并论。此次会议对市场所发挥作用的认识变化值得我们肯定，但首先我们得有市场，尽管经过30多年来的渐进式改革，中国的市场化程度越来越高，市场力量越来越大、越来越国际化，但我们的市场化经济发展仍不成熟，我们的市场还是在被干预和控制，所以仍然需要全面深化改革，需要把政府和市场的关系处理好，其中有两点尤为关键：一是放松管制，开放市场、打破垄断、倡导竞争，这样才能使市场的活力迸发出来；二是大幅度减少审批，所有不必要、不合理的、烦琐的行政审批都应取消，这样才能够真正地提高市场配置资源的效率。一直到2020年，我们的改革都应该集中在这两方面，只有这样中国市场才会变成现代化的、有效率的市场，市场也才能自然而然地发挥决定性作用。

俞敏洪： 我特别希望中国的中小学也能够市场化，这样我们企业家就可以设立学校与公立学校竞争。

梁锦松： 香港是全球最自由的经济体，十八届三中全会召开以后，我在思考未来几年如何让香港更好地利用其既是自由贸易区又是国际金融中心的地位优势来为国家做更大的贡献。

李东生： 未来，中国经济的国际化、中国企业的国际化仍需要大力发展，因为从历史的角度来看，一个国家、一个民族的前途一定是开放和走出去的。在这方面，TCL一直在努力，2013年我们的销售收入增长了23%，其中海外业务增长达到了38%。我相信这一趋势应该会持续，中国市场很大，可全球市场更大。但是另一方面，中国企业的价值在国际市场上的差异很大，我们有全球最大的中国工商银行，但是现在工商银行的市值和腾讯的市值差距在快速缩小，工商银行的PE（Price to Earning Ratio，市盈率）好像在5倍左右，腾讯的PE则已经三四十倍了。TCL作为工业企业，我们的PE一直非常低，其实从公司业绩来讲，这些企业的表现都不错，可为什么市场没有给出更高的估值？除一些不合理的因素外，很重要的一点是人们对新技术的发展前景充满了希望，人们相信这些产业更有发展潜力，因此传统企业必须加快转型，这样才能适应时代的变化。所以前

两年我们一直在提智能互联网战略——智能＋互联网、产品＋服务，这样我们才能持续地创造价值。因此企业对新技术、新商业模式的敏感、学习、跟进也很重要，做不到这一点，企业有可能在竞争中被淘汰。

要有危机感和紧迫感

王巍：今天，中国已经进入大国崛起的时代。十八届三中全会之前，人们就有很多期待，希望三中全会能给市场化一个地位。现在三中全会提出了"市场的决定性作用"，我想请王维嘉做一下评价，对此你有何看法？

王维嘉：十八届三中全会的会议内容我读了很多遍，其中有两点特别引人注意：一是提到了私有财产和公有财产一样不可侵犯。这一点应该可以增加企业家的安全感，进而可能会减少移民。二是把现代国家治理体系作为一个很重要的改革总目标。我曾经跟一位参与起草十八届三中全会文件的同志吃饭，我问他，企业治理体系中，企业家、股东、员工分别属于不同的利益主体，那么国家治理体系是不是也是多元互动、多元协调的概念。对此，他做了一个非常肯定的答复，他说国家治理体系就是借用过来的概念。听了以后，我也感到非常振奋。因为以前我们讲究政府统治、政府控制，这是单向和一元的概念，现在我们已经认识到社会的复杂性和多元性，因此提出了现代国家治理体系，这是一种多元互动的概念。这都给企业家提供了很多表达利益诉求的机会，也就是说我们的声音和利益表达可以通过更规则化的渠道提出。

任志强：一分部署、九分落实，十八届三中全会的《决定》内容中还是有指导的成分在。我觉得如果从理念与行动来说，一定是整个社会共同的行动，而不是你让我干什么我就干什么。我想亚布力中国企业家论坛最重要的目标是培养我们独立的思考能力，让所有企业家都能够在市场发展的过程中创造一个奇迹。如果企业家没有创造精神，那么这个市场也就没有了。

王巍：最重要的一点是执行，而不仅仅是口号，那么对企业家来说，两会之后最期待我们的政府有哪些执行？

胡祖六：十八届三中全会的改革措施中，我觉得有两项工作最为关键，即放松管制、减少审批。实际上，如果做到了这两条，也就够了。市场是一个自然的状态，"小政府"的时候就有市场，当然我们也都认为市场确实需要监管，但首先是得有市场才行。中国的市场还不够成熟，因为被管制、被干预过度，所以要放松管制、减少审批。

王均豪：这个想法很对，十八届三中全会不可能一下子就达到预期的效果，但是任何东西首先要相信，相信之后才有希望，才会行动。说个案例，当年我办航空公司只是出于一个想法，然后再一步一步准备，从包机开始将近 10 年后才容许我作为民营企业参股武汉航空，16 年后才允许我办航空公司。人就要有这么一个希望，没有希望的话，人活着就很痛苦。再比如，我现在想做金融，虽然现在没有全面放开，但是我相信金融业肯定会放开，只是迟早而已，我现在要做的就是做好准备。因此，我觉得中国 30 多年的改革开放，包括党的十八届三中全会的意义都很重大，我相信权力肯定最终也会被关进笼子里，但这需要一个过程。

眷圣达：在资本平台的运作，我们 2012 年达到了 170 亿，2013 年仍然保持了比较平稳的增长，我们未来怎么办？还是要回归传统产业，让中国人喝低温的奶，所以我们最近在江苏盐城准备建立一个拥有 4 万头奶牛的基地，相当于日产 80 万吨鲜奶。

田源：中国的很多民营企业其实都是产业里非常优秀的企业，如果走向世界他们也一定会把外国公司管好，最典型的例子就是联想。当年柳传志来参加亚布力年会，在送他去哈尔滨的路上，我问他，联想的国际化准备如何做。他说，还没有想好，不急着做。但几年下来，联想收购了 IBM 的个人电脑业务，收购了 IBM 的低端服务器，收购了摩托罗拉手机。联想已不是一家小企业，而是一个制造企业，也是一个高科技企业，尽管现在人们对联想有各种各样的看法，但以我十几年的观察，我认为它一定会成为挑战三星的中国企业。

李东生：对中国的深化改革很多人表达了信心，对此我也比较认同，当然顾虑也比较大。改革的关键是社会经济是否朝着正确的方向发展，中国的很多事情不可能一蹴而就，有些东西要求得太快，最终反而是欲速则不达。所以我觉得作为企业家，我们更多的是要将自己的事情做好，在促进自身企业成长的同时推动国家的经济发展，这实际上也是我们为整个国家发展所尽的义务。因此在一个好的趋势和环境下，我们更应该把握机会，大家齐心协力地往这个方向努力、奋斗。

胡祖六：我觉得十八届三中全会还是让中国看到了希望。第一，我相信我们新的领导人会有新的认识，政府会有新的作为。第二，为什么要改革？是因为人们对现状不满。1978 年的改革也是因为中国经历了"文革"的浩劫，已经到了崩溃的边缘，不改革不行。今天中国的经济社会包括生态、发展模式、地方融资平台、影子银行、产能过剩等都到了需要彻底改革的时候，不改革也不行了。有些人不赞同改革，对此，力推改革的人评价这些人为既得利益群体。但我观察到，正是因为以前的改革取得了成果，中国经济才获得了高速增长；而金融危机爆发以后美国饱受打击，中国风景独好，这就使得我们太过自信，认为中国模式最优越。可现实是，美国虽然饱受金融危机的重创，但在过去 5 年他们的自我调整能力尤其是巨大的创新能力都不容小觑，下一轮新技术革命中美国绝对是领先者。当我们还沾沾自喜的时候，美国又把中国甩在了后面。

20世纪70年代，经过越战，日本崛起了，一位日本学者写了一本书叫《日本名列第一》，当时的一位经济学家约翰肯尼思给出的回答是，不用担心，美国把所有的产业都给亚洲，而只需要留两个产业，任何国家都不可能跟美国竞争，一是好莱坞，二是美国的高等教育。也正是因为这两个产业，美国在20世纪发展起来了。我们应该有一点危机感，没有危机感，不改革，我们很快又会落在后面。我相信中国的决策者，特别是亚布力中国企业家论坛的企业家们都有一种危机感和紧迫感，中国非改革不可，中国的改革一定会成功。

王巍：下面请武克钢谈谈对十八届三中全会和未来的想法。

武克钢：我要说的话很简单，我们要记住我们从哪里来，我们要到哪里去。可现实是，很多人不愿意承认自己从哪里来，富起来之后很多人又变得很盲目，不知道要去哪儿。同样我们缺少对普世价值的正确认识，人们会问天应不应该是蓝的，水应不应该是清的，食物应不应该是没毒的，在简单的逻辑面前我们绕，把自己绕得不知道是什么了。缺乏常识是我们今天遇到的最大问题。所以，我们应该回归常识，回归人类社会的基本层面。

王巍：市场的决定性作用——理念与行动，理念上大家都统一了，行动则各不相同。对企业家来说，我们要迎接科技革命的新时代，要不断创新和发展，但另一方面我们也要求政府行动起来，而不是停留在口号上。如果政府行动起来，企业家也行动起来，那么中国的未来就会一片光明。

探索未来中国最大的市场

俞敏洪　新东方教育科技集团董事长兼首席执行官

市场决定性作用奠定中国体制改革基础

改革开放的 30 多年是两只手在起作用：第一只手是政府看得见的手，第二只手是政府看不见的手。我特别庆幸尽管我看得见政府看得见的手，但它的手没有伸到我的口袋里，所以政府对我是比较仁慈的，因为政府管的是学历教育，但我这儿的培训教育它搞不清怎么管。这没人管的培训教育市场就有了市场——看不见的手。

30 多年里，企业家的成长主要靠的是市场看不见的手和政府看得见的手往后让，这个"让"不一定是政府的本意。如果大家读过科斯的《变革》就知道，政府一直是以计划来掌控经济大局为主，但是布局的时候在边上留了一块自留地，没想到中国的民间力量如此强大，以至自留地的草都长成树了，树又把水泥地翻开，于是看不见的手就慢慢地和看得见的手比拼，到最后互相合作。

可以说，这是政府进步的过程，也是民间力量进步的过程，两个力量互相促进才有了十八届三中全会中提出的"市场起决定性的作用"的结论，因为过去连基础性作用这样的话都没"一直"强调。所以我觉得这个进步是一个值得庆幸的事情。

最重要的转型我觉得应该是政府从"居高临下"的指挥领导向更加友好的服务转型。"市场决定性的作用"说法其实不仅仅为中国经济未来的商业发展奠定了基础，更重要的是奠定了中国体制改革的基础，而且这个体制改革绝对不仅在经济领域，还应该在文化、社会、政治等各个领域。

未来中国最大的市场一定不是纯粹的经济商业或者是金融市场，我认为最重要的改革应该是来自市场思潮的改革。中国的思想市场能否起到对市场推动的决定性作用，是中国未来 10~20 年所有领域是不是能够真正取得不断发展和进步的一个前提条件。因为所有的一切包括创新、创造、企业家精神与文化和社会的长久活力与可持续发展，都来自政府能不能够给我们提供一个自由的思想市场。所谓自由的思想市场绝对不是思想的自由化，市场上的思想自由触发了人们的创新活力，促使大家用各种语言和态度来表达自己的思想。

市场改革很可能成为既得利益的饕餮大餐

最近中国发生了东莞事件，好坏我们不加评说，但有人总结了一个"东莞定律"：经过中央电视台记者的暗访以及政府的检查，可以预期的是在 2014 年或者 2015 年像东莞这样的市场会更加兴旺，当然这只是一种可能性。很早之前，经济学家总结了一条"黄宗羲定律"，说每一次政府想要减轻老百姓税收的改革，最终带来的后果是老百姓税赋的增加。包括王安石的改革，最后都是由于官僚体系运作的复杂性，导致老百姓民不聊生，但王安石的本意是好的。

政府对中国经济发展的本意也一定是好的，因为没有任何政府不希望自己的老百姓更加富有，而在这个过程中我们特别希望能够避免"黄宗羲定律"。

比如，《劳动法》的制定本来是特别好的事情，保护了普通劳动者的利益，但制定的后果是中国大量的中小企业倒闭，而中小企业的倒闭带来的最大后果是老百姓的失业，失业导致老百姓的生存更加艰难。这就导致好意变成了坏事，不是《劳动法》不好，而是《劳动法》怎么样制定能让企业和老百姓互惠互利，这应是我们思考的重点。

再比如，国家税收制度的改革，并不是所有的企业和领域都应该有增值税的，在很多服务领域，它的成本就是人工成本，用了增值税以后，服务行业的税收总量没有减少反而增加了。实际上是把责任转嫁给了企业，把负担转嫁给了本来可以创造更多财富的人群。这样一来就出现了一个情况：经过30多年的改革开放，中国大量的服务行业变成了微利行业、基础薄弱性行业、竞争充分激烈的行业，因为所有的服务行业都不是政府的一只手愿意伸进来的，因为太琐碎了。

我曾经做过一个简单的调查，发现如果所有的企业百分之百交社保、公积金以及税收，现存的企业有一半要面临倒闭或者是必然倒闭。这样的结果实际上最后伤害了经济的发展，也伤害了老百姓就业的机会、国家的可持续发展。政府要做的就是要避免这样的转嫁。大家知道大部分的企业都可以合理避税、合理躲避公积金和社保基金，但这给企业家留下了后患，因为使他们缺少安全感。最重要的是政府应该设置机制或者是制度，可以让任何企业家在任何时候都按制度办事，同时还能够提供就业、给雇员发更高的工资。

政府要想让市场起决定性的作用，就要把市场让给公开、透明的竞争，让政府变成竞争规则的制定者而不是参与者，不能既当裁判又当运动员。但现在政府有时候还是在决定市场，而不是让市场起决定性的作用。我认为政府对市场应有个重要原则：非常警觉地限制非市场因素对市场因素的肆虐。比如如何限制国有企业进入竞争性领域，国有企业应该有战略领域和安全领域，但充分竞争领域不要进来。再比如限制既得利益集团和权贵资本，进入那些老百姓本来可以平等

进入的领域。不然政府本身为难，民营机构也为难，到最后政府想改革的时候也推动不了，因为后面的东西实在太沉重了。我特别希望政府在面对这样艰巨任务的时候不退让，限制这些力量进入竞争性领域市场，如果不这样，最后一不小心市场决定性作用的改革有可能会成为既得利益集团或者是有官方背景资本的饕餮大餐。

像新东方所在的中国完全市场化领域，行业发展比较充分。所以只要是充分市场化就会有两个好处：一是行业会充分发展，二是潜在成本比较低。到今天为止，我也没有太多的潜在成本。像新东方这样的培训行业因为需要精耕细作、勤奋努力，短期内很难暴利，所以有政府官方背景和资源的人对此领域其实不感兴趣，所以我从来没有碰到过某个有官方背景的资本对我说，你给我转让 5% 的股份，否则这个地方就呆不下去。

中国的教育领域发生了很大变化，在纯粹的地面培训领域，资本投入大概是 500 亿美元左右，移动互联网发展以后，线上线下的结合带来了新一轮的投资，同时出现了 3 000 家左右基于教育的移动互联和互联网公司，不管市场最后能不能做大，但是已经是充分竞争了。我在竞争中睡不着觉，但我很开心，未来民营培训领域一定会成为中国巨大的产业之一，并且成为推动中国就业、中国发展以及老百姓受教育的多向选择领域。但是要在所有的领域进行市场的充分竞争，还有待时日，而这是一个必然的发展趋向。

未来经济发展依赖两方面

中国未来的经济发展依然依赖于两个方面：一是政府的态度。原来是 100% 依赖政府的态度，现在是 60%，另外 40% 给了谁？移动互联和互联网。

移动互联和互联网的发展突破了政府的垄断，最近微信红包和支付宝带来的支付大战已经体现了重大的力量。以微信为例，这一个春节，新东方各个部门所建立的微信群，让我花出去的钱已接近 15 万人民币。

我觉得商业技术的出现将会导致商业的不断洗牌，在未来 10 年每一个领域都会发生天翻地覆的变化，我们会经历经常性的生生死死，而不是说你不想死就死不了。现在一个行业的升级需要的是完全不同的基因，比如诺基亚不可能有苹果的基因，所以诺基亚必然会失败。

我现在面临的问题是我没有线上教育系统的基因，因此新东方在将来的某一天会被某种教育模式所取代，而且不以我的意志为转移，但我不认为我是一个失败者。

现在商业的改变已经不再是渐进性的改变而是一个蜕变性的和颠覆性的改变，在这种情况下被改革或者是被颠覆只能心甘情愿。但我们要努力，使自己产生基因突变，当然突变以后到底是好是坏我也不知道，但如果不基因突变，新东方的地面培训模式有一天一定会被取代，与其被人取代不如自己取代自己。

未来突破性教育系统一定在民间

在千变万化的技术革命前，包括政府的改革前，有些东西我们是不能变的，比如任何行业都要以用户和客户体验为核心，设计自己的商业模式；诚信或者是超越期待，应该永远是我们做商业的最高原则，任何坑蒙拐骗的短期行为不管在什么模式下都是不能长久的；政府应该竭尽全力维护公平、公开、透明的商业环境或者交易环境；任何创新的突破和财富的创造能力一定是在民间，绝对不是在政府和国企间。从我这个角度来说，我跟教育部、教育厅打了 20 年交道，我始终相信中国未来有突破性的教育系统、教育研发，且它们一定是在民间。

任何一个企业家都应该具备随时迎接新挑战和机遇、改变自己的精神力量。千万不能害怕和退缩，尤其是在政府做了这么大的决定以后，我们一定要做好准备，随时推翻自己，并且随时从推翻自己的废墟里面站起来，同时坚守企业家的责任、社会道德责任跟政府一起推动中国社会的变革，推动中国文化的进步，推动中国社会的秩序，这就是我们应该做的事情！

让市场在金融资源配置中起决定性作用

姜建清　　中国工商银行董事长

讲到这个题目，我脑海中突然跳出了下面的场景。那是在 2006 年 10 月，工商银行 IPO 全球路演，我从香港到迪拜，再搭夜班机凌晨到纽约后，在客房的《纽约日报》上看到一篇评论工行 IPO 的文章，该文对中国商业银行能否按市场化原则发放贷款充满质疑。几小时后，一场 500 多人参加的大型路演同样火药味十足，提的第一个问题就是："你们是中国的国有银行，政府干预贷款怎么办？怎么防范贷款风险？"我回答说："我们是商业银行，会按商业原则办事，如果不符合商业银行的风险管理，我们会说'不'。"面对台下疑惑的目光，我又补充道："亚洲金融危机已使政府认识到了干预微观经济运行的弊端。工行 IPO 最后大获成功，我想这是国际社会认可了中国商业银行在市场化改革中所取得的进步。"

所有者、管理者行为扭曲都会造成风险

其实，不仅国际社会对中国商业银行能否按照市场化原则发放贷款存有疑虑，而且国内的质疑声也从未间断过。那么究竟什么是金融资源的市场化配置？该怎样实现市场化配置呢？

十八届三中全会提出，要"发挥市场在资源配置中的决定性作用"，这是一个重要的理论创新。它也必然会带来制度创新和实践创新。金融资源是稀缺的资源，作为三大生产要素之一，其配置是否合理、有效决定着经济能否健康、高效运行。根据经济学理论，金融资源的市场化配置是指在经济运行过程中，市场参与主体根据市场供求变化所引起的价格变动，对金融资源进行分配、组合以及再分配与再组合的过程。据 IMF 统计，2013 年我国储蓄率超过 50%，位居全球第三，我国的金融资源相对丰富。因此将有限的金融资源最有效地配置在效率最高或效用最大的用途上，对更好地支持中国经济发展意义十分重大。

目前在是否按市场化配置资源方面，争议多集中在如下几个 方面。

一是认为不同规模的企业获得金融资源的难易程度不同。有人提出国有大型企业和大项目可以比较容易地从银行得到贷款，而民营的小微企业贷款就相对困难，这就是金融资源配置没有按照市场化原则进行。其实为维持社会稳定和充分就业，政府一贯大力倡导银行支持小微企业。目前一些商业银行更愿意贷款给大企业、大项目，本现了"市场的盲目性"，也是金融资源逐利性和风险规避性的体现。比较而言，大型企业的经营管理相对规范、稳健，融资规模大，违约率低，看来很符合银行的市场化贷款原则；而很多中小企业财务管理不规范，信息不充分，贷款规模一般较小，且违约率较高。若银行按企业规模来对不良贷款率进行排列，也可得出同样的结果。但这种"市场化的选择"不一定是理性的。虽然大型企业、大项目违约率低，然而一旦出现违约则损失巨大，小微企业则反之；大型企业、大项目贷款集中、风险暴露滞后，而小微企业又反之。随着资本市场的发展，商业银行会分流大型企业、大项目的融资，加之高风险、高收益的市场原则也会促使商业银行加快转向小微企业市场的步伐。工商银行目前对小微企业的融资余额已达 1.9 万亿元，这是市场化的必然趋势，对风险控制技术能力较强的银行的步伐还可以加快一些。商业银行对客户融资的选择只有注重安全性、效

益性权衡，短期和长期效益及风险的权衡，才能真正实现让市场在资源配置中起决定性作用。

二是认为市场化配置资源与银行的所有制结构有关。有人认为民营银行多了会加快市场化配置资源的速度。我支持中国金融市场和金融机构的准入更加开放，赞成中国金融机构所有制更加多元化。其实，金融机构所有制结构与其是否按市场化配置资源关系并不具有必然性。分析全世界一百年的金融史，破产的银行多是私营银行。虽然由于一些民营银行的资本和规模比较小，受贷款集中度监管的影响更明显，只能支持中小企业，且中小企业民营占比多。不过一些地方民营银行参与大型国有企业及项目融资的热情相当高，正埋怨自身无法介入的不公平性。这一问题又十分矛盾，因为金融业是高风险行业。有句话不是说，"想要赚大钱吗？你就开银行。想要亏大钱吗？你也开银行"。不管什么所有制银行，都是人经营的。来自外部的影响须通过管理者传递。所有者、管理者的任何扭曲行为，都会造成风险。

三是认为金融微观主体都去追求价值最大化。这就是资源配置的市场化。在市场中是价值规律起决定性作用的，那么各微观机构都追逐高盈利，是否是理性的市场选择呢？这几年的中国融资市场中，虽然一些资源性企业、房地产企业可以给出高额的利息回报，然而融资的长期风险是显而易见的。在追逐盈利中，收益和损失从正负两个方面影响着资源配置的抉择。高收益高风险、低收益低风险，收益和风险的合理匹配，是永久的难题。在抉择中，不同银行家的风险偏好，决定了他们的成功或失败。昨天和今天风险低，不代表明天风险也低。将鸡蛋都放在今天"违约率低，风险率低"的一个贷款篮子里，一旦借款人偿债能力发生变化，巨大的违约损失是金融机构不能承受的。当初按市场化配置资源的一些企业和项目，若干年前还是牛气冲天、门庭若市，金融机构趋之若鹜；但今天亏损巨大、濒临破产，成为金融机构的苦恼来源。因此在追逐市场效益最大化时，价值标准的时间长度必须成为重要参考因素。

实现金融资源的市场化配置是一项系统性工程

此外，银行还应有服务社会的功能，支持社会经济发展、稳定经济金融、看其社会责任是不是符合资源配置的市场化？企业为社会做贡献，通过辛苦经营、创造税利、反馈社会、造福人民是其最光荣的职责。密切关注社会发展，牢固树立社会责任理念，将履行社会责任嵌入银行的发展战略中，这实质上是企业短期目标和长期目标协调发展的问题。要立志建立一家基业长青的优秀企业，要立争成为一家最受尊重的银行，只追求短期的目标是不能长久的。

因此，实现金融资源的市场化配置是一项系统性工程，难以一蹴而就。在金融市场化的初期过程中，并不一定会出现充分有效竞争而使企业和消费者的福利增加；微观金融主体和投资者的行为并不一定都符合理性；并不一定在短期内就会形成市场化条件下的均衡基准价格。由于中国金融总量和结构失衡，由于不那么成熟的市场和参与者及创新，对金融的监管始终提出了严峻的挑战——如何避免金融监管不足和过度？

所以要实现市场在金融资源配置中起决定性的作用，还需要在若干方面继续推进和完善。

一是完善市场监管和市场退出机制，促进市场参与主体向理性经济人转变。市场参与主体行为的市场化是实现资源配置市场化的关键。通过制度、法规约束市场参与主体的战略偏好和经营行为，促进其按照理性的市场原则合理配置资源。

二是培养储户和投资人的风险意识，引导资金的理性流向。储户和投资人亦是重要的市场参与主体，其行为偏好影响着金融机构的资源流向和配置。要通过对投资者进行风险教育以及对金融机构的风险揭示与信息披露的监管，打破市场对投资理财存在金融机构隐性担保的幻象。在对互联网金融理财的优势进行肯定的同时也要提示其产品存在风险。最终形成成熟、理性的投资群体，实现金融资源的优化配置。

　　三是完善资源配置市场化的一系列基础工作。改革正在深入推进，利率、汇率市场化就是资金价格的市场化，民营银行的批准就是金融准入的市场化，人民币国际化就是货币流通的市场化，加之前面所说的金融资源配置的市场化，四者共同作用的结果是金融市场的竞争和资源配置更加充分、有效。完善存款保险制度等金融安全网以及破产退出机制，降低市场参与主体的道德风险，并培养其风险意识，为金融资源的有效配置建立良好的市场和制度环境；推进直接融资市场发展、放宽民营资本进入条件，弥补现有金融体系的不足，进一步提高资源配置效率以及对实体经济的支持力度。综上所述，完善金融企业公司治理、内部控制、风险定价和经营转型，才能使微观经营主体更具活力，市场在金融资源配置上起决定性作用的内外部环境才会真正成熟。

　　尽管市场要在金融资源配置方面起决定性作用，但市场不是万能的。市场调节有时具有自发性和盲目性，这一缺陷导致百年来西方金融市场的失灵不断重演，从郁金香泡沫到20世纪30年代的大萧条，再到前几年的次贷危机都是典型例证。另外，金融风险的滞后性加大了市场调节难度，中西方的金融史案例，无数次证明了市场失效的理论。在舞曲还没有停的时候，欢歌笑语中你能判断出谁是明天的"雷曼兄弟"吗？以市场为主导进行资源配置离不开政府的适当和理性干预，以弥补市场缺陷、纠正市场失灵，维护市场配置资源的能力和效率。

高效率的市场意味着更多的投资机会

丁学东　中国投资有限责任公司董事长兼首席执行官

　　本次论坛主要围绕"市场的决定性作用"。我认为，高效率的市场意味着更多的合作机会。我任中投公司董事长的时间不长，成为企业家只有半年多时间，认识的企业家朋友不多。但是做好企业，需要和各行业的企业家建立广泛的联系与合作，所以我来到了亚布力年会。

　　有嘉宾说，混合经济可能是中国经济发展的未来。中投公司是国有独资公司，因为我们是中国的主权财富基金，但我们对合作伙伴的选择是开放的，他们很多是"混合经济体"企业。来参加本次论坛，是希望拥有更多探讨与国内企业"混合"的机会。

　　自 2007 年成立以来，中投公司主要从事境外多元化投资业务。因此，下面，我想从中国企业海外投资的视角，跟大家分享一些个人的看法。

中国企业海外投资将迎来新高潮

　　过去 10 年，中国的对外直接投资迅猛增长，年均增速接近 50%。2012 年，我国对外直接投资位列世界第三，超过了很多传统的对外投资大国，存量超过了5 300亿美元。从投资存量的构成来看，对非金融行业的投资占比超过80%；从投向来看，对亚洲、拉美国家的投资最为集中，对大洋洲和欧洲的投资增幅最为显著；从投资主体来看，国有企业一直占较大比重，在非金融类投资存量中的占比接近60%。

值得关注的是，近几年许多优秀的民营企业脱颖而出，成为依靠现代化企业制度管理、具有国际竞争力的行业旗舰企业，特别是在海外投资和拓展海外业务方面异军突起，表现十分抢眼。就在2013年，民营企业占当年中国对外直接投资的比重首次超过一半；在对美直接投资中，民营企业大约占到了总金额的76%和项目总数的近90%[①]。我们观察到，民营企业海外业务拓展已经逐步呈现出投资规模扩大、方式多元化、领域广泛化和高端产业化等新特征。从吉利收购沃尔沃、双汇收购史密斯菲尔德等大手笔收购运作来看，民营企业参与国际竞争的能力已经得到了显著提高。

展望未来，我认为国内企业特别是民营企业将迎来一个崭新的战略发展机遇期，中国的海外投资也将迎来一个新高潮。我之所以这么讲，一方面是因为国内企业的自身实力不断增强，积累了越来越丰富的海外投资经验。同时，随着中国对外开放步伐的加快，经济转型和结构调整的不断深化，加之国内劳动力等生产要素成本持续上升等因素，将会有越来越多的国内企业走出国门，开拓国际市场，参与国际竞争，成为海外投资的主体。

另外一个重要原因是，十八届三中全会强调要发挥市场在资源配置中的决定性作用，国家在放开行业的市场准入门槛以及简政放权等的同时，近期也推出了一系列改革举措，这些都无疑会给民营企业创造了难得的有利时机和发展环境。所以，我认为本次论坛年会紧扣"市场的决定作用"这一主题，是非常具有现实和长远意义的。市场在资源配置中起决定性作用，意味着国内和国外两个市场的融合将进一步加深，生产要素在两个市场之间的流动也将进一步加速。受益于此，我们可以预计，未来一个阶段将是民营企业和中国海外投资发展最迅速的时期。机会总是给有准备的人，总是青睐敢于实践的人。借助本次论坛年会的机会，通

---

① 数据来源：纽约咨询机构 Rhodium Group。

过大家的思考和讨论，我们在凝聚共识的基础上，要大胆探索、勇于开拓，把理念尽快地付诸行动。

当然，国内企业赴海外投资的道路不会一帆风顺。国内企业在拓展海外业务时，依然面对各种各样的问题和挑战。譬如，一些企业缺乏足够的融资和政策支持；一些企业对境外监管和国际投资规则等还不够熟悉；还有一些企业在对境外被投资企业实施管理的过程中，在应对价值观念差异、实现企业文化融合方面的经验还不够。不仅如此，近些年来国际投资和贸易保护主义的不断抬头，也大大增加了跨境投资的复杂性。

面对这些困难，我们需要审慎研究、积极应对。俗话说得好，滴水不成海，独木难成林。我认为，很重要的一点，就是国内企业之间应当注重经验交流，加强相互学习与合作。十八届三中全会明确提出，要积极发展混合所有制经济。在我看来，未来国内企业在开展海外投资的过程中，将会形成越来越多"你中有我，我中有你"的利益共同体，需要大家扬长避短、优势互补、互利共赢、共同发展。

对外直接投资的四个领域值得关注

说到这里，我也想借此机会向大家介绍一下中投公司近些年来的投资情况。

中投公司主要从事两大类业务：一是开展境外多元化投资，提高外汇资产的长期收益；二是通过全资子公司——汇金公司控、参股国有金融机构，依法履行国有金融资产出资人的代表职责，实现国有金融资产保值、增值。

中投公司在国际上被称作主权财富基金，境外投资业务完全按照市场化运作。截至 2013 年年末，公司总资产大约为 6 500 亿美元，境外投资总市值超过 2 000 亿美元。按资产规模衡量，我们目前是全球最大的主权财富基金之一。除汇金公司持有的国内金融机构股权外，中投公司不直接投资中国境内或人民币资产。中投公司的全球资产配置中，既有公开市场股票和债券投资，也有资源能源、基础设施、房地产等长期资产直接投资，公司的境外投资没有地域和行业方面的局限。当然，对于不符合我们投资价值取向的领域，譬如烟草、博彩等行业，我们不参与投资。

作为长期的财务投资者，中投公司的投资理念是追求风险调整后的合理财

务回报。我们的投资完全是基于商业目的，不谋求控制被投资的企业或行业，不直接参与被投资企业的经营活动，既可以长期持有，也可以在实现预期收益后择机退出。在对外投资的过程中，我们严格遵守所在投资国家和地区的法律、法规和监管要求，力争成为负责任的机构投资者。经过6年多的不懈努力，中投公司的投资理念获得了投资接受国政府和监管机构的广泛认可，同全球数百家投资机构和基金管理人建立了良好的合作伙伴关系，搭建了比较好的投资管理平台，在国际上树立了良好的形象和品牌。

中投公司在海外投资方面的优势，主要体现在以下几个方面。一是可以提供长期资金，并且能够容忍短期的市场波动，在从事境外投资的过程中具有独特的优势。二是有网络、信息和人才的优势。中投公司高度重视人才培养和团队建设。经过6年多的努力，我们通过全球招聘和内部培养，已经打造了一支高度专业化的投资团队。公司在全球的资本布局和商业网络使得我们在境外项目搜寻和尽职调查、股权投资和兼并收购、投后管理等方面具备一定的专业优势。三是有品牌信誉和政府关系的资源优势。中投公司是国际主权财富基金圣地亚哥原则的制定者之一，与全球主要投资目的地国家的政府和监管机构长期保持着良好的对话和沟通机制。与此同时，中投公司还与俄罗斯等国的主权基金建立了投资合作基金平台。这在很大程度上有助于重大项目投资的有效推进和降低海外投资风险。

在开展境外投资活动中，我们经常与合作伙伴开展共同投资。在合作伙伴的选择方面，我们是开放性的，既可以是境外企业也可以是国内企业，既可以是国有企业也可以是民营企业，既可以是上市公司也可以是非上市公司。过去，我们与国际机构合作得比较多，主要是利用和发挥他们的行业优势。未来，我们也希望和国内企业加强互动与合作，将大家的行业优势资源和管理经验，同中投公司的金融资本和全球投资平台有机地结合起来。在境外投资合作过程中，我们提倡投资目的地国内企业特别是其国内实业企业做大股东或控股股东，由我们来做少数股东，作为财务投资人。

在对外直接投资方面，未来可能有几个领域值得大家关注。一是农业领域，特别是对农业上游领域和相关基础设施的投资。这类投资对于扩展农产品生产和供给的全球产业链具有重要意义。二是高新技术等新兴产业。从以往经验看，一些由创新技术、创新产品、创新营销或消费模式驱动的新兴产业在经济复苏、转型和寻找新增长点的过程中，通常扮演着重要角色。近年来，美国在3D打印、页岩油气开采等领域的技术革新方兴未艾，欧洲的创业投资活跃度亦不断升温，其中都可能蕴藏着很多潜在的投资机遇。三是基础设施。从全球来看，发展中国家基础设施严重不足，发达国家基础设施因陈旧、老化需要更新升级，未来基础设施的投资需求将十分巨大，而且这也是当前很多国家经济结构调整和创造有效需求的关键。四是房地产。随着发达国家经济的持续复苏，他们的房地产行业特别是商业地产，依旧具备较好的投资前景。当然，其他领域和行业的投资机会，我们也会感兴趣。未来，中投公司愿意和在座的各位企业家们开展广泛的交流，深入探讨潜在的投资合作机会。

中国企业的发展和壮大，主要得益于党和国家30多年来改革开放的政策支持和自身的不懈努力。改革开放为各行各业的企业提供了大展宏图的广阔舞台，注入了新的活力，也造就了一批又一批的优秀企业家。在全面深化改革的新历史时期，我相信中国企业将扮演更加重要的角色。为实现中华民族伟大复兴的中国梦，我们也需要更多有作为、有全球战略眼光和有责任感的企业家，需要更多管理成熟、技术先进、有国际竞争力的中国企业。中投公司作为中国的主权财富基金，愿意与国内企业一起成长、增进理解、共同发展，成为大家值得信赖的投资伙伴和桥梁。

房价与市场

　　十八届三中全会的《决定》里未提及"房地产"，说明目前的楼市调整措施还将继续。但中国经济整体市场化改革的推进，势必对房地产领域的市场化产生积极影响。楼市曾经是中国市场化最先起步的行业之一，但现在却成为政府干预最多的一个行业。楼市如何坚持市场化的改革趋势，未来楼市政策可能有哪些变化以及其他行业的市场化对房价将产生怎样的影响，是目前这个行业最被关注的事情。

　　在 2014 年亚布力年会上，由北京首都创业集团有限公司董事长刘晓光主持的"思想互动空间：房价与市场"上，华远地产董事长任志强、名流置业集团股份有限公司董事长刘道明、武汉当代科技产业集团股份有限公司董事长艾路明、上海长甲集团董事长赵长甲、天明集团董事长姜明、复星地产控股总裁徐晓亮等嘉宾一起探讨了房地产问题。

刘晓光：今天会议题目是"房价与市场"，我想把它分成两个议题来讨论，一个是十八届三中全会讲到的，在资源配制上市场要起到决定性的作用。对房地产行业来讲，它是政府干预最多的一个产业。第一个议题是市场配置起决定性作用如何能够在房地产领域体现？另一议题涉及房价。先谈第一个问题，请艾总先说。

艾路明：房价是市场选择的结果。

2013年也是在这开会，我当时胆大妄为，做了一个预测——"十八大"以后，房价会放开，就不会控制了。但是我想，今天我似乎看到了这样的希望，就是在十八届三中全会以后，已经很明确地提出来在整个经济领域，要以市场为决定性的因素起作用。如果要让市场真正起决定性作用，我觉得所有的监管措施是否有必要就值得怀疑了。政府要做自己该做的事情，比方说保障房的事情是你需要做的，土地制度的事情是你需要改革的，这样的问题解决好，房价的问题怎么样，是市场自己选择的过程。

刘道明：房价肯定降不了

关于房价的未来，好也好不到哪儿去，差也差不到哪儿去。为什么好不到哪儿去？因为本身过去房地产调控的时候，调一次，涨一次，对于大一点的公司来说，不怕调，调在某种程度上是一种保护。现在的调控主要体现在两个方面：一方面是限购，另一方面是限贷。由于税收在一定程度上限制供给，房地产的开工量也随之减少了。其实，市场主要发挥两个作用：一是市场的公平，二是能够抵御系统性的风险。因为房地产对整个金融业影响太大。限购、限贷这两种手段需要改善。

另外，目前我们房价的上涨或者下调，还要看其他诸多因素。我们来看一下房价的构成：地价、资金、原材料、人工和税费。很多人不了解房地产行业，以为房地产都是暴利，实际上，房地产的利润已经到了一个非常饱和的程度，开发商的利润非常有限，因为在这些因素里，地价占了房价的1/3以上，这是被政府拿走的；第二个是税金。

很多人不知道房价这么高的原因，实际上是政府税金占的比例是最大的，之后是土地出让金，资金成本让金融机构拿走了，房地产商赚的只是辛苦费，有时还根本就赚不到钱。比如我卖了50亿的房子，实际上我的利润只有几千万，是极其薄的利润。但是外行人有一半不知道这个情况。因此，都说房价涨了，涨到哪里去了，钱到哪里去了？我认为，房价肯定是降不了的。因为要降房价首当其冲得降地价，而一级开发全部是政府在做，加上人工成本、资金成本等也都在涨价。

徐晓亮：房地产应顺势而为

整个市场，我们的感觉首先是充分竞争的，实际上应该说是"危"跟"机"并存。我们从两个角度，谈一下复星在地产中的谋变和思考。整个市场的原材料高、地价高、资金成本高，这三高短时间想降下来是不现实的。关键是高位，大家如果都往这一条路上走，地价只要不下来，房价也是下不来的。我们要吃一桌菜 2 000 元，但是厨房备这桌菜的原料费是 2 500 元，那你下一桌菜只花 2 000元，这是不现实的，所以，原材料在涨价，这个是"危"。如果说居高不下，中国这十几年，很多地产界参与的人都感觉到现实就是上述如此。2008 年调一调，房价还是飞涨。中国地产从来没有走过这样的线，哪怕是稍微走得长一点，缓得长一点。一旦有，就是在三高领域，所以说，"危"是肯定存在的。

那"机"在什么地方呢？还是从经济上来说，诺贝尔经济学奖的获得者斯蒂格利茨说，21 世纪全球经济看两件事情，第一个是美国的经济，第二个是中

国新型城镇化。我们认为这是一次机会，整个中国太大了，大城市、超级城市、城市群、城镇群，现在这一轮城镇化建设发展起来了。拿复星来说，我们认为还是想做顺势的事情，其中有 5 个内容是我们重点要做的：分别是健康、文化、金融、旅游、物流商贸。这五个内容是伴随新型城镇化而发展起来的，都是产业升级、消费升级、城市功能升级当中的机会。所以我们提出了一个命题，叫"怎么做一个蜂巢城市"，就是能够融合的城市。要顺着城市的发展，顺应功能发展。

姜明：短期内市场很难对房价起作用

房价与市场是一个改革的方向，也是市场的方向。现在房价与市场有关系，与政策也有关系。

市场的决定性作用，比如说土地市场真正是土地进入的市场，资金也是这样。一个开放的市场。资金的市场是购买者的市场，就像北京的房子，不仅北京人可以购买，全球的人都可以来购买。这样的购买市场是一个开放的市场。现在，实际上购房者仅是受到了限制，就拿北京市场来说，它就是北京人的市场，不是13亿人的市场。

市场目前还是起不了决定性作用，但是会往这个方向走。房价，不只是房地产行业的问题，也是一个经济增长的问题、经济消费的问题，也是一个民生的问题、社会的问题，甚至可以说是政治的问题。所以说房价的增长与下降，受诸多因素影响。如果单纯是受一个因素影响，或仅仅是受市场化的影响，那么大家根据供求关系、各种要素，对房价的未来会有一个更准确的预期。

我个人理解，从长远来看，房价肯定是市场起决定性作用的，即房价会受价值而上下波动。但短时间内，我觉得房价不可控的因素还是占多数的。

刘晓光： 短期内，得让行政性措施跟市场性措施结合起来。请赵总来说一说吧。

赵长甲：房地产牵涉问题太广

我个人认为，市场对房地产市场起决定性作用，还是要停留在房价上，有待于进一步的落实，目前没有具体详细的方案。我认为未来房地产有三条路：一条是商品房市场抉择，另一条由政府来主导，还有一条市场可能完全交给政府。

为什么呢？因为房地产不可能完全靠市场的，因为它的重要资源一个是土地，一个是货币，这是国家必须控制的，只不过控制的度有大小之分或者是控制的方法不同而已。

刘晓光：什么叫政府加市场？

赵长甲：仍以市场为主，但是市场可能在不同的时段，或者不同的方面要有一些控制。比如说像税收的调节，包括土地供应的方式、方法等，政府还是要有一定的干预，只不过不像以前那样简单的干预。

刘晓光：你的意思是，将来是三轨，一轨叫市场房，一轨叫保障房，一轨叫政府加市场综合以后的价格房。

赵长甲：从理论上讲应该是双轨，实际房地产是牵扯到方方面面，主要还是土地和货币的问题，政府还是要有所干预。

任志强：房地产很难完全市场化

习主席说，房地产既是民生问题又是发展问题，所以一定是两条腿走路。如果要解决住房的建立问题就是民生，也就是说实行市场化之前，先得保证市场房的建立问题给解决了，现在还没解决。比如说3 600万套保障性住房外加棚户区改造的1 000万套，到现在都还没有解决好。提出的公有产权制度也没有解决彻底；公租房和廉租房并轨实行补贴的问题同样没有解决好。也就是说涉及社会民生的住房体系这一部分才刚刚开始，还没有结束呢。也没有出一个标准的文件，或者是机制之类的。在这之前能把所有问题都解决好，那是不可能的。我认为，这几年，先把钱的问题解决了是比较实际的。

刘晓光：你的意思是2020年才能解决？

任志强：2020年未必能解决。第二个问题就是税的问题。十八届三中全会明确了房地产税立法，地方产业的营改增问题，第三产业涉及房地产要变成营改增，这个税制的问题还没有解决完，凭什么要市场配置资源，恐怕还没有到时候呢。

第三个问题，就是城镇化建设的基本问题，这要达到70%~75%。加速推进城镇化建设也被中央明确提出来了。但这个问题也没有彻底解决呢。在这之前也不可能实现完全的市场化。比如说户籍制度和土地制度是解决城镇化问题的前提，这两个问题现在刚刚开始试点，还没有明确提出来怎么办。那么就必然出现你如果不释放出大量的宅基地，就不可能释放出更多耕地的情况。1 号文件明确提出要保证一定的耕地数，保证 80% 的粮食自给自足，在这两个问题没有解决之前，土地是释放不出来的。

大家可以看到的，我们城市现在只有 4 万平方公里左右，宅基地有 16 万平方公里；可是城市住了 7 亿多人，宅基地 16 万平方公里只住了 6 亿多人。在城市化发展的过程中，宅基地不但没有变少，反而增加了，所以说不解决宅基地你就释放不出来。如果说要释放，至少可以释放出 2 亿多亩的耕地，宅基地要解决了，可以增加 2 亿多亩的耕地。你再增加 4 万平方公里的城市，就是在现有的基础上增加一倍，翻一倍，那完全够你解决 70%~75% 的城市化率问题。这几个前提问题没有解决之前，土地供应量是有限的，在解决土地供应量的时候，一定要优先解决土地供应的保障性问题。2013 年北京市完成土地供应计划 75%，1 月是 400 多亿的土地收益，实际上这应该是 2013 年的，也就是说 2013 年土地供应量按计划完成应该是达到 2 300 亿~2 400 亿的土地收益，实际的结果呢？商品房用地只完成了不到 50%，保障性住房完成了 20%，总的 75% 都不到。总的土地供应，不能做到一部分保障，一部分发展，那你想要市场化，门都没有。所以只有保障住房体系的建立、税制改革和城镇化都达到基本的要求或完成之后，你才有可能在房地产上实现市场起决定性作用的资源配置。

刘晓光：那是哪年的事？

任志强：按照城镇化率的完成速度来看，起码要30年，按照税制的要求是2020年以前，按保障性住房的要求来说，得"十二五"计划之后，"十二五"还有3年，因为最起码还有这么多问题。按照现有已经出台文件的时间段来算，还得这么长时间才能解决。换句话说，只有在这些基础上，才能考虑用什么办法配置资源。因为既然说保障性住房由政府负责，商品房由市场负责，那政府起码要承担起这部分的责任，政府就得拿一部分土地，政府拿得多，开发商就拿的少，商品房的价格不就高吗？政府拿得少，开发商拿得多，市场配置房才会降价。但保障住房下达的任务得先完成，换句话说，短期之内，一定是保障房所占的用地要比商品房占的用地多，短期之内是这样。

所以我们提这个问题和整个十八届三中全会没有什么关系，十八届三中全会没有把房地产单独作为一项，也没有单独把它作为完全市场化的一部分，因为它是与保障性住房和政府的责任连在一起的，所以你想在这方面完全脱离，把它变成市场化，那是不可能的。

刘晓光：我第一次听见任总这么系统地对政府文件做这种温和的解释，这是第一。

第二，他讲的是有道理的。他从税收、保障房、土地供应政策几个方面来分析了不能完全一步到位地实行市场化调节的理由和原因。第一个说的时间概念，他说要到2020年，这可能还真是一个历史的过程。第二个具体到哪一个阶段税收上能否完成，土地改革政策能否完成，这些我们都不知道。第三，我今天也想说一个观点。我隐约感觉到，政府还可能有新的调控政策。如果说有新的调控政策，再加上2014年对影子银行、地方债务的治理，资金又紧缺，2014年的房地产会是一个大问题，我们可能要应对挑战了。

　　第二个问题，再具体化一点。2013 年的 70 个大城市总体怎么样呢？大家都很清楚。几个大城市，除了温州等个别城市的房价在下降之外，其他都在涨，可能老百姓也有反映，可能道理也是讲不清楚的。但是我们大概能理出一个脉络。一是政府先后进行了 8 次调控，而且每次调控后的房价都会有一个反弹；二是人民币的海量发行，1996 年 M2 大概有 5 万亿，到 2008 年是 48 万亿，到 2013 年是 110 万亿。人民币实际上出现了外升内贬的情况，当然房价根据这个也上升了。这个情况下，我们仍有很多土地、税收等问题。

　　十八届三中全会以后，房地产税等金融财政政策对房价肯定有影响，到底有多大的影响呢？2014 年的房价走势或者是局势，到底是一个什么样的趋势呢？现在有两方面的预测：一方面专家说，房价预计会下降 50%；另一方面专家说房价得上升。我想我们下午也来讨论讨论。实际上说什么呢？就是根据2013 年的情况和现在的宏观调控情况及经济上的一些情况，我们 2014 年到底是一个什么样的状态，是温和的还是有一些起落的呢？是上升的概念，还是下降的概念？因为有很多比较复杂的因素。刚才我隐隐感觉到可能还会有政策的变化和出台。

房价跌不下来

　　艾路明： 我也不懂房地产，我觉得房价要跌可能很难吧。我的观点是可能还会微微地涨一些，但是会有分化，就是大城市、一线城市可能是这样的一个状况；就我自己的感觉，二、三线城市开发都卖得不是太好，所以我觉得不一定会好。

　　刘晓光： 哪里卖得不好？

　　艾路明： 二、三线城市，但武汉还是比较好的。

任志强：武汉算三线城市了。

艾路明：武汉是二线城市，因为它是省会城市。

任志强：只能算省会，要是在全国排名，它只能算三线城市。武汉、郑州都得排在三线。好像中部这几个城市都得排到三线。一线城市大概就是 4 个吧，大概只有 17 个省会城市可以排到二线，还有独立的城市，苏州可能也算二线，所以不是按省会城市来排。你看江苏吧，超过南京的有 2 个，南京只能排第三位。没有办法，得依这个新标准，过去省会城市都算二线城市，实际上省会城市和二线城市差别很大，像银川什么的，根本都排不进二线城市，人均收入这两年提高得快，但也就是刚上来。

刘晓光：艾总，你还在哪个城市有项目？

艾路明：宜昌。

刘晓光：宜昌就属于四线了吧。

艾路明：如果说武汉只算三线城市，那我就不知道四线、五线城市是什么样的了。我认为，地市级的城市可能是差一些，与经济发展像苏州这样的城市没法比。至于像省会城市，依我的观察来看，新开发的项目一直在稳定地上涨。

刘道明：我认为 2014 年还是上涨比较平稳的一个年份，刚需没有太大的

改变，基本没有太大改变的时候，房价也不会有太多的变化。我们现在说的是市场调控，但是具体到 2014 年，它也没有出什么不调或者是调的政策，只是说政府对这块出的政策少了。影响房价的因素没有太多太明显的东西，所以只能说是差不多。现在任何人说肯定涨或肯定跌，都是凭想象，有的投资了希望涨高一点，房子就可以赚钱；有的说把这个开发商搞破产，一下子能跌50%，都回到新中国成立之前去，

这些实际上都是一个心理问题。现在微信上也有说这个专家说，那个专家说，其实很多东西并不一定真是专家说的，但是它影响了一些不太清楚市场行情的老百姓的购房需求。老百姓若觉得会涨就赶快先买，不涨就等落价再买，这可能是一个理想的期望。除了开发商希望它涨以外，谁都希望它跌，连买房人都希望跌价，只有已经有房的不一定希望跌。刚才我们何先生讨论房价是涨还是跌，其实他手上有 3 套房子，是卖还是留，实际上他关心的是这个。我说卖也不会吃亏，不卖也不会吃亏。他问房产税会不会出来，我说房产税一时半会儿出不来，我估计2014 年出不来，2015 年能不能出来，不好说。

实际上，如果说真的跌下来，甚至崩盘，开发商只是小环节，对银行来说是第一风险，对政府来说是第二风险。

房价涨跌与政府调控

刘晓光：房价跌不跌主要看地价。

刘道明：现在我们买房子，30% 是首付，70% 是银行的钱，那房价跌50%，亏的全部是银行的钱，不是开发商的钱。房价下跌是存量有问题。

徐晓亮：整个中国的楼市还是以住房楼市为核心，两个维度是很清晰的，就像刚才任总说的保障房有保障房市场，楼市商品房有商品房的市场，这两个市场是分开来的。保障房市场是由政府来实现，但是另一个市场是充分竞争的。充分竞争的核心就是刚才说的，土地是大家都要买，没地，这会导致房价被推着往上涨。现在最难受的是什么？是资金成本太高，刚刚刘总上来一针见血，把很多开发商想说的话都讲出来了——开发企业不赚钱，即使赚也是很小的一部分。这个是真实的事情。像这样的市场再充分竞争，也一定不能持续发展下去。我认为通过高地价、高房价、高资金这样去推动一个市场的发展，在全球任何一个地方都行不通。那调控目的是什么呢？调控的目的是不让房价大起大落，既不要像现在这样 20%、30% 地往上涨，也不是一下子跌 50%，这是整个中国社会承受不了的事情。现在整个房地产市场价格，如果每年哪怕就像 2013 年以 10%～12%的速度继续往前递增，这个危机还是存在的。若资金成本居高不下，一旦房价真正出现问题，就像刚才说的政府还是会出台一些政策进行调控，这对整个市场肯定是不利的。可能特别大的企业抗危机能力强一些，相比而言，中型企业要危险些，这是我们的第一个核心判断。

若是跳开中国，站在全球来看中国，这里面有大量的资金错配和资产错配，中国楼市就是其中的一个，但是中国的房地产不光靠楼市，还靠文化、旅游、物流商贸等。站在这样的全球市场中，你会发现我们的机会很大。这个当中最关键的是什么？是要用全球的资金来进行配置。

我们在美国收楼，英国也收了楼，这些都是事实。在美国纽约收购的楼就在世贸中心旁边，目前有满租的，有些回报率不低 8%、9%，人民币折下来约是 2.3 万。我们在英国最好的金融区，拿的楼，人民币 3.2 万。

刘晓光： 你讲的是办公？

徐晓亮： 我讲的是办公，从这个角度来看，资金也好，资产也好，全球资产完全不在一个维度。另外，你可以把大量的跟城镇化有关联的健康产业，如旅游等都加进来。这就印证了刚才刘总说的，整个中国基本楼市这一块处在新型城镇化发展的过程中，从全球的角度来看，机会还是存在的。

姜明： 刚才谈了 2014 年政策调控的问题，任总说市场真正起决定性作用还得过一段时间，我看调控不调控，主要看房价走势的情况。

刘晓光： 随时有调控的机会。一个是一线城市，一个是沿海城市。

姜明： 其实，调控不调控依据的是价格上涨的幅度。总理也说过，在这个区间范围内政府不会出手，抛开这个区间会有一个调整。我个人认为，新一届政府对行政调控会非常慎重，因为它本身已经是一个坚定的市场化趋向，一般情况下政府会放给市场，放给社会，放给企业，不到万不得已，不会轻易地用这只调控的手。

赵长甲： 先说价格，这个价格我感觉不正确，我们都是在一线城市做地产的。比如说上海，上海的别墅价格在下降，刚需房的价格虽然在上升，但上升了不到 10%。

刘晓光： 统计数字是那么说的。

赵长甲： 苏州、无锡这些地方，大面积不涨，小面积在微涨，我不知道数据从哪里来的。我们的项目在一线潮州，随便拿上海周边的 10 个项目比较就出来了。我觉得就拿现在对这个问题的认识来说，开发商的声音太小，或者是几乎发不出声音来，即真实的情况反映不出来。你看现在的开发商究竟是什么样的？

另外，刚才谈到老何卖房子的事情，有 3 套房子是卖还是留。有房子的人都喜欢涨，没有一个人喜欢降的，没有房子或者要买房子的人就感觉房价高了。买和卖本身就是矛盾的。

刘晓光：一般说大家没房，还是得改善的问题。

任志强：现在有的房子没电、没水，这个问题比较普遍。还有一部分是非成套住宅，像四合院等，这样的也很多，它们是公共自来水、公共住房、公共厕所。住房算两类，按常住户口统计，住房已经到了 92 点几；按非户籍数，78%，79%，曾经高过一段，大概高的时候达到 83%，五普的时候是这样，六普的时候掉下来了，因为城市人口增加了，基数加大了，还要分户。一户变成两户了，所以说比例降低了，确切来说不到 50%。按照现在的人口分析和家庭分裂计算，保障性住房非购买的比例很大，如果按现在算，估计超过 20%，那我们的住房降到了差不多 79%，你要把基数加大，人口多了，基数加大，就降下来。

赵长甲：说到底就是房价会不会降的问题，我说不会降，因为没有任何理由能使房价降下来。房价本身的组成要素没有一个成本每天降下来，土地几乎在每一次拍卖的时候都是上升的，劳动用工成本每天都在增加，几乎开发商签定的用工包装合同金额，最后在结算的时候还是会有所增加，且货币的发行也在不断地增加。

刘晓光：有一招可以降，那就是政府把土地拍卖的价格按一定的比例拿出来，这样就会降了。

宏观经济牵动房价走势

赵长甲：我认为早些年和现在房价上涨是非常正常的，因为国家的经济是高速增长的。我跟任总在一起说房价这个话题时，就说这好比人的身高，小孩从 5 岁长到 15 岁，这个时间是一直在长并且还长得很快，从 40~60 岁，这 20 年长得也没多高。非要长这么快，不符合人的发育规律。房价问题也是如此，因为政治和经济的发展，它是经济发展的重要组成部分，因此房价一定是上涨的。但是涨到什么时候呢？特别是在一线城市操作的开发商，也不像媒体或者是官方统计数字说的那样。我感觉，房企还是在观望，因为开发商在上海市区买地太贵了，

不是拿不起，就是不敢拿。刚才提到二、三线城市，他们的地可能是便宜了，但不敢去，为什么呢？不知道他们的城镇化未来是怎么定的。其实大家都在纠结，供应方——开发企业在纠结，买房子的人也可能在纠结——等政策。其实最近觉得房价都没有怎么涨，北京市是什么样不知道，但上海周边真的没有怎么涨。除个别位置好的户型如内环、中环位置好的大平层或是平层的小房型涨得高外，总的来说，房价没怎么涨。

刘晓光：你认为上海房价 2013 年没怎么涨？

赵长甲：起码我们在潮州的项目是有这个感觉的。

刘晓光：杭州也没怎么涨？

蒋昌建：涨 20% 以上的是厦门和广州。

任志强：一线城市的涨幅说是平均 20%，真正涨幅超过 20% 的只有两个城市，加起来平均是 20%，没有那么多。

其实，看我们的经济是涨还是跌，它分两个基本层面：一个是整体宏观经济，另一个是微观经济。2014 年宏观经济下行的压力加大，正如刘总说的宏观经济坏也坏不到哪儿去，但是毕竟是坏，不是好，至少大家现在没有看出比 2013 年更好。但是下行压力加大的时候，也没有看到坏到特别严重的地步，只是经济发展可能会下行。比如说 2013 年经济增长速度为 7.4%、7.7%，那 2014 年可能会下行 0.2 个百分点。第一，这就要面临货币政策的问题，下行的时候是加货币还是减货币。按照吴敬琏的说法，只要加了货币，房价肯定还得涨；但是如果在可接受的范围之内，减货币，不加货币，那可能不涨，这种可能性也是有的。

第二，下行压力加大的时候，是支持房地产还是打压房地产？依中国目前形势来看，只要是下行压力在加大，政府没有一次是打压房地产的。非典之前，出台的所有政策都是防止投资过热、严控关紧银行和信贷两个闸门，但是非典以后经济掉下去了，121号文件就放开了，要不然经济就不行了。2015年如果说下行压力加大，出台相关政策的可能性仍非常小。如果2015年是往上走，那就得打压了，要防控房地产投资过热。经济与城市和价格有关系，也与市场有关系，这是其一。

第三，不管是几线城市，另一个很重要的因素就是人口分布的问题。人口转移的速度决定了这个城市的分化。我们2014年不敢做太多的判断，因为2014年有一个户籍制度改革的问题，现在还没有出台，可能在3月5日国务院会议以后，或是两会以后，有可能出台类似小城市放开、中等城市适度放开、大城市适度控制、特大城市严格控制的4个等级政策，这个可能会对各个城市之间的流动或者是转换城市的供求关系有影响。所以我们现在还不敢说，因为户籍制度出台了以后，我个人感觉是会有一部分影响的，比如说这个县放开，那个县没有放开，突然人口从这个县就跑到那个县去了。比如网上有一个说法，山东的某个县规定公务员要每个人买两套房子，不管这个事是真假，现实是山东的人口在减少。在山东，90%的人口是在本省流动，10%属于外移，移完就不回来了。山东作为一个人口大省在高速增长的过程中，若出现人口流动就会导致需求减少。10%的人口很多，接近1 000万人口，对1个亿的人口影响非常大，且这对各个城市，特别是城市之间的分化影响是很大的。我们现在不敢做判断，不知道户籍制度改革到底会出台一个什么样的措施。尤其是前两天我们看到国务院会议上又提出医保要尽可能地并轨，这可能和户籍制度有关系，因为农村户籍变成城市户籍以后会产生养老保险和医疗保险问题。

第四，土地供应量是前期约束的条件。我2012年3月时说2013年3月房价要暴涨，我当时的依据是从2010年下半年至2012年都存在严重的土地供应负增长，负了20%以上，所以预测2013年的时候价格一定是暴涨。2013年我们关注的时候，9月接近零，10月变成了正增长，11月变成了正的9点几，12月份是连续增，到2014年1月我们看到的也是增。假定2014年房价增长幅度由负转正，到2014年土地供应仍然是持续正增长的情况下，2014年的供应关系要比2013年的缓和很多。差多少呢？大概相差1万公顷。开发商2013年最高峰是 4 万多公顷，2013 年新开工是 15 亿多，2014 年弄不好，可供应的土地量计算出来，要增加很多。

另外，是库存在不断增加，2013 年一年，我们大概有 4.95 亿平方米库存，就是没卖出去、剩余的房子。库存的压力，如果按照比例计算，超过了 2008 年最危险时期的数据，应该说库存情况显示房地产形势到目前为止比 2008 年的最低点还差。但资金比较充裕，开发企业钱还是很多的，除了将近 6 万亿元的投资之外，还有 2 万多亿元没有花出去。

刘晓光： 这是一个很重要的信号。

任志强： 所以说拿 2014 年跟 2013 年比，我们认为是增幅会大幅下滑。增幅是两个：一个是房价增幅，一个是减量增幅。2013 年这个数都是 20% 多，年初是 70% 多，年底仍然是保持 20% 两位数的增长，或者是更低一点。一位数和两位数的概念，可能是成倍的差距。2013 年我们大概 12 亿平方米，超过 8 万亿的销售额，即使增加 10%，量也很大，因为 10% 就是 1.2 亿了；5% 也不少，因为你维持的基数很大，所以总量也很大。

我们查了一下，可查的数据基本上也就是几亿平方米，我们从 2013 年开工到现在超过了 60 亿平方米，数量是非常大的。很多开发商以为 2014 年可能跟 2013 年一样，会很乐观。我个人想对他们提出警告——你们太乐观了，很危险。我们认为可能是普遍下降，但我们不认为是负增长，还是正增长，但增幅会大幅下降。

刘晓光： 你能不能说一个具体数啊？

任志强： 具体数，他们说得最强烈的是 7%，我个人连这个数都不敢说。我觉得 2013 年全部平均起来，出现过 10% 以上的增长。如果与 GDP 增速相比，我们比 GDP 增长的速度略高一点点。

刘晓光： 任总是比较权威的人士，他今天的预测很谨慎。

任志强： 如果宏观经济政策可能会涉及几个变化，这几个变化可能会影响统计数据。第一个是《统计法》的调整。这个可能要跟国际并轨，3 年以前就在做准备，可能这个会在 2014 年实行。房地产 2013 年在经济中的比重，可能我们定到 5%~6%，那么这样调整以后，可能就变成 7%~8% 了，房地产在国民经济中的比重是提高了，而不是减少了。因此，你说再怎么打压，越改比重越大。

换句话说，以前认为房产是民生问题，但是现在认为它就是一个支柱性产业，所以它既是民生又是发展的问题，因此考虑房地产发展问题，只从民生角度考虑是不行的。现在已颁布的所有文件上都重点突出保障房，没有把房地产特别是房价问题单独作为某一项进行规范。

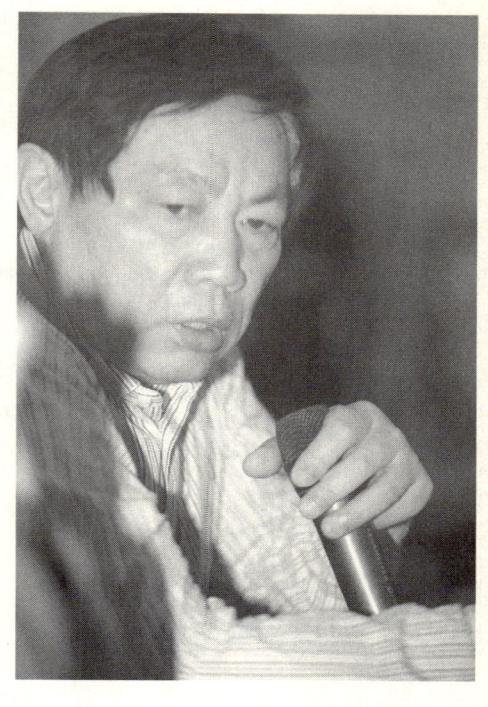

第二个是统计变化。就像北京市，2013 年 2 万套，2014 年 5 万套，大概有 7 万套的自住房，若把自住房价格按住了，就可以把商品房价格放开。1 月批了几个 8 万、9 万、10 万套的房子项目，2013 年 4 万套以上的项目基本上不批。这个总量并不大，因为总数没有那么多，那边压住了 7 万套以后，平均数就不一样了。所以要按这个平均数计算，北京房价是跌的，2013 年涨了 21%，2014 年一定会跌，因为这个数量太大了，所以房价是 9 000 多，最低的是 7 400，自住性住房价格从 6 000 多、7 000 多，到 1.1 万、2.1 万，到 2.2 万每平方米，这中间有各种各样的房子 7 万套，2013 年我们一共才卖 3 万套，50% 都是自住性房，但是买它要抽签的，没有家庭限制，不看收入是否低到一定程度。这些住房随便什么人都可以买，但必须是只有一套房子，或者是没有住房的家庭才可以买，没有收入限制的。这 7 万套自住房的投放，可能就会影响很大，所以不用担心房价会涨。因为现在中签比例大概是 40∶1，即 40 人抽签一套房子，这样 28 万户家庭都在等这个房子，是不是这个意思？那就是说没有多少刚需到市场上抢房子。可能等 2 年以后，有人就开始大骂政府了，因为等不着啊，40 人才摇到一个号，很多人等好几年也没有等着，最后一看房价越涨越高，还不如当时买商品房呢！因为自住房也是往上涨的，市场房价涨了，它也是跟着涨的。所以说我们在分析这个变化时，你得把这个因素剔除了，如果不剔除，就会误把 7 万套房子往里一扔，房价就会掉下来。

公有产权房有两个概念：一个是把原来政府减免税费的部分变成政府的一部分产权，上海就是这么做的；另外一个就是从地价里给扣出来，等于政府真掏钱了。比如房价一平米 2 万元钱，但是地价可能是占了 1 万元钱，老百姓要买的时候政府占 30% 比重，扣 3 000 元的地价，就算政府出钱买了。也就是说，公有产权房的问题可能会涉及房价问题，为什么呢？ 30% 的房价没有计算到里头。所以统计数字就会掉下来 30%，所以搞不清楚了。

刘晓光：隐藏在后面了？

任志强：对，隐藏在后面了，因此在这个问题上，我觉得要看下一步出台的政府工作文件，因为 2013 年我们参加政协、人大常委会的讨论，住建部已经明确提出了公有产权房问题。所以外行很可能与内行之间有一个认识上的差距，最后媒体一说，房价跌了，其实它可能没搞清楚。

【互动空间】

提问：汇率和房价看上去稍微离得远点，汇率的涨和跌似乎与房价没有关系，2007 年以来，人民币基本上是升值的，2013 年对美元是 3% 的跌幅，如果说 2014 年的汇率有比较大的波动，涨或者跌，会对房地产有什么样的影响？

任志强：如果说汇率跌得多，大家买房子更积极了。因为没有办法防止人民币贬值，买黄金跌得一塌糊涂，买股票也是，只能是买房了。

刘晓光：人民币自己贬值，就逼着大家只能买房；人民币对美元若再贬值，更得买了。

提问：不动产统一登记和农村集体经营用地市场有什么关系吗？

任志强：农村土地再便宜，如果地方政府不给你修路，你不是白搭吗？第一个得符合规划，第二个得符合土地用途，所以说工业用地最有可能，城市建设用地很难。

提问：2013 年 10 月，任总在上海参加招行的活动时鼓励大家买房。你说10 年了，再不买就没有机会了。这个话现在还有效吗？

任志强：我说 10 年了都有效，你还问我 2014 年有没有效？ 10 年以前你若买房了，2014 年得赚多少啊？

提问： 他们说如果人民币对外币贬值，会出现两个预期，第一有可能原来的热钱不会进来了，第二中国的一些钱会换出去。

任志强： 即使那样人家也不买房，人家都有好几套呢。别担心这个。

徐晓亮： 刚需的谁管你跌不跌。

提问： 怎么看待李嘉诚抛售国有物业？

任志强： 只要不把东方广场卖了就不叫抛售，好的不会卖，只是把烂的卖了。

提问： 怎么看待李嘉诚抛售的问题？

任志强： 他有1 000亿，卖这点东西不算什么，连100亿都不到，不要看表象，要看数量。比如刚才说外资输入的问题，房地产里面的外资很少，最高大概是在2006年、2007年的时候，我们大概有60多宗境外交易，交易面积共计600万平米，现在我们共有12亿平方米的销售量，李嘉诚卖那点房子才多少啊？单从数量上分析，我感觉这没什么。

第三章

国企未来的出路在何处

国有企业改革的挑战和机遇

张杰　中国恒天集团董事长

本次论坛的主题是"市场的决定作用"，副标题叫"理念与行动"，我想从国有企业发展的角度与大家一起分享一下自己对这一主题的思考。十八届三中全会以后，一些人认为这次会议做了一个特别好的决定，将掀起中国改革新的历程和篇章，但唯一或者说特别不满意的是《决定》对国企改革问题提得力度不够大、不够彻底。

这是一个特别大的悖论。从不同的角度来学习和体会十八届三中全会的《决定》会有完全不同的心得。我们在体制内，从国有企业管理者角度看，这个文件对我们产生的压力非常大。我到这里来就是要好好学习的，因为我们是处于完全竞争性领域的国有企业，对市场的决定性作用必须有深刻的理解和领悟。国资委（国有资产监督管理委员会）监管的 100 多家央企中，80% 以上处于完全竞争性行业。国有企业的命运到底如何？如何健康、持续地发展？我们确实感到有很大的压力。

按我的理解，市场的决定性作用对国有企业来说是巨大的挑战。为了应对这个挑战，国有企业的改革主要有两条：第一条是努力发展混合所有制经济；第二条是建立和完善现代企业制度。

目前全球经济到了一个新的历史发展阶段。亚当·斯密理论讲的是价值规律供求关系，但在今天新的市场环境下，传统的价值规律理论并不能解释所有问题，尤其是现在很多企业提供的免费产品，其价格不是传统市场供求关系的反映，而是一种新的模式。在座的所有企业家，包括政府官员都应当对未来市场经济中新的要素变化给予前沿性的研究和准备。我个人觉得有四个方面正在深刻影响着市场经济。

第一，就是我们现在通常讲的互联网，准确地来说应该是移动数据时代。因为互联网只是整个移动数据中的一个表现，现在通信卫星在市场上的应用更多了。现在很多移动的通信即时服务，包括对整个时间节点同步的服务，完全可以通过卫星直接来传输。我曾在报纸上看到美国一家公司未来要发射100多颗通信卫星，为全球提供免费的 WiFi 服务。

如果这些卫星发射以后，未来互联网的概念会进一步扩大，不同于完全基于传统的光纤互联网，通过空中卫星的传输就完全可以建立新的商业模式和搭建新的服务平台，在这个平台下开发的相关产品也会和今天不一样。移动数据时代对市场变化的影响，我认为是第一位的。

第二，新能源的变化。有人认为新能源的发展与应用离我们还很远，我认为不会太远了。比如太阳能的制造成本等问题，有人告诉我，只要在中国建新的太阳能发电站每度电的成本是 8 毛钱左右，在目前中国的经济环境条件下就可以盈利了。又如随着多晶硅技术的发展，很多领域的成本会进一步下降，尤其是新的蓄电池技术的突破，将对新能源发展产生巨大的推动作用。我们恒天的梦想是把世界最大的纺机企业变成丰田汽车，我们和丰田不同的是，丰田专注于轿车，而我们专注的是商用汽车，尤其是新能源汽车，它将是恒天未来努力发展的方向。假如成功了，我们将借助于现在的金融工具，可以为政府提供纯电动车，只需要政府将节省下来的油钱作为补偿支付给我们。新能源的变化、新交通方式的改变对未来市场的影响会很大。如果搭建一个新能源汽车的平台，它对中国实现节能环保、解决能源危机都有重大意义，因为在石油消耗里汽车占了一半甚至是更多。所以说，新能源对未来市场的影响是巨大的。

第三，未来金融市场的变化。新的金融工具以及衍生产品的不断出现，也会对传统市场形成新的冲击，或者说新的商业模式诞生会对未来金融市场的发展产生重大影响，这一点也不容忽视。

第四，中国成为全球第二大经济体以后，全球政治格局的变化，尤其是国与国之间的关系，如中日关系、中美关系等，都会成为未来市场的决定性因素。为了保持自己国家的竞争优势以及完成自己的使命，政府在其中所起的作用和所做的相关工作对未来金融市场的发展至关重要。

对于这些影响市场变化的要素，我们所有人都要有清醒的认识，如果不及时地把握住这些市场新变化，我们就会成为埋葬自己的人。虽然被别人代替在某种意义上也是一种成功和光荣，但我相信所有的人都不想成为这样的人。所以，要树立市场起决定性作用的理念，就一定要充分理解市场中新要素的变化，同时只有在基于传统经济学的基础上把握好未来的变数，才能够使你的企业立于不败之地。

把握市场是困难的，走在市场前面就更困难。但是我觉得要想做好一个企业，有两样基础的东西是一定要有的，即混合所有制经济和现代企业制度。对于中国来说，发展混合所有制经济是十八届三中全会提出的关于国有企业改革的重要举措，允许或者是鼓励其他所有制经济来参与国有企业的改革，尤其是央企的改革，特别是竞争性行业的改革，甚至可以控股。从恒天这几年的实践来看，虽然我们集团总部是100%国有独资，但二、三级公司绝大多数是混合所有制经济，包括与民营企业合资、国外企业合资等。

　　在中国要想把企业做强、做大，股权必须多元化，在世界上也是如此。国外的世界 500 强企业几乎没有单一超过 10% 的大股东，这是现代企业制度一个能够抵御风险、保持竞争优势的制度安排。对于中国国有企业的改革和发展，现在中央指出了一条特别清晰的发展混合所有制经济的道路。在恒天看来，凡是混合所有制经济做得比较好的企业，其相应的经济效益也比较好。目前恒天子公司股权多元化格局已经形成，混合所有制经济比例达到 87%，其他央企如中国建材也是一样，也有 70%~80% 是市场资本，所以我认为混合所有制经济是中国经济发展的最重要的一个实现方式。

　　发展混合经济还可以有效避免"国进民退"和"国退民进"之争。我一直认同的一个观点是：在中国不存在国有企业和民营企业之间根本性的竞争。我们的使命是一致的，为了中国经济更好地发展，真正的对手我认为是跨国企业。有数据显示，市场经济高度自由国家的 GDP 是非自由国家的 5 倍以上。但把握市场先机的发达国家资本拥有者为什么对中国的国有企业有比较多的负面言论？坦率地说，我们和国际跨国公司竞争的能力还不强，我们在产品研发、市场模式的创新、企业管理的制度和方法等方面，跟国际差距还很大。如果没有清晰的产权制度，我们赶超跨国企业是很难的。

　　另外，有了清晰的产权制度安排，才会有真正的市场起决定性作用的企业制度。目前，做到市场化选人、用人和坚持党管干部的原则，是完善现代企业制度中特别需要突破的地方，核心是要做到实现党管干部和现代企业制度中选人、用人的职权相统一。尤其是要在全资国有央企中建立规范的董事会，真正实现董事会在经营人才的选拔任用、业绩考核、薪酬管理等方面进行的改革，且还需对此进一步深化、明确和规范。我完全赞成党管干部的原则，从理论上来说，国有企业 100% 国有，资产是国家的，国家理应安排或者选拔经营者，逻辑上也应是党管干部。但也可以在一些方面进行新的尝试和创新，比如在央企子公司层面经营者主要依市场化选聘，目前是可以做到的。而且随着当前国资委自身职能的转变，建立现代企业制度的企业也在考虑授权董事会来选聘经营者。按照十八届三中全会确定的市场化原则，国有企业应由上级组织选聘董事及批复任命党组织成员，由董事会选聘及考核经理层。目前这一办法至少可以在建立规范董事会的全资企业以及持股比例低于 51% 的非控股国有企业试行。

混合所有制与国企改革新思路

推进混合所有制和完善国有资产管理体制是未来 10 年国企改革的新思路，这一思路的部分内容在以前的中央文件中也有所陈述，但完整思路则体现在这次的《决定》中。国有、集体与民资相互交叉持股，积极推动混合所有制经济；完善国有资产管理体制，组建若干国有资本运营公司以及按照行业分类管理国有企业，继续控股垄断行业、放开竞争性业务，有进有退地推进国企改革。一段时间以来，混合所有制不断出现新的案例，我们如何看待国企改革的这一思路？

在 2014 年亚布力年会的"混合所有制与国企改革新思路"分论坛，由共识传媒总裁周志兴主持，邀请了中国长江三峡集团公司顾问、原总经理李永安，北京首都创业集团有限公司董事长刘晓光，华泰保险集团股份有限公司董事长兼首席执行官王梓木，宅急送快运股份有限公司董事长陈显宝，中国国际金融有限公司董事总经理黄朝晖，德意志银行亚太区投资银行执行主席蔡洪平等嘉宾参与讨论。

周志兴：今天参与的几位嘉宾，有来自混合所有制企业的、国企的、股份所有制企业的，也有来自私企的。很多人都在讲混合所有制和国企改革会产生什么样的问题，我们也可以反过来想一下，会解决什么问题？请大家每人用 3 分钟的时间来讲讲对这个话题的认识，从李总开始。

李永安：我原来是中国三峡集团的总经理，长江电力上市公司的董事长，2010 年从一线退了。三峡公司当时主要的任务就是建设三峡工程。2008 年，我们重做了中国水利集团、中国水利电力公司两个央企，前几年控股了葡萄牙电力，这样就把这个公司定位为发展清洁能源集团的公司，现在国际业务占我们收益的 20%~25%，集团正逐步向国际化发展，目前已经在将近 30 个国家里面布局了新能源发展项目。

关于"混合所有制"，十八届三中全会做了精辟的论述，今后中央企业究竟怎么搞？现在国家管理的央企是 113 家，其中 53 家由中央直接管理，这是关系国家经济命脉的军工、电信、电力、钢铁等行业；其他 60 家由国资委管理。我把这 53 家企业分成三类：第一类是关系国家安全的军工和国有资本的企业；第二类是提供公共服务的公益性企业，包括电力，这一类可能逐步改成国有资本控股、社会资本参与；第三类是完全竞争性行业，社会资本可以进入甚至控股，国有资本可以退出。

缩小战略性垄断行业

黄朝晖：谈这个问题对我们来说风险挺大，原来中金参与国有企业改革参与得太多了，所以表扬我们的人也有，批评我们的人也很多。今天主要是接受各位的批评。

我讲两个观点，我们认为上一轮国企改革取得了非常大的成功，原因包括：第一，用改制上市的方法改造国有企业，成功实现了政企分离；第二，用资本市场的严格标准倒逼国有企业改革，只有符合了标准才可以上市；第三，引入了外国的管理理念和组织方式，研究人家是怎么经营的，组织体系是怎么搭建的，奖金和期权是怎么结合起来的；第四，引入了高质量的机构

投资，它反过来迫使和制约管理层去按市场化方式进行经营；第五，建立了一定的激励约束机制；第六，一个行业至少有2~3家竞争者的格局，不准有独家垄断。这给国有企业留下了巨大的财富，如果说遇到重大的经济困难，这能起一定的稳定性作用。

这次的国有企业改革仍然是经济改革中的核心部分。其规模很大，2012年国有企业总资产215万亿元，非金融资产85万亿元，2014年的数字比这个还要大，然而效益相比民营企业却有比较大的差距，我感觉国有企业改革红利很大。

不过，它确实占了民营企业的空间，我有四点建议。第一，对战略性垄断性行业的定义一定要缩小。范围定宽了，不利于民营经济发展，不利于市场起决定性的作用。第二，要推动国有企业价值的平等化。由于非核心业务的剥离、新业务的单独上市、低效资产的处置（包括土地、房产、办公楼和酒店）等很多因素的影响，国有企业价值可以大大提高，这也是现在很多人选择投资国有企业的原因。第三，完善治理结构和激励机制，重点的是要解决干部的问题和股权激励的问题。第四，保证公正公平地处理国有资产，包括引入、暂投和处理资产的公平公正。

周志兴： 刚才，黄总没有完全介绍他的身份。他是国际金融公司的董事总经理。下面请蔡主席讲一下。

蔡洪平： 两年前，关于国进民退和国退民进在国内有很大的争论，我说没有

必要对比，结果两年过后，终于被大家接受了，这是历史的进步。我认为现阶段要解决一下下面的问题。

所谓的混合所有制，也就是谁跟谁混，是民企进国企，还是国企进民企，应该分清楚。目前，国际上很多例子都是共同资金进去，不一定是哪个民营企业或者哪个央企进去。国企到民企去也有很多方式，阿里巴巴也进了中投，这个非常好。

国企改革需关注平等性

陈显宝：我是宅急送的陈显宝。我们是家族控股的私人股份制企业。当然，应该说谈国企跟我们没太大的关系。我是一个谨慎乐观派，对中国的改革开放一直持谨慎乐观态度。十八届三中全会的政策大家也看了，应该说是很好的。我感觉混合所有制是国企改革的一个方法，从大的方面来将我还是赞成的：第一，可以推进国有企业所有制的改革，推动整个国企现代化企业制度的建设；第二，可以推动国企的市场化运作，比如所有制改革，过去国企对国资委负责，对党负责，是党管干部，如果说真正该改革成功，就会变成董事会管干部，这是企业的一个根本改变。

还有两个问题需要关注，一个是国企混合所有制的特殊性，这个特殊性表现在哪里呢？政府的角色怎么转变？比如说私企进国企，如果将来经济发展出现矛盾，如何解决？第二个是平等性，我从事的是快递行业，对快递领域的情况比较清楚，比如在快递领域，邮政快递跟我们就完全不在一个基础上，邮政快递免税收，车进城也不收钱，可以享受普遍邮政服务的网络。因此，我感觉平等性是国企改革中需要重点关注的一个方面。

刘晓光：2004年我们做国际私募时，跟美国的KKR谈过，当时我们的目的是把国有企业彻底改了。外国资本占50%，有中国资本，有民营资本。当时设想，一步到位改成功，从机制、理念、资金上，彻底改成一个在中国比较先进的国际化企业。方案很好，很超前，但结果失败了。

为什么要提混合所有制呢？主要是几个问题：一是在观念上、理念上的争论非常大，关于国企垄断，各说各的；第二，国企跟民企合资，有利益输出的嫌疑；第三，国有资产到底是谁的，是老百姓的？怎么跟老百姓有联系？国有资产的收益到底是谁的？混合所有制实际上可以推动这两个问题的解决，因此各方股东要把资产公开、收益公开、收益分配公开，所以说混合所有制肯定是一个好的形式，在基本经济改不了的时候，不失为一条好的道路。

王梓木： 我是华泰保险的王梓木，过去我国对企业所有制是二分法：公有与私有，公有又划分为国家所有和集体所有。现在提出第三种方式：混合所有制。西方市场化国家通常将企业划分为公众公司和非公众公司，而公众公司却和私有紧密结合在一起。在某些专制国家，国有公司掌管在一两个人手里，其本质恰恰等同于私有。因此，少数所有制的实现形式可以有不同表现。华泰过去认为自己是"国有民营"，现在看就是混合所有制（国有股东占大比例，外资为第一大股东，还有少量民营企业参股）。十八届三中全会将混合所有制定义为基本经济制度的重要实现形式，肯定了它的地位。

周志兴： 刚才说要讨论这个题目，我收到了很多的回复，我先把朋友们微信上的回复说给大家听一听，完全是两种不同的声音，但是完全一样的思路。比如说有一个人讲，每一次民进的结果都是血淋淋的，担心混合体最后会被吞噬；还有一个人讲，核心的问题还是政府得廉政，这个问题不解决，企业怎么做都不行；有一个在首钢待过的人说形式不重要，关键是经营，经营骨干要适当持股，以便创新机制；深圳的一个人讲，在政府权力无边界、弃法律于不顾的时候，混合所有制和国企改革是伪命题，比如说混合所有制中有政府的成分，如发生法律纠纷，政府会袖手旁观看法院独立判案吗？

下面我提出几个题目，每个人再用 5 分钟时间来讲讲：第一，什么是混合所有制？为什么要实行混合所有制，进步在哪里？第二，你认为哪些命脉行业不能实行混合所有制？第三，国企有什么弊病？第四，混合所有制的难度在哪里？混合所有制和国企改革的前景如何？

混合所有制或许是一剂良药

王梓木：混合所有制有哪些好处呢？我认为有以下几点。

第一，有利于国企（非垄断）的进一步改制，提高其竞争力或生命力。我在亚布力中国企业家论坛的微信圈里曾经说过，混合所有制或许是一剂良药，它可以"治国企的病，救央企的命"。为什么这么说？因为，单一的国有公司受政府的直接影响过大，随着政府的任期和换届发生各种人事调整，新政新人、新人新政，企业领导人行为短期化，国企的生命力和竞争力必然有限。国企虽有资源优势，但存在体制弊端，尤其是难以建立适合市场经济要求的公司治理。混合所有制要求管理者对全体股东负责，而不是对其中的单一股东负责，这可以在一定程度上解决国企中的政企不分、党企不分的问题，可以去行政化、增强市场化，有利于公司的法人治理机制发挥作用。

第二，有利于培育一批货真价实的企业家群体。企业发展由企业家主导而非政府主导是改革的方向。那什么才是真正意义上的企业家呢？在我看来，"企业家必须以独立人格承担企业的责任和风险，同时分享企业的收益（通过领导和配置资源来获取应得收益）"。相对应的，单一所有制的国企，其分配制度和领导人配置是很难做到市场化的。国企，尤其是央企的领导人，往往重级别、重政治待遇、深悉权力来源，甚至不惜利用国企资源去满足某些政府领导人的寻租。混合所有制，由于出资人的不同，更适合采用同一市场化的原则来选择或任用企业领导人，给予有市场竞争力的薪酬标准。按照十八届三中全会决议所说，还可通过员工持股的方式，建立长期的激励计划。由此使支配或运用国有资源的企业领导者成为真正意义上的企业家。

第三，混合所有制有利于市场结构的优化。国企往往是规模导向，用产值排位，效率其次，由此导致行业生产过剩，造成社会资产的错配和市场的失调，市场经济在扭曲中发展，破坏和浪费了许多社会资源，也使民营企业的生长环境受到影响。混合所有制使市场竞争的主体处于同一价值理念的驱动之下，有利于市场结构的优化。

第四，混合所有制不仅给国有企业也给民营企业带来新的发展机遇。通过相互参股的方式，相互吸取，消除以往存在的某些不平等，将体制优势和资源优势结合起来，共同发挥积极性，打造公平竞争的市场体系。

周志兴：王梓木在飞机上就跟我说，这个话题他有很多话要说，做了很多的准备。下面有请刘晓光。

中国特色的过渡阶段

刘晓光：关于混合所有制改革，主要还是要认识它的好处，当然也要知道为什么这么做。现在来讲，对比民营经济和国有经济，不能说国有企业一点优势都没有。我们是国有企业，但是我们是市场化的企业，是国有企业中的野孩子。那实行混合所有制到底有什么好处呢？

一是便于塑造真正市场化的董事会。现在国有企业一股独大，这能是真正的董事会吗？二是激励变革，可以为企业家的成长创造一个环境。混合所有制最主要的是解决了企业的自主权——用人自主权、投资自主权、资产处置的自主权、海外投资的自主权。三是有助于发挥不同所有制经济的优势，民营企业跟国有企业各有千秋，国有企业在技术、品牌、管理、资金、文化上有优势，在约束机制和动力机制上也有优势，民营企业在约束机制上也更好一些。如果说这些机制结合在一起，对释放企业生产力的激励肯定会更大一些。四是有利于提高现在国有资产的质量。五是有利于提高全社会资源配置的效率，因为现在很多资源可能都在国营企业。还有一个好处就是中国产权市场的流动、资本市场的流动

可能更加方便。

在这种情况下，我觉得混合所有制实际上是向前走了一步，因为一般的改革都是技术改革，都没有触及基本经济制度的改革。那么混合所有制能完全解决问题吗？可能还不行，但毕竟有了这么一个过渡的历史阶段。

周志兴：晓光讲了一大堆的好处，等会儿我想问问他有没有什么坏处，能不能实现这些好处。

陈显宝：可以推进现代企业制度建设和市场化运作，这是最大的好处。我觉得应该说一下怎么做。国企分为三类：一类是关系到国计民生的，这一定是垄断的；第二个非国计民生的，可以不垄断，向市场开放；第三类，我们叫公益或者公共事业，比如说公交和地铁。

改革有一个过程，任何东西一下子变化太快都会出问题。一些关系国计民生的行业，我还是同意国家以国有控股独资，但是要以市场化运作来提高企业的活力，而不是传统的党管企业和政管企业。

非国计民生的国企完全可以推进混合所有制，向市场化推进。混合制是从所有制的角度讲的，跟股份制企业一样，它是混合制股份制企业，如果完全按照股份制企业运作，国家这只手自然就没了。因为是按照市场来运作，就完全把国有推向市场化，会大大解放国企生产力，推动国企、民企乃至整个经济的更好发展。这一点国家是可以做的，当然还有很多方面，比如过去国有股份太大的企业，可以将国有股份比例降下来，慢慢变成完全股份制。

至于公益性企业，我估计还是要归政府，如果让民营企业只做慈善，它们可能也不愿意，所以政府要承担这样的责任。除此之外，特殊性问题、平等性问题也是政府在推进改革当中要考虑的问题。

周志兴：打一个比方，宅急送现在可以和EMS混合所有制了，宅急送占

49%，EMS 占 51%，后者控股，对这个混合你敢参与吗？

陈显宝：还是不敢，因为还是他说了算。

周志兴：那你说了算，它会干吗？

陈显宝：可以多几家，EMS 占 40%，其余的股份另外几家企业再分配，多人说话可能会更好一些。

蔡洪平：混合所有制这个提法，我也认为还是个过渡，是有中国特色的。20年以后，在全球可能都没这个说法了，目前只能是先走一步，先混合着。目前，中国最大的公司都是国有，两年前为了说明这个问题，我专门写了文章在《财经》杂志上发表，我说目前世界上只有古巴和中国有国有控制的企业，其他国家都没有。

现在关于混合所有制，我有几个问题供大家参考。第一，方式既然确定了，路在哪里，有没有准备好？比如说到底怎么混合？国有股怎么减少？如何对国有企业进行分类？第二，怎么把国有大股降下来？我曾经建议发可转股，就是说让大股东发债，通过 A 股市场不断的套现，转到社保。目前国有股份的市值将近 25 万亿元左右，这个钱既可以解决社保体系问题，又可以解决投资问题，也可以解决别的方面国家的资金需求问题。为什么要这么做？下面的数据非常有说服力，国企占了中国贷款的 69%，GDP 贡献只占了不到 30%；非国有企业贷款占了不到 30%，GDP 却贡献了 70%，很显然，资源配置在国企和非国企上发生的功效完全不一样。

方向定了，路在哪里？体制没有准备好的时候可以先从地方企业突破，但从上海的现实来看，这样做也不容易，国有股拍卖都很贵，平安买了上海佳化，到现在为止，情况都不甚明了。再比如跨国机构进来以后，很多的百货商场都可以变成顶级的购物中心，但事实上我们并没有真的准备将股份卖出去，因为卖出去以后政府真的不管了吗？在这个体制上，从中央到地方其实都没有准备好。我相信，我们现在要做的应该是尽快来思考和讨论试点工作。我记得 20 世纪 80 年代，上海的改革没有顶层设计，只有邓小平同志的一句话，团结一致向前看，企业要往前冲。我不主张依靠政府做什么事，而应该是企业往前冲，要有一些改革的愣头青和不怕死、不怕丢官的人，但现在这个气氛跟改革的风气很不对，没有形成一个轰轰烈烈的线路图。

防止垄断行业扩大化

黄朝晖：我们中国金融公司是中投子公司，是混合所有制，国有 50 亿元，外国资本 49 亿元。我强调一下，用股权控制的概念来干预微观经济，没有完全落实十八届三中全会关于市场化资源配制的精神。所以我非常强烈地建议，垄断性或战略性行业的定义必须严格控制范围，不要扩大化。我们算了一下，如果按一般的定义来说，央企共 30 万亿元资产里实际上真正市场化竞争的只有 5 万亿元，一般竞争的 10 万亿元，其他的都是战略性和垄断性资产，如果按照这个定义进行改革，我觉得就真得没法改，改了有多大意义呢？所以还是要放宽改革的范围，用市场化的方式做。

第二，国有企业为什么这么大？仅石油行业的一个企业就有上百万人，电信行业的一个公司也有三十几万人，而国际上最大的石油公司都只有两三万人，电信公司一万多人，为什么人家的员工这么少？我分析后发现，他们只经营核心业务，所有为核心业务服务的其他子业务都是市场化运作，包括石油行业的油服、石油工程、机械设备制造等。

李永安：我在国有企业待了将近 30 年，我觉得国企的主要问题有三个方面：一是公司治理结构有问题，董事会首先不是股权多元化，总经理不是由董事会任命，也不是由董事会聘任和委派；二是不能完全市场化运作；三是国有企业的用人机制、薪酬机制有问题，工资能高不能低，职工能伸不能屈。

混合制的好处是可以化装逃跑

周志兴：任志强管理的企业是国企，我们请任总讲几分钟。

任志强：我刚刚听了半天，我感觉其实有其他很多种办法去解决所有制的问题。北京现在 67% 的企业都是混合制，什么叫混合制？我们现有的法律实际上没有规定。听刘晓光说了那么多好处，我总结为一条，混合制的好处就是可以化装逃跑。现在国有企业最讨厌国资委、党委的管理，你们现在就想借混合制的名义把国资委和党委都轰走，这个是很典型的摆脱党和上级领导的同时又能自己指挥国有资产、借产权的变化而改变治理结构的事例。

　　混合的结果，要么是国有资产侵吞民有资产，要么是民有资产侵吞国有资产，一定是这两种结果，不会有第三种结果。你们所说的共赢，只有在一种情况下可以实现，那就是利用国有资产的所有优势，包括资源配置，同时又用民营企业的办法去运营，摆脱国有资产的管理。这就是说很多国有资产的经营效率并不高，回报率也低，现在可能只有 7 点多，但运用民营企业的经营方法运营之后，回报率可能就会有很大的提升，可能会上升为 10 点。国有资本就是借民营经济的运行方式，获得一个比现在更高的收益。另外，如果没有公有制作为基础，我们的社会主义制度可能就没法真正存在，所以为了保留社会主义制度的东西，就需要保留国有资产，就叫以公有制为基础。

　　周志兴：刘晓光，任志强质疑你了，你要不要回应他？

　　刘晓光：当然要回应。任何事情都不能太绝对，不能说一早上就把国有企业都枪毙了，要尊重历史和现实，如果说把国有企业都解散了，从目前的社会制度和历史进程来看，肯定都是不允许的。另外，国有企业想用这种改制解放自己，取得自主权，这没有什么错，对民营企业也没有什么坏处。当然其中有一个问题很重要，那就是改革后的股权结构。如果民营控股，国有企业可能会出现一些问题；如果国企控股，民营企业也会出现问题，但是这些问题无关乎企业的所有制，而是中国人的秉性和习惯。如何做是一个需要细化的问题，但是方向没问题。

　　王梓木：我在经贸委的时候搞现代企业试点，当时我说我要下海做一个试点企业，股权一要分散，二要均衡，没有大股东，这些年我们就是这样实施的，在实际中企业是管理层说了算，管理层又受制于股东，所以我们只能拿效益说话，不能拿关系说话。不要让政府和国资委直接控股，我们公司的第一大股东是中石化，18% 的股权。所以我们不要做政府或者国资委的直属企业，一定要做二级。

　　任志强：二级、三级都行。

　　王梓木：混合所有制在二级企业先下手，进入三级企业。在母公司很难做，所以我说国有企业改革的思路是，子公司先多元化、分散化，实行混合所有制，再逐渐把母公司改造过来。

周志兴：王梓木早就掌握了化妆逃跑的本领。

任志强：所以他一开始成立的时候就要股权均衡，这就是化装逃跑，你这个化装逃跑早了一点，刘晓光没有跑，所以急急忙忙想跑。

周志兴：还是有偶然因素在里面，如果国企的领导是一个很开明人，日子就好过一点。下面还有 10 几分钟时间，咱们可以互相讨论下。

李永安：《企业法》跟《公司法》有关系吗？

任志强：相当一部分老的企业是按照《企业法》在执行，现在这个法还在，两个都有效。

李永安：我觉得改革开放这么多年，各行各业到处都乱，原因就是顶层设计没搞好，谁也别怨。习主席这次兼任改革领导小组组长，咱们拭目以待，看顶层设计会怎么样。

我再补充一句，国企就是国家投资建的企业，挣了钱给国家上交，上交的额度定好了就必须坚决执行。现在好多国企挣的钱可能都没上交，如果对国企的经营管理者进行股权激励，给他分红，他们的年薪问题也就解决了。

蔡洪平：我想今天下午我们讨论的话题比任何讨论都有意义。当然我同意刘晓光的说法，我刚才也说了。20 年以后混合所有制肯定不存在了，但是目前只能先这么走。换一个说法是叫解放，解放自己，而不是逃跑。

周志兴：好的，刚才这位女士有一个问题，最后一个问题。

嘉宾：今天讨论国企改革与混合所有制，还提到现代化的公司管理结构以及法制保障，我想问一下：这三个方面，究竟哪一个的优先级更高一些？

周志兴：我认为没有什么先后，所有的问题都是一步一步往前走。正如刚才我们探讨的，混合所有制解决不了大的体制问题，比如说党的体制和干部体制问题。也许有人说，如果这个解决不了其他的还能做吗？但是如果等根本的问题都解决之后再去做这些还来得及吗？所以我也赞成混合所有制，尽管有很多的问题，但起码它有一两项比较好，比如晓光所说的混合以后会更加透明，企业的收入股东能知道，老百姓也知道，起码这就是进步。所以很多问题都需要一步一步来解决。

第四章

创新与企业家精神

创新与企业家精神——回眸 2013

　　企业家是市场的主角。市场在资源配置上起决定性作用，即企业家在资源配置上起主导作用，企业家履行这一使命的主要方式就是创新。创新和企业家精神是经济世界里永恒的主题。2013 年，数家中国企业在这一方面做出了榜样，产生了较大影响力。2014 亚布力年会希望回眸 2013 年这数家企业的创新行为，分析成败缘由，以便未来更好地发挥企业家精神。

　　在 2014 亚布力年会的"创新与企业家精神——回眸 2013"分论坛上，由《中国企业家》杂志社社长何振红主持，邀请了共识传媒出品人喻杉，1 号店董事长于刚，中国香港稳通有限公司（点世界）CEO 杜强，高风咨询公司创始人、博斯公司前大中华区董事长谢祖墀，云南红酒业集团董事长武克钢，物美集团总裁张斌，中国美国商会会长格雷格·吉里根（Greg Gilligan）等嘉宾参与讨论。

何振红：第一轮讨论我想请各位嘉宾简要谈一谈 2013 年的创新事件，第二轮讨论大家再来谈一谈创新与企业家精神。在我们的嘉宾里面，有两位嘉宾从事的行业比较有特色，一位是 1 号店的创始人于刚先生，他做的是电子商务；另一位是物美集团总裁张斌先生，他做的是线下大型超市。他们做的领域和形态差不多，但是一个是在线下做，一个是在线上做。我们来分析一下这两家公司的未来和创新趋势。在分析的过程中，各位都可以针对这两类企业的发展提一些创新的想法和判断，最后我们从这个过程中来看创新是如何实现的，企业家精神是如何体现。

2013 年那些"刻骨铭心"的创新

于刚：如果只说一件事，我认为微信是首屈一指的创新，但微信并不是原始创新，美国早就有了这种形式的产品，但是微信做的体验和营销的方法值得我们学习。

杜强：2013 年，令我印象最深的创新是美国的特斯拉电动汽车，特斯拉的一个特点是它以最高端、最豪华的产品一下子杀入市场，马上就把宝马、奔驰、奥迪等高端汽车全部打败了。这给中国一些品牌很好的启示：做产品要高举高打。

张斌：关于 2013 年的创新，我跟于刚董事长的观点基本一致。实际上微信和微信的支付方式，包括未来微信带来的 O2O（Online To offline）交易模式，我觉得是一个非常大的创新。微信的创新和过去中国传统的创新有很大的不同，中国传统的创新，就像陈东升董事长经常讲的叫作率先模仿，我觉得微信现在已经走出了单纯模仿的一条路，尽管说是在原有的美国模型基础之上发展起来的。

武克钢：其实，我最没有资格来参加这个会，我们的红酒企业非常传统，因为越说我们的传统，我们的酒就越好卖，越说我们的创新，我们的酒就越不好卖。关于红酒的制造工艺还是传统一点好，但是我们的设计和形象在 2013 年也开始创新。比如说设计，我们曾是传统的设计公司，传统的委托，现在网上也可以进行委托了。

喻杉：我是从生活细节来观察这个社会的，2013 年令我印象深刻的创新是余额宝被人们广泛应用。我的很多工作人员都把钱存到了余额宝里面，余额宝让他们的生活发生了很大变化。

谢祖墀：我想大家应该是同意刚才喻总谈到的内容。我们在讨论微信也好，小米也好，余额宝也好，这些都是我们熟悉的创新，也是我们管理思维、管理方法的一种创新。我觉得可能相对于我们看到的一些产品和服务，从最根本的角度来讲，这种管理思维、管理方法的创新更重要。

为什么我会提出这个观点？或多或少是受个人工作的启发。我是做管理咨询的，我做这个行业的时间很长，超过 20 年。2014 年我觉得自己应该建立一个品牌，为什么？在过去这段时间，我觉得从事咨询行业的很多公司都强调规模性发展，即他们不用思考就能为客户做很多事情，客户交给他们任务，他们根据这个任务去找模板，然后得出一个结果，给客户一份厚厚的报告，但客户看完之后往往都不知道报告究竟在讲什么。

现在我们看到了一些现象，包括互联网、移动互联网、微信、小米等，其实好多企业家都在问一些根本性的

问题，就是我们未来究竟要做什么，我们的管理模式应该怎样改变，更重要的是我们的企业要如何进行根本性的改变，也就是说我们要打造什么样的一种基因，我们企业的思维是怎样的。所以对于我们来讲，最大的创新在于咨询行业要回归到根本，那就是为客户解决问题，而不是给客户一套烂报告。我们要给他们提出一些很好的想法，或者思维方法，或许最后我们能给客户的不一定是一个具体的答案，更重要的是帮助客户思考，究竟客户的企业未来是怎样的。企业的 DNA 是什么。企业的思维方式是什么。企业的组织架构是什么。陈旧的东西已经不行，一定要创新。我的答案其实是管理创新。

何振红： 我们请来自中美商会的会长讲一讲发生在2013年的印象最深的创新。

格雷格·吉里根： 我认为2013年突破性的创新还是在于电子商务。第一，我们看到电子商务迅猛的营业额正增长，其实这是基于幕后的很多创新，因为只有这样才能让营业额如此快速地增长。第二，我觉得电子商务跨行到金融服务是一个很大的创新。

互联网和实体店各有优势

何振红： 下面我们来进行一些案例的讨论。武董的红酒到底是在1号店卖畅销，还是在物美超市卖比较畅销？

于刚： 首先，我们互联网的营销不是实物的营销，但是它有很多优势。第一个优势是它可以传递很多知识性的信息。比如说酒频道可以传递很多与酒相关的知识，如酒的酿造方法，顾客适合什么样的酒，什么样的酒适合什么样的酒杯，让人有一种"逛"的感觉，不是物理逛的感觉，是一种知识性的、思维性的享受，是学到知识的"逛"。第二个优势就是互联网的营销具有主动性。互联网不是被动地等待顾客到店里来，也不用采用发海报这种高成本的营销方法。所以产品要做品牌宣传的话，它就可以让更多的人同时看到你的品牌，互联网可以帮产品做代营服务、物流服务、数据服务及营销服务等。在互联网平台上销售，即使厂家没有任何电子商务的知识，也可以在通过电子商务网销售产品。

张斌： 我的观点是，无论是做线上的交易还是做线下的交易，最核心的还是服务顾客，如何更好地服务客户是销售的关键。应该说互联网产生之后，顾客的分化就非常严重，通过互联网的模式来进行自己消费行为的顾客越来越多了。实际上无论是作为网上平台、网上交易商，还是线下的服务商，从本质上来讲，都面临着如何更好地服务顾客的问题。做零售的基本宗旨是为顾客提供高品质、低价格、令人心动的商品服务，线上和线下服务都应该重视这一点。

从竞争的本质上来讲，谁的效率更高，谁用的成本更低，谁就是胜利者。在电子商务出现之前，中国零售企业的太平日子过得太多了，用我们的行话讲，叫捞浮财，甚至根本不需要弯腰就可以把浮财捞过来。电子商务出现后，竞争也随之而来。大家要认认真真研究好商品，研究好对顾客的服务。在这个过程中，如果企业能够让选择的商品更好地符合企业定位的顾客，同时又以最低成本、最优服务来销售，那么这个企业就取得了胜利。

何振红：刚才张总提到高品质、低价格，令人心动，同样一个产品，在互联网上销售和在超市里销售的价格是不是会有差异？互联网在价格上是不是有优势？

于刚：互联网一般的定价比线下的传统超市便宜5~10个点，而且互联网做的是一个实时定价。我们有一套价格智能系统，能实时抓取60多个网站的1 700多万条商品信息，同时有大概60多人的比价团队，在各个主要竞争的传统零售业中获取价格信息，再配合一整套企业的价格策略和价格模型，去优化所有的价格。

何振红：我们接着再请武总说一下，您听完他们的介绍有什么感受？

武克钢：他们都是我的上帝，我们都不敢得罪。其实，买东西和找对象有相似之处，我有一个不恰当的比喻，我儿子要是在网上弄一个媳妇回来，我能够接受，但是我女儿找女婿必须得在网下找。儿子找媳妇，找什么都不吃亏，可是女儿要找女婿，那得我亲自看清楚。我认为选择不可能完全单一，比如说买一块新鲜的蛋糕、一个水果，我觉得还是在店里看清楚，才能放心带回家吃。但要是买一块抹布、一块肥皂就不同了，可以选择在网上购买。

何振红：我们再请杜总来说一说他是如何选择产品购买方式的。

杜强：实际上我做互联网很久了，于总提到网上比价，我多年前在美国办的第一家公司就是网上比价。实际上，网上购物的人分两类，一种人特别注重价格；还有一种人是白领，上班很忙，他们追求的是方便。我认为今后电商可能要按照

品牌的角度，定位自己的客户是哪一类人。从我的角度出发，买红酒，如果时间充裕，可能会在网上买，但是比如说时间比较急，今天晚上要请客，我不可能选择去1号店而会直接去物美的实体店里买。

刚才大家提到了小米创新，还有微信创新，网上媒体报的负面消息不多，但是从品牌的角度出发，我认为它们对中国的企业是一个误导。我首先说一下微信，微信给中国千千万万的企业带来什么概念？要做免费平台是不可能的，中小企业没有能力做平台，何必花费那么多时间去模仿一个做不到的平台呢？所以这是微信对中国企业的误导。昨天我们还谈到了小米对中国千千万万企业的误导，有些企业家对小米是不是互联网企业还存有质疑，谈到小米互联网的思维，实际上很多线下的企业早就有这种思维和服务了。小米很重要的是强调性价比，从品牌的角度这是错误的。香奈儿和苹果等国际品牌哪个强调性价比？没有。所以中国的企业不能走小米的道路。

何振红： 您说的观点，我不一定赞同。为什么不能赞同呢？不能说小米有一个模式，微信有一个模式，它就对中国的企业是一个误导。每个企业有每个企业的存在方式，大企业以大企业的形态存在，小企业以小企业的形态存在。

杜强： 我说的是中国95%以上的企业，中国的大型企业可以学小米，可以学微信，但95%的企业还是不能学。

于刚： 可是小米和微信有最大正能量的启发。

何振红： 大家在第一轮讨论的时候，说2013年最新的创新里面有三四个人，几乎一半以上的人提到了微信，然后谢董提到了小米。其实小米的创新颠覆力是大家有目共睹的，这与中国其他的企业可不可学它的模式没有一定的关系。我想喻董绝对是一个典型的有着丰富经验的消费者，从消费者的角度来说，您要买这瓶酒，从两种渠道来买，一个是电商，一个是传统的零售，你会做一个怎样的选择呢？

喻杉：我既是1号店的消费者，又是物美的消费者，而且这两个店都占我日常消费的很大一部分。因为我有两个小孩儿，他们都追求时尚的生活，他们希望在1号店买到进口的商品；同时，一年中我家里要来很多客人，我们需要大量地采购，所以我们家日常的大型采购，都依赖于物美，我在这两个店都成了VIP客户。

何振红：喻董是一个最好的消费者，第一，无论是线上渠道，还是线下渠道，她都买；第二，有人推荐，她也买。因为大家的选择，线上会有，线下也会有，下面听一下谢董的结论。

谢祖墀：我是消费者，但是家里的主人不是我，是我太太。但是对我来讲，在购买之前我们要考虑买的是什么产品，因为不同的产品的渠道可能不一样，而且我们对产品价格的敏感性也不一样。假如一般的日常生活用品，在哪儿买都无所谓，但是要买一些具体的产品，比如说进口的产品、某某品牌的产品、某某生产地的产品，我们会慎重选择购买方式。假如我们知道这个产品在物美能够买到，那就去物美买；在1号店能够买到，就去1号店买。

何振红：您谈到了一个客户细分的问题。我们来听听来自美国的朋友的意见，您如果在中国买东西会怎么选择呢？

格雷格·吉里根：选择何种方式消费很多是跟消费体验有关，即我上一次消费时有什么样的感受。刚才我们张董、于董都提到了各自产品的优势，比如说低价，或者是通过不断的研究如何更好地服务顾客等，这一点其实也会促使我们

不断地创新，因为总要想办法提高我们的服务质量。线下和线上竞争的并存其实也让我们有更多的机会做出选择。假如我的消费体验是这一家比另一家更好一些，那么我会原谅它在其他方面的一些不足，比如价格。价格可能稍贵一点，但我更看重哪家的服务更贴心，更能满足我的需求。

说到电子商务，因为产品的销售过程是邮购，这就牵扯到一个信任的问题。摸不到的东西，我能否信任？送上门的这个东西是我想要的吗？会不会有所损害？……其实单向的消费也许会出错，但是假如有一个第三方在交易过程当中帮助解决问题，那么我很愿意再次在那儿消费。像张董说的，如果有一家店在不断研究如何更好地服务客人，那么这家店就会给我留下很深刻的印象，我会再去消费。

并不是所有的商品都可以在网上销售

武克钢： 我提一个问题，物美拥有这么大的物流中心，以当前的物流配置条件来看，物美完全可以做线上服务，完全可以同1号店竞争。就当前线上和线下局势，请两位解释一下，也给我们的创新思维做一个提示。

张斌： 实际上，线下的零售商思维和线上思维有很大区别，这个区别在什么地方呢？前一段时间我见到了一个原来的沃尔玛董事，他就讲，互联网在美国兴起的时候，他们将线下和线上放在一起，但做了之后总是觉得不是那么一回事，后来就将线下和线上彻底分开了，这里面的思维不同其实非常重要。如果按照线下的思路来组织线上的业务，成功的案例并不多。当然，我们现在也在研究，既然物美有一个比较好的基础——顾客、供应商、物流的基础，那么我们怎么样既运用现有的渠道，又能够跟线上很好地结合呢？我们也在探讨这样的方式，我们也希望未来能够两条腿走路，能够为顾客提供更多的选择，更多样化的服务。

于刚：我在《福布斯》杂志上写过一篇文章，讲传统零售与电子商务的差异化，里边我讲了很多——不是任何东西放在网上都可以销售，这个已经被众多传统零售尝试做电商的事件验证过了，其中主要的差别在哪几个方面呢？商品展示是不一样的。一个是物理的展示，货架每平方米的利用率、营销率等，根据顾客在里面行走的路程和行为来决定放在什么货架上，怎么把这个货架区域化。电子商务就是它的虚拟展示，它主要靠文字搜索，靠促销等，这是一个差别；我们1号店有12 000人，我招的第一个员工就是CTO（Chief Technology Officer, 首席技术官），因为所有的系统全是我们自己开发的，必须自己开发，包括采购系统、仓库管理、配送管理、价格管理、营销管理等，所有的这些系统都是我们开发的，这是电子商务的一个核心竞争力。因为1号店同时有二十多个商务模式在运营。比如说库存，可以直接从供应商那里去配送库存，也可以在收到顾客订单之后，再从供应商那里买回来库存等，大概有二三十种商业模式同时并存，可以最大限度地利用我的资源。2014年的目标是要将库存降到十几天，传统的超市一般是五六十天左右。一般来讲，像沃尔玛大概就是五十多天。

线下超市有供应链，线上销售也有供应链，但是这个价格是非常不一样的。同一个仓库，传统的零售商都是高价库，以托盘和箱来定。而我们是要拆零的——捡货、组合起来，再给顾客包装、运送。整个仓库价格是非常低的，我们是平面库，里面有大量的自动优化分解，如用激光、RF技术分解等自动化的过程。除此之外，两种模式的营销手段也是非常不一样的，一般传统的零售业营销靠海报等。线上营

销靠的是网络、SEM（Search Engine Marketing，搜索引擎推广）、SEO（Search Engine Optimization，搜索引擎优化）等各种网上口碑营销的方式。传统零售要做电商，要真正地独立出来做。现在有各种各样的方式，有电子平台的或代运营平台的。

张斌： 武总提出的问题，我也回答了。传统的零售企业做电子商务，的确门槛比较高，鸿沟也比较大，成功的案例不多。当然也不是说没有成功的案例，美国有一个卖办公用品的公司，线上线下各占一半的业务。但是怎么样研究清楚线下和线上的完美结合是我们目前认真思考的一个内容。

何振红： 今天把物美和1号店放在一起讨论，不是希望物美和1号店成为对立的双方，是希望分析一下这两个领域里发生的变化以及人们的一些消费行为。接下来我们再进行一轮新讨论，我们把线放长一点，未来的三五年内，电子商务领域和传统领域的投资将会有什么变化？杜总先做一个判断。

杜强： 我认为，大家可以看到美国的情况，美国是地广人稀，根据他们的经验得出的结论是：线下的购买还是占很大的比例，即使5年以后还是会占很大的比例。

张斌： 5年以后，我觉得我们物美这样的传统企业会有非常大的变化，这个变化是什么？第一，传统企业一定会在现有模式的基础上不断创新，传统企业会一直进行探索，探索如何跟线上交易达到很好的结合。第二，未来的5年时间里，中国的零售企业会有一个大的整合，这种整合会使强者更强。

于刚： 大概4年前，我做了一个预测，当时我在中国零售协会峰会上面讲了一句话，我说将来是无商不电商，就是说每一个企业都多多少少会进入电子商务，不管是自己直接做，还是通过别人做，或者是在别人的平台上做，都会多多少少接触电商。我最近又做了一个新的预测，我说将来几年，甚至很快，整个社会会进入一个无商不移动的时代，每个商家都会通过各种各样的模式进入移动时代。大家可以看到，中国的电子商务发展比美国的发展快很多，这一点也许和中国的整个地理环境、交通便利性等有关，电商更适合中国市场，大家也看到了这个趋势。

将来5年之内，电子商务会不会和传统零售业平分天下？我觉得这个很难讲，但是10年之内是有可能的。大家看到，"双十一"这一天的网上交易额已经占到所有社会零售额的30%，这一比例现在仍在持续增长。我认为零售在各种商品里都会存在，因为顾客有这种需求。这几年，因为移动互联网的出现，物联网从概念变为现实，而且物联网为电商带来了更多的利好，比如说顾客冰箱存放的食物少了，少到一定的量时它就会马上提醒你去购买，甚至帮助你直接下单，这都将成为可能。而且购物可以随时、随地、随身进行，在网上购物，使整个移动商务又往前迈了一步。自己革自己的命，比如说定位功能、扫描功能、图像识别功能、感应功能等在运用方面虽然还只是非常初级的阶段，但将来会产生巨大的作用。另外就是大数据的应用，这个潜力是无穷的。

武克钢：现在世界变化得太快了，不要去预测。现在是"江山代有才人出，各领风骚三五天"。我们主持人讲到了创新，没有讲到企业家精神，电子商务是我们国家不可垄断的行业，但是像移动、联通却在创新面前做得不太好，为什么？因为没有企业，没有企业家。从社会学的角度来观察这个问题，我相信创新的未来一定属于自由经济，属于企业家的企业。

谢祖墀：我对中国民营经济未来的发展很有信心。第一，中国有优越的地理及政治环境支持民营企业的发展。第二，企业家的骨子里具有敢于创新的精神和勇于拼搏的实干能力。企业家要虚心，要愿意去接受新的信息、新的知识，要以客户为本。企业家个人以及企业家所掌控的企业，一定是学习型的企业，只有学习型的企业才会不断调整步伐，敢于面对未来的机会及挑战。

何振红：今天我们用一个案例讨论了创新和企业家精神，其实企业家的基因就是创新。最后我想跟大家分享两位企业家的两句话。一句来自百度的李彦宏，他说，百度也在应对挑战，革自己的命，现在需要用移动互联网的方法把所有的传统行业做一遍，如果做成了，就跳过了这个挑战，就成功了，如果没有做成可能就死掉了。还有一句来自张瑞敏，

他说，在海尔看到一副日本的版画，版画是一个赤身的男子走在一条小路上，手上拿着一把砍刀，周边都是荆棘，没有路，前面有一轮太阳；他说，这就是中国企业所处的现状，没有标杆，也不知道路在哪里，往前走需要付出代价，要不断地砍掉荆棘，但是，路的前方就是太阳。今后，我们无论面对什么样的挑战，无论是线上，还是线下，如果我们不丢掉企业家的精神，有创新的基因，我们就能够看到未来，看到太阳。

新技术革命带来的挑战

刘明康　银监会前主席

2014 年年会的主题是"市场的决定作用"，大家能从这个主题中受益良多。众所周知，没有正确理念指导的行动是盲动，但是如果没有大胆的实践，我们就不知道障碍在哪里，就不知道如何冲破思想的牢笼。所以，定这个主题，是为了让企业家朋友们一起深入学习、领会和贯彻十八届三中全会精神。我们的企业家朋友们是先进的，他们认真的程度令我叹服。在讨论的过程中大家谈得最多的是如何改革，改革需要什么样的理念以及如何大胆行动。我只是想从一个小小的方面提醒一下大家，我们一定要有一个理念而且必须马上就付诸行动，因为有一个东西悄悄地来到了我们的身边。它既没有浓妆艳抹，甚至也没有精心梳洗，可是它已经出现在了我们的身边，发挥了巨大的作用，而且再过三五年回头来看，我们可能会后悔没有给这股力量以足够的重视。时不我待，很多人在浑然不觉中已丢掉了前进的方向，甚至丢掉了事业，这就是新技术革命带来的挑战。

历史已经证明：信息的获取和深度的运用是变革大潮来临的前奏。十五六世纪，航海带来了大量的跨洋、跨洲资源信息，包括天文、地理和人文的信息，人们惊觉原来异域还有这么多丰富的物产。航海使得各国对殖民主义竞争能力刮目相看，而且他们一个比一个竞争力强，先是荷兰，之后是葡萄牙、西班牙，等等。

十五六世纪，数学的发展使得天文学家在当时还没有高倍望远镜的情况下发现，行星的运动轨迹是有变化的。这一发现打破了我们思想上的很多禁忌，原来星外还有星，而且地球不是平的，而是圆的。天文、数学、力学的发现和发明促进了宗教革命与文艺复兴以及金融服务业的发展，银行也是那个时期出现的。在工业革命时期，报纸、收音机的出现，使得信息的流通成本大大下降，大量的信息流造成了工业革命的巨大变化，它使得工业企业、农业企业和商业企业内部的公司管理出现大变革，所以那个时候出现了管理学——管理层面的技术革命。管理学的出现使企业获得了重大的竞争优势，由此又引发了一系列的社会变革。

更深刻的革命来自电脑和互联网的大量运用。离我们比较近的两次革命大潮，一个是工业革命、另一个是我们今天讲的信息革命。它们有极其相似的发展路径：一是形成了财富的快速积累和高度集聚；二是促进了财富的社会捐赠，出现了一大批有质量的研究机构和慈善机构；三是所有的这些变化都是由信息知识获取和运动所推动的；四是都促成了工、农、商业企业的巨大技术和管理创新。所有这些变化都使得市场迅速扩展，无论是在广度还是深度上，最终都促进市场更加自由化。当然，变革也带来了地缘政治的矛盾和冲突以及气候的变化和社会矛盾的变化。

让我们列举一下自有人类历史活动至今的种种颠覆性创新，其中包括最近的纳米技术、大数据、生命科学、基因学等。这些颠覆性创新的历史，也就是人类社会不断发展壮大的进程。这本身也是对人类历史的很好总结，同时，更大的颠覆性创新已经摆在我们的面前。

大数据时代下，在云计算、云管理出现后，未来的全球资本市场会发生根本性变化。早期工业革命时代是僵化单一的投资方式，今天我们可以用一个手机和一个简单的手提电脑，以后可以用更简单的穿戴设备完成全部的投资优化和操作。同时，未来全球资本市场上的运作方法，也会发生根本转变。我们现在还要看全部要素，如基本面、技术面、价格、指数、证券的新发行情况、证券的到期情况（包括行权、召回情况、期限长短、到期日）等信息；以后可能都不需要了，你只要通过全球无形交易的网络，完全可以实时简单地进行资产组合的迅速调整，技术上完全没有困难。每18个月我们电脑芯片的数据处理能力就会翻一番以上，根据这一摩尔定律，我们完全可以测算出 2050 年电脑芯片的速度。这一速度在今天看来肯定是天文数字。

当前全球已经有 25 亿人在上网，到 2018 年，也就是亚布力中国企业家论坛召开第 18 届年会的时候，这数字就会翻一番，变成 50 亿人上网，而且一半以上的网民来自新兴市场体。到 2018 年年底，网上各种交易的收益大概是 20 万亿美元，20 万亿美元收入中有一半以上也是来自新兴市场。今天，在大中华区，居然有 6 亿微信使用者，5 亿微博使用者；到 2020 年年底，我们将有 10 亿人使用明天的"微信"平台，而不是推特或 Facebook。一个很大的趋势是手机（mobile phone）和平板手提电脑（tablets）融合，成为 phoneblets，并与所有设施互联，其大数据服务是多层、多元、可视、可分析的。

巨大的转变不仅仅发生在技术和信息层面，如前所述，更重要的转变发生在应用层面。全球将会出现一个重大的转型，这就是共享型经济和共治社会。我们现在已经看到了一些共享网站的出现，如 UBER——车辆共享、RCI——分时度假、Interval International——房屋共享。网上大数据的管理革新将会大大提高政府的治理水平，同时也大大提高企业的透明度，责任机制和问责机制将会全新化。由于数据都是快速传递、快速被处理和分析的，你逃都逃不掉，今后 GDP 也好，CPI（Consumer Price Index，居民消费价格指数）也好，PMI（Purchasing Managers' Index，采购经理指数）也好，更可靠、更及时、更细致，你不算有人算，大家都会算。而网络新闻也将会比 CNN（Cable News Network，美国有线电视新闻网）、BBC（British Broadcasting Corporation，英国广播公司）等更靠谱。民主的声音随时可以听取，人民群众可以更

好地共享改革开放的成果。我们听到的"共享企业家机遇"也将不会只停留在口号上。运用信息与技术，小企业的兴起将在不同场景下创造更多的工作机遇。

我们可以再看一下大数据的使用。过去，大家看到一张张的数据图，每个季度发表一个或每月发表一个，以后这些数据将变成连续和平滑的。同时我们可以看到大数据大大提高了预测能力，支持高频交易、量化研究，增强基本面差异化，部门主题的差异化也会得到加强并及时解决机构变化、分析工作、公司财务、个人财务等问题，当然这样的做法有很多的制约因素，也就是说我们的数据质量仍然需要经受很大的考验，同时隐私保护也将面临更多的争论，还有数据量过大的分析难题，特别是各行各业和各个公司数据研究专家人才十分缺乏，以及由此带来的网络安全问题。因为大数据，未来的组织架构也会发生彻底的改变，在这种情况下我们需要什么样的行动？我提出以下四点建议。

第一，互联网、云计算和大数据解决不了所有的问题。但是它的浪潮已经来了，我们要注意哪些问题不能通过它们解决，我们要将它们解决好，只有这样才能够更好地利用它们。首先，除了信息，还要有输入和应用的要求。信息抓取、归类、分析与处理只是加工的一段。其次，任何模型和新技术并非绝对可靠，在应用决策过程中需要依赖自身的判断、良知和文化以及自觉性。再次，任何系统框架都不可能完全预见市场上所有的变化和创新，更不可能自行防止有人恶意用之套利。最后，系统和数据的管理本身就是两大难题，全球都缺乏擅长管理数据的人才。

第二，每个经济体仍要借助新技术革命加快推动切合自身特点的改革。学习使用科学的流程程序和限制方式，增加一些高级的原则（软件约束），用它来指导和确保在法治、体制、机制上有规矩，有治理文化，有危机的管理。

第三，要加强跨国合作和共享，以便在不同国别压力条件下和可能出现的全球化宏观经济状况碰撞时，能够具有分析和解决问题的水平。只有通过共享与合作，才能有更长的数据观察期和更高的置信水平来对这种市场压力、社会影响做出全面的分析。这是一个全球治理现代化建设和国家治理现代化建设的问题。

第四，我们要大力投资培养现代化人才，大力重视文化培育。这个文化不是 ABC 的文化，这个文化是创新的文化、容忍失败的文化。最后我想用著名的美国统计学家 Nate Silver 的话来结束我的演讲。他曾说："如果要更加有效地利用新模型和大数据，我们首先应对自己的素质提出更高要求。"

创新的天空

冯仑　万通投资控股股份有限公司董事长

　　2013年在亚布力年会上，我讲过六个字，叫"守本分，有期待"。过去一年，我们的期待，的确都得到了非常好的印证，即十八届三中全会赋予了我们非常积极和光明的前景。

　　在这样一个改革的前景下，我们在现实生活中也得到了很多印证。就我的体会而言，最重要的是创新。一个市场、一个经济是否有希望，不在于经济学家讲了多少话，也不在于一些地方政府给了你多少承诺，而在于你身边的人是否兴奋着、是否开始创业、是否开始去思考自己的梦想未来能否落地。最近半年多，我感觉身边有很多人在创业，而且创业的领域也奇奇怪怪，其兴奋度超过了以往任何时候。

为什么创业的人多了

　　第一，大家对未来前景预期较好。我们先从"食"说起，北京最近有几个餐馆开得很有意思，比如黄太吉、五味等很多餐馆都不是以前餐馆的样子。现在开餐馆的人都是互联网上的极客，或是一些宅男、码农。他们按照写程序编码的方法把一个餐饮业写成一本书，每个流程都非常清晰、非常具体，最后这个餐厅做得非常快和标准化，而且赚钱。

除了吃以外，我们再看看性生活。现在，我们的性生活被一个90后的马佳佳给颠覆了。马佳佳是中国传媒大学的应届毕业生，当年的高考状元，她在上学期间就开办了一个性用品情趣商店。这个商店开在中国传媒大学的西门口。她自己把这个公司起名叫"泡否科技"，"泡否"的英文是Powerful。她居然能把情趣用品卖得热火朝天。而且，我有一个朋友居然奋不顾身、百般乞求，去做了她的天使投资人。

十八届三中全会以后，有这么多人创业，很多年轻人在非常坦然、自信地创业。这至少说明，我们具有一个良好的创业环境——那就是我们对自己创业的成果，也就是对我们的财产有了一个安全的预期。创业的目的，不管是卖多少情趣用品，最后还是要挣钱，马佳佳应该是有安全感的，否则她不会管别人洞房里的事，如果自己没有赚钱，也是不会创业的。

第二，自由。创业离不开自由的空间和环境。从吃饭到情趣用品，都离不开自由。我想起一位朋友，是10多年前在亚布力年会碰到的。他偷偷告诉我说，大哥我现在想买你一套房子。我说买房子是好事，你现在做什么呢？他说，我是北大毕业的，现在卖成人用品的，中国社会现在卖淫是肯定不行的，但卖淫具是合法的，我就是卖淫具的。那时，大家感觉自由的氛围不够浓厚，所以他还得悄悄说。虽然他也来过亚布力年会，但他跟我说的时候，还带有几分羞涩。但在今天，马佳佳是怎么来表达的呢？马佳佳说起这些事情，就像我们大学教授在正而八经地谈论一个艺术问题一样，充满自信和快乐。

我们现在有了财产安全的预期，有了自由，更重要的是自由和安全创造出了一些企业家人才。这样，马佳佳、雕爷牛腩以及其他创业者，都是未来最优秀的企业家的雏形。而且我相信，中国大地上会有越来越多的人去创业，成为经济发展最重要的引领者。

互联网颠覆房地产

正因为如此，我们现在坐不住了，我们虽然是做房地产的，但我们也要认真想想，要把房地产的事做好。地产公司一直都认为房事是很踏实的事，所以我们一直认为自己对房地产的创新很有把握。

过去几百年，房地产行业怎么发展的？我自认为我很勤奋，我也是模仿全世界所有最牛的地产公司，至于房地产行业的创新、路径、瓶颈在哪里，我都很清楚。我非常清楚房地产这片天空，有几片云，云是怎么动的，什么时候下雨。例如，住宅如果按照传统的创新，逻辑非常精准，比如人均 GDP 过了 8 000 美金以后要如何细分市场，可以做度假、养老和其他细分市场，或做大规模的工业化住宅、产业化住宅，或用工业化方式发展住宅。或是和政府政策配合，做低收入保障性的住宅。住宅的创新似乎无外乎以上几个方面。

再看商用不动产，商用不动产在 GDP 过了几万美金之后，有非常多的创新路径，其中最重要的是美国模式，无非是把投资商、运营商三者既相对独立又统一起来。开发商变成导演，我们为投资商服务，最后房地产在商用不动产中逐渐演化成高级手艺人和服务商。在此基础上，我们羡慕那些金融类的房地产。也就是在住宅以外的房地产市场中，从市值来看，商用不动产的市值高于住宅，但高于商用不动产的是金融类的房地产。因此，房地产的价值链是从制造业到服务业，最终到金融业。我们认为这件事没有什么异议，因此我们在慢慢等待 GDP 的成长。

以前我们认为房地产这些事情都不复杂，但今天，一下子天上的云变了！我们不知道这件事该怎么办了。刚才讲到互联网，互联网会改变一切传统行业。

三个月前，地产联盟的主要企业开始和互联网金融合作，我来亚布力年会的前一天去了小米，所有人都在创新和研究，互联网在研究怎样影响和改变房地产。我们一看，有点儿蒙了，为什么？小米现在准备做房地产了。小米产品的简单极致，其粉丝经济、服务、互联网思维等，所有的这一切都在颠覆我们。

于是我们开始思考，我们的天空有怎样的变化？天上的云还会像以前一样飘到自己的头上吗？我们还可以看到自己心中预期的彩霞吗？现在真有一点蒙。

下面举个例子来说明一下房地产行业如何一点点被互联网颠覆。有个说法叫互联网要消灭酒店——听起来有一点不可思议，但现在这个正在消灭酒店的公司，在中国运营估值也 20 多亿了，我们传统公司随着过去的经济波动以及资本市场的筛选，估值在大大缩水。现在如果你有房子，若是公寓或是标准档次的房子，就可以跟这家网站签约，签约后，合约里规定最短的租凭时间。这个网站签约了非常多这样的房子。另外，租客也可以在网站上发布求租信息，想在什么地方租哪个房子，那里的服务人员就在等着你，你进到房间里，跟酒店是一样的，而且可以做饭。这种房子比酒店便宜，服务是自助式的，隐私性比酒店好，还很方便。这种房子在城市里非常多。这是我偶尔发现的一个秘密，我有一个朋友说要住北京，住公寓，我问他在北京买了房子吗，他说网上订的，700 块钱，一天也可以订。这种模式其实在美国也有，这个网站希望用此模式至少消灭一部分酒店。毕竟，酒店还有开会的功能。

还有一个网站提供的服务是这样的——以前房地产行业的物业是不赚钱的，但有一家公司以很简单的方法进入了所有的社区，那就是不收物业管理费，"只按摩不收消费"。因为不仅不收费，还天天给你"按摩"，因此这家公司横冲直撞进入到所有的小区，迅速建立了包括几百万个家庭的用户网。紧接着，尽管"按摩"不收费，但"买精油"要收费，"递毛巾"也要收费。这家公司用互联网配送所有家庭需要的东西，一年赚一两个亿，而且盈利越来越多。另外，还有智能家居在互联网的整合等这些互联网颠覆房地产的案例。

对创新充满期待

一个多月前，我和郁亮、雷军坐在一起探讨。之后，我们也希望让自己有能力"下雨"，最后看到自己的彩虹。在创新方面，我们也建立了一个互联网时代的虚拟开发商的平台，我们的目标是"消灭开发商，让自由属于业主"，用最低价钱满足所有人居住的需要，实现更便利的生活。

我们今天获得了一个巨大的创新天空，由于互联网的参与、由于我们有了一个更自由的环境，有了更好地保障财产权利的制度，我们对未来的创新充满了期待，而且充满了兴奋。因此，我整个假期所有的团队都在上班，就是要在 2014 年 3 月推出这些东西。

这些想法在亚布力年会得到了一次又一次的探讨，我们不是发牢骚，而是对未来充满期待和信心。今天，我们生活在这样一个时代，能够作为企业家来到亚布力年会畅所欲言，以及当前我们正在细化的事情，都是一种巨大的荣幸和幸福。如果说还有来生，我愿意不修改今生的任何一天，这就是我今天的体会。

建业、挫折、创新和成长

俞渝　当当网董事长

我觉得这 14 年亚布力中国企业家论坛的成长，也是当当网从创建到成为领先的电子商务企业的成长时期。第一届亚布力年会的时候，我的先生李国庆就来到了这里，4 年前我第一次来到了亚布力年会，今天我来跟大家谈一谈当当网从创业初始到成长上市的奋斗过程以及下一步我们有哪些设想。

建业：从网上书店发展为综合性商城

当当网成立的时候是一个基于网上卖图书的公司，2010 年当当网上市时大概有 23 亿销售额，图书的销售额占 19 亿。当当网 2013 年预计整体的销售规模是 100 亿，其中图书仍然是其中一个很重要的门类，图书的销售从 2010 年的 19 亿增长到 2013 年的 40 亿，但更重要的是图书以外的新品种比如说服装、婴童用品等增长很快。当当网从一个网上书店成长为综合性商城。另外，当当网的经营模式也从自营式的电子商务发展到了有招商功能的商业模式。从业绩表来看，我们从 2010 年的 23 亿到 2013 年的 100 亿，取得了非常好的增长业绩。

挫折：资金大量涌入 B2C 行业造成毛利受损

当当网 2010 年年底上市，当时的市场被业界看好，当当网的股价是 27 美元，在业绩增长了将近 5 倍之后，2013 年的当当网股价不到 10 美元。在业绩增长的这三年里，股东的价值蒸发了一大半。这中间发生了什么？因为当当网的上市非常成功，投资界产生了一个共识：当当网是一个用 4 000 万美元做出来的公司，如果放 4 亿美元进去，有可能复制很多个当当网。因此在当当网上市的几个月内，引发了一轮国际资本对 B2C（Business to Customer，商对客）行业的投资狂潮。在当当网上市的一年内，几十亿美元 VC（Venture Capital，风险资本）、PE（Private Eqluty，私募股权投资）的钱涌入了电商的行业。这么多资金涌入行业的结果是当当网毛利和盈利能力均受到挫折。同时这些涌入的资金带来的直接后果是企业不计成本粗放性地进行扩张，很多企业进行负毛利销售。比如说这个椅子的采购成本是 10 元钱，但是在网上进行销售的价格却是 8 元钱。作为一个上市公司，当当网的毛利也受到了损失，因此盈利能力受到了伤害，对股价造成了重创。

创新：全公司上上下下都要有新思维

作为一个创始人，作为一个团队的领导者，我觉得无论是在顺境当中还是在逆境当中，带领团队不断地发展、不断地成长，这是我们的天职，也是我们的

工作。所以在这三年里，我和国庆以及当当的团队，从来没有停止过创新。我觉得当当网的创新集中体现在以下几个方面：第一，在精密化程度上的创新；第二，在顾客体验上的创新；第三，从 PC 当当网到手机当当网的创新；第四，在流程方面的创新。

我认为创新在很大程度上对公司和团队的锤炼是如何在精益化方面创新。这三年当当网在精益化方面做了非常多的工作。我们的购物中心还有 IDC（Internet Data Center，互联网数据中心）、仓储运作中心，每年都会追求 15%~20% 效率上的提升。这些效率方面的提升很多是来自技术方面的改革，改变工艺、改变算法和搜索逻辑。比如说客户在网上购买商品，搜索和精确对他来说是很重要的。作为一个网站，当当网的切词技术和大众网站的切词技术是很不一样的。比如说有一本书叫《黑色金属性交易》。这里面有一个词叫"性交"，这个词切在性和交之间还是切在这个词之后，而面对其他的产品，切词的技术是完全不一样的。所以我们在技术创新和追求效益方面，每个季度可能都要做几十件事情，从不同方面全方位地让当当网在精益化和效率上得到很好的提升。

另外一个是顾客体验的创新。对一个网上购物公司来说，顾客体验基本上分两类，线上体验和线下体验，线上体验就是让顾客很容易找到自己的商品，甚至不通过个性化推荐，那些商品就可以自动呈现在顾客面前。线下的顾客体验是什么？包裹是不是整齐漂亮，是不是在顾客希望的时间内送到了办公室；碰到航班延误的时候，当当网几十万包裹如何在限定的时间内送到顾客的手中……这些都是在顾客体验方面需要努力的方面。

另外，我感触很深的是，如果前 10 年我们用所有的精力构筑 PC 端的当当网，那么这三年手机当当网正在崛起。而且手机当当网对 PC 当当网来讲是自己革自己的命，各种体验都不一样。顾客上 PC 端可能是一天上一两次，购物可能是一个月几次，但有了手机之后，我们的顾客是每 6 分钟到每 8 分钟就会看看手机微信有什么消息，微博有什么消息，别人在买什么。所以商场的位置是从地面移到了网上，再从网上到了口袋里，从 PC 到了手机上，我们正在重建一个新当当。到今天，在手机当当网上我们的流量已经占到了将近 40%，所以我觉得下一个阶段把 PC 端的当当网改成手机端的当当网，是令我们整个团队很兴奋的一件事。

在做当当网十几年的时间里，我们是以图书起家的，我看到这十几年的变化是电子化的变化，首先是渠道电子化，大家获得图书商品的线下渠道已经是补充渠道，而线上渠道则是主流渠道。产品本身的电子化，电子阅读、无线阅读正在取代纸质图书。在过去一年里，当当网大概卖了两亿本书。当当网的下载量有多少？有2 000万册。也就是说无线端的当当电子书已经占到了主流产品的10%。我觉得今后三至五年内可能越来越多的纸质书籍会消失，它们会慢慢地成为收藏品。而大家阅读的主要来源也许是电子书，也许是不同终端的阅读设备。所以我觉得无线阅读正在取代以前报纸、杂志、书籍的阅读。其实这种电子化的方式首先是发生在音乐领域。十几年前有人买CD，现在大家不会买CD，而是下载和收听，我们所在的商品领域也在发生着变化。但音乐是一个死了的行业，今天中国的音乐人和歌手是很可怜的，除了走穴是挣不到额外钱的，我希望这样的事情在图书领域不要发生。因为像当当网这样的公司，就是要引领新的产品形式和潮流，把电子化和产品化这件事情做得令顾客满意，同时让作者也能够在这个生态圈中获得较好的收益，之后图书的生态圈才能够完全避开互联网带来的厄运。所以我希望当当网在电子书方面的发展，不仅是一个公司的发展，还能让这个行业更健康，能让更多的人愿意写书并从中受益。

流程创新这方面我不再多讲了，因为与第一点所说的精益化创新有雷同。但做公司有几个忌讳，有很多人一谈创新谈的仅仅是产品的创新，我对创新的理解是无所不在的，财务也能创新，出纳也能创新。所以我觉得全公司上上下下都要有一个用新方法和新思维做原来的事情、做出新事情的心态，这样这个公司才能有一种很新鲜、很激动、互相挑战、互相推动的创新氛围。

成长：创始人和团队共同成长

当当网遭受了挫折，经历了成长，做出了很多的发展和创新，我觉得真正的成长和进步是创始人的成长和团队的成长。首先作为创始人的成长，三四年前无论是国庆还是我，都是属于性格急躁、脾气火爆的人。上市后的三年，当面对很多的压力和挑战，面对非常多的机遇和进步时，我们需要不断地重新要求自己，因为成长来自创始人。当当网的团队这三年的成长也是非常快的，现在当当网推出了新产品线、新业务线，进行了新业务拓展。团队中很多副总、总监甚至是经理以及还有很多来自中层和基层的员工们，都在不断成长。这些成长带来了完善的客户体验，因此带来公司整体方面的不断成长。

作为创业者，我们会面临技术挑战和竞争对手挖人等各种突发状况。回想当当网这三年的历程，我感触最深的是产品创新永远是第一位，团队成长也尤为重要，而资本也许是排在第三位、第四位的事情。我觉得在创业与成长的过程中，在座的很多人已经经历或者是即将经历当当网过去这三年走过的路。坚持自己当初创业的理念，想想什么样的产品能够站住脚，什么样的优势能够让我们永远领先于竞争对手几步，只要坚持住这些，自己的企业会不断成长，业绩会不断提升。坚持自己创业的热情，坚持对产品的热爱，只要有这些那就是长风破浪会有时，直挂云帆济沧海。

李东生时间：想象力、忧患意识与商业

　　TCL的发展历史是"想象力、忧患意识与商业"的教材。在成长的各个阶段，TCL都展示了超越同行和竞争者的想象力。这一想象力源于他们的商业前瞻性和忧患意识，他们先于别人看到长远风险，也在对长远风险的应对中完成了整个企业的"重生"。这是TCL的企业文化，也是李东生的个人气质。

　　在2014年亚布力年会上，李东生在一场题为"想象力、忧患意识与商业"的漫谈中，阐述了他在企业转型、企业国际化、构建产业链上的体会，也非常生动地描述了自己对于互联网的理解和做企业的种种感悟。以下为漫谈实录整理。

向智能互联网转型

陈亚男：大家好，欢迎来到我们的漫谈环节。我是今天的主持人，《亚布力观点》的编辑陈亚男，今天漫谈的主角是亚布力中国企业家论坛的轮值主席，TCL集团董事长李东生先生，欢迎！

李东生董事长曾两度获中国经济年度人物殊荣，2011年获得中国经济10年商业领袖称号，他称自己是致力于中国电子产业发展的老兵。今天的第一个话题，希望李董谈谈中国电子制造业的发展趋势。我们看到，2014年春节微信红包特别火，那么您如何看待互联网对传统制造业带来的新机遇，您是否会有一些忧虑？

李东生：近年来看，智能和互联网的技术在快速普及，这不单是在产品、技术创新方面开拓了一个新的天地。从经济发展来讲，它能够不断给企业打开新战略的扇面，不断有新的机会。所以对传统的电子企业来讲，必须适应这种变化，只有这样，才能在未来的竞争中保持竞争力。

其实，我们对于互联网和智能硬件的战略意识是比较早的。早在5年前，我们就做了几件事：一是TCL与长虹、宽带资本一起成立了欢网。欢网是互联网智能电视服务商，目前已拥有900多万用户。二是同样在5年前，在西安专门开设了TCL软件开发公司，后来在上海、宁波、深圳，也大力加强了软件能力。很多事情，从你意识到你能够建立起来，这种能力还是有非常大的差距。可以说，

过去几年我们虽然在这方面觉醒较早，也进行了一些布局，但坦率地说，还没有形成一个强有力的竞争优势。

现在，TCL 两个主要的产品——电视机、手机，已向智能产品转型很长一段时间了。在全球市场份额排名上，2013 年电视机达到第三位，手机达到第五位。但面对新的企业，比如小米手机、乐视电视等，他们所带来的冲击，也确实让我们倍感压力。为什么这些新企业进来会给我们带来那么大冲击？核心问题在于，虽然我们较早在智能和互联网进行布局和投入，但实际上，我们尚未真正完全把这个东西想明白，让整个战略有效串联。

现在确实感觉压力很大。因此，2014 年我们会重新梳理 TCL 的智能互联网战略。智能互联网在转型，它带来一种很大的变化——过去，作为工业产品的制造公司，产品销售出去后，你的业务就算完成了。如果产品质量很好，用户也不用再找你做售后服务。但现在情况不同，在产品卖给用户之后，你的另外一个业务就是服务，卖产品只是新业务的开始。类似我们这样的企业特别不容易做这种转换，因为我们更习惯于把产品做得更极致，让用户体验更好，把产品卖给用户，任务就算完成了。但现在别人都是送智能手机、送电视，不用卖的了，那你做得再好，赚不到钱怎么办？因此我们也要转型，企业大了，想要转型特别难，但我们正努力积极地适应这种变化。

深耕产业链

陈亚男：我们知道 TCL 其实是一个深耕产业链的公司，与三星的发展模式非常像，请李总再介绍一下这种产业链模式。

李东生：TCL 是比较典型的工业企业结构，TCL 集团下面有 10 个业务的单元；在产品部分有 5 个，零部件方面有 2 个，另外还有一些新兴业务和服务类业务。包括 TCL 多媒体、TCL 通讯、TCL 通力电子（这三家分别在中国香港上市）再加上华星光电、TCL 家电集团，这些是我们主要产品业务。下面还有系统科技、泰科立集团、新兴业务群、投资业务群、翰林汇公司以及房地产业务，后来我们把房产业务做了重组，把房产业务注入香港地区一个独立的专业房产公司，并取得其 15% 的股份，成为第二大股东。这样，房产业务就从我们的业务序列中退出了，变成我们的一块投资业务。这就是 TCL 集团的结构。

在整个产业链中，彩电和通信打造的产业链比较深。彩电方面，是从液晶面板到模组、整机。我们的液晶面板引入了玻璃基板，偏光片等基本材料，有了很强大的产业链支撑，因此过去几年，TCL 的彩电市场份额逐步提高。2013 年，TCL 分别超越了夏普、东芝、松下、索尼几个日本品牌，成为全球排名第三位的彩电企业，前两位是三星和 LG。手机方面，TCL 有自己的电池、模组。我们的产业链做得很深。2013 年 TCL 手机销量 5 500 万台，在全球手机市场份额排名第五位。未来还有很多机会，我们将把手机的显示屏也在华星光电进行制造。

我们的业务结构与三星有点相像，当然，三星做得更加极致，三星不但是全球最大的彩电厂商、最大的手机厂商，同时也是全球液晶面板的厂商，全球半导体芯片厂商。我们在芯片领域，目前只有很小的投资，我们参与投资了两个芯片项目，驱动芯片和智能控制芯片，但没有控股。

当把产业链做得更深，你的竞争力将会更强，抗风险能力也会更强。譬如彩电行业，越来越多的彩电技术要集成到模组上，甚至集成到面板显示方面，而越来越多的技术也会通过芯片技术，进行更加高度的集成。所以，如果在显示面板和芯片技术方面没有能力，那将在很多产品技术创新方面受到制约，在移动通信终端，同样如此。

在全球规则制定上，中国应扮演更重要角色

陈亚男： 除擅长深耕产业链之外，TCL 还是本土企业国际化的先行者。比如，最近联想、复星等公司都有比较大的国际并购动作。请李董跟我们分享一下 TCL 在国际化方面的心得。

李东生： TCL 在中国企业当中，比较早地进行了国际化。如同亚布力年会开幕式上，很多发言者提到，中国企业的成长一定要通过国际化。封闭的经济体是无法成长为一个全球领先的经济体的。

郭广昌在亚布力年会的演讲观点我很认同，从 15 世纪的葡萄牙、西班牙到后期的大英帝国，再到美国，他们依次成为全球领先者，实际上就是经历了一个全球化的过程。这些国家把自己的影响力，通过不同方式（不同历史阶段方式不

同），建立起全球的体系和影响力，才可能成为全球强国。中国也是如此，中国现在经济总量是全球第二位，但从经济竞争力来讲，这个第二位底气还是不够，为什么？因为我们的全球影响力，与经济总量排名不相匹配。

在全球领域中，我们国家很少参与规则制定方面的内容。现在全球贸易经济架构，都是在美国主导下建立起来的。每种架构在发展中，都需要不断变革。对中国来讲，我们希望通过自身力量的成长，能够在更多领域去参与国际规则的制定。而以美国为代表的强国，他们当然会尽量主导，并让中国企业参与这个过程。

丁学东董事长在与我们交流中讲了这样一个例子，中投过去几年做了一件很有意义的事情。中投公司是国家主权财富基金，中投在投资过程中，一些西方大国，希望对我们主权财富资金的进入，制定出一些约束规则。后来由中投牵头，联合其他 20 多个主权财富基金，制定了一个制约性规则。这样，我们就在主权财富基金投资的领域，有一个好的环境和条件。

中国经济要国际化，中国企业要国际化，一定要在未来新规则制定方面扮演更积极的角色。在这方面，政府有一部分责任，但政府的能力也是建立在中国企业竞争力提升的基础上。美国之所以能够在全球政治经济有如此大的影响力，是依托其背后的经济和军事力量。目前，中国的经济力量正在快速增长，我们希望依托这种成长和竞争力的提高，在全球规则制定方面扮演更重要的角色。

中国企业的国际化，当然是未来的必然方向。在我们从事的领域中，成功的企业都是全球化经营的。举个例子，我当前只在两个公司担任董事，一个是我国的腾讯，一个是法国的罗格朗。罗格朗是全球电气与智能建筑系统专家，原来是法国的企业，后来成为欧洲的企业，现在它成了全球性的企业。我们的品牌，未来都会面临国际化转型的要求，因此，中国的企业国际化是必然趋势。

互联网没有"免费午餐"

陈亚男：刚才提到，您还担任腾讯的董事，您对腾讯的发展有着怎样的观察和体会？

李东生：腾讯公司在过去 10 年是中国表现最优秀的互联网公司，其市值已超过 1 000 亿美元。腾讯的市值与中国工商银行的市值相差已不太大，这在若干年前是难以想象的。自腾讯上市至今，我一直担任其独董，腾讯刚上市时的市值并没有我们大。现在它的市值早已超过我们，这就是新技术、新经济的活力和成长。

腾讯之所以能够取得那么快速的发展，很重要的一点在于它的创新。在互联网服务方面，本身就是新业务，这个新业务不断有非常多的战略扇面打开的机会，因此能够不断创新，率先打开新的战略扇面。腾讯最初做QQ，后来介入游戏，之后又有很多创新产品，微信是腾讯2014年特别火的产品。其实，微信业务本身在相当一段时间内，并没有给腾讯带来收入，但是却带来了大量活跃用户，以及流量的增加。

互联网经济有一个很重要的特点，即首先要把用户抓住，每个用户总会有机会给你带来价值。互联网的很多业务开始时，都是没有收益的，但在一段时间之后，总能够有机会带来收益。所谓"没有免费的午餐"这种说法，用在互联网领域，对，也不对。"对"，是因为开始真的是免费午餐。不对，是接下来，它就问你："你要不要再喝碗汤，加个菜？"汤和菜是要收费的。这就是互联网。

腾讯过去10多年成长最成功的地方，是其保持了非常旺盛的创新力。2014年的微信红包就是个很典型的创新例子。确实把互联网支付领域搞得风声水起，一下子就把互联网支付的流量抢去了一大半。另外，利用微信的技术平台，腾讯也开始国际化。现在很多国外用户开始使用腾讯的国外微信服务。通过微信这个产品的技术平台，大量吸引并黏住用户，这就是它成功的地方。我相信，未来，腾讯应该会成为中国的Google、中国的Facebook。

陈亚男：您刚才非常生动地描述了互联网经济的特点，目前TCL和互联网有哪些方面的结合？

李东生：2014年我们希望企业能够实行完全的互联网智能转型。我们是一个智能产品的制造公司，依然要保持自己在互联网终端的优势，现在智能电视有各种接入盒子，我们在移动终端还有手机、平板电脑，是全球主要的产品供应商。而且我们的产品技术平台，要让用户有更好的体验。在这里，我顺便做些广告。前段时间，我们给亚布力中国企业家论坛的每位理事送了TCL新研发的手机和互联网电视。这次在亚布力年会，企业家朋友们都跟我说，过年在家看我送的礼物确实是很棒。他们这次讲的是真心话，因为以前我送的其他产品，他们没有很大反应，这次都说我们的产品设计真不错。作为产品制造公司，我们会把产品的工艺、技术、应用、体验做到极致，同时，很重要的一点就是要在智能互联网方面转型。

市场的决定作用将为经济注入新活力

陈亚男： 在 2014 年亚布力年会的开幕致辞当中，您讲到，企业家不要做"啃老族"，不能有"公主病"，请您再深入谈一下这个话题。

李东生： 从企业发展来讲，更多要靠自身竞争力的打造，不能过度依靠政府的补贴、产业政策的支持。当然，从另外一个角度讲，在过去 10 年，因为中国经济和中国企业是从一个比较低的水平快速发展，在这个过程中，一部分政府资源往产业和企业国际化上倾斜，这也是需要的，比如韩国、日本也是这样做的。但是从长远来看，企业还要更多靠自身竞争力的提高。

另外，企业不能有"公主病"，也就是说，一定不要固步自封，仅凭自己的感觉来做。在最近这一两个月，我们企业内部在检讨我们互联网战略转型的时候，我们认为自己过去感觉太良好，这制约了在创新上的突破。例如，竞争对手或同行，有一个新的产品或理念出来，我们往往很习惯地看这个东西缺少什么，认为我们自己也能做出来，其实这种心态有问题。我们一定要有一个更强烈的危机意识，要有一个不断给自己压力、不断去突破创新的勇气。这样才能在企业竞争当中，保持自己的优势。

陈亚男： 那您又如何看待 2014 年亚布力年会的主题"市场的决定作用"？

李东生： 2014 年亚布力年会主题"市场的决定性作用"是根据十八届三中全会的《决定》而做的主题，这是我们国家经济政策的一个重大的改变和突破。

在很长一段时间以来，所谓"中国模式"的提法是比较多，我感觉这种提法多少有些"公主病"，我们自我感觉太良好了。从经济表现来讲，无疑中国经济在过去 10 多年在全球绝对是领先的。但我们也确实存在着很多问题，中国经济最大的问题，就是资源配置的合理性、效率性。中国经济增长过去一直靠出口、投资、消费，这两年经济转型，更多是靠投资、消费拉动。这种政府主导的投资，带来大量资源投入，但这种资源投放的效率很低。过去几年，中国政府的债务上升非常快，现在中央政府意识到这个问题，从长远来看，这种发展模式难以为继的。因此，十八届三中全会强调"市场的决定性作用"，是希望在所有能够用市场的原则来配制资源的领域，更多地去发挥市场的力量。这样，使中国经济增长的质量能够提高。

这是一个很大的转变，而这个转变对企业，特别是民营企业来说，会带来很大商机。因为民营企业最大的优势就是效率、创新。我相信，这一轮经济政策转型到"市场的决定性作用"上，将会为中国经济的成长注入新的活力。

企业是我永远的情人

陈亚男：您在 2013 年 11 月亚布力年会召开的理事会上曾说，您做企业 30 多年，有两次曾感觉山穷水尽，那是什么使您重拾勇气，坚持到今天？

李东生：我大学毕业后就开始做我们的公司，一下做了 30 多年。为什么能够坚持下来？我自己的体会是：第一，你要喜欢这份事业。如果不喜欢这个东西，则很难坚持那么久。做企业，特别是做工业，比较辛苦。几乎每天都要面对不同的问题，经常面对压力，所以企业家一定要选择自己喜欢的事业，要在事业中找到乐趣。虽然很辛苦，但我也很享受这种过程，每一次企业的成功，都能够给我带来很大的愉悦。所以我夫人跟我说，企业是我永远的情人。永远对做企业很兴奋，很有激情，这是我能够坚持下来的重要原因之一。

第二，要有理想和目标，这是超越物质、金钱以外的。人的生存需求是最基本的，对大部分企业家来说，这项需求已在某个发展阶段得到了满足。那什么能够支持你和企业持续往前走呢？很重要就是，你要有一个超越物质、金钱以外的理想和目标，这是企业家必备的一项素质。国内外的企业家们，能够把企业做到成长盛不衰的，都具备这样的特质，他们非常非常努力地工作，还有很高的目标。巴菲特 80 多岁了，每天都在坚持工作，物质财富已不是最重要的。李嘉诚 80 多岁，也在工作，为什么？就是有这种目标。

第三，作为企业家，要给自己打造一个好环境、好圈子。这个圈子就是你的同事、家人、企业家朋友，因为在事业发展中，难免有波折和痛苦，有时真的会感觉山穷水尽，那时仅靠自己面对，并不太容易。如果周围有一帮朋友能够支持你，有一个很好的团队共同协力，家人能够理解和支持你，这也是让你能够支撑得住的重要条件。

最后，个人意志很重要。企业家一定要把自己炼成金刚石一样，在长期的压力下，慢慢变成金刚石，那就不怕压力了。我在《鹰的重生》中讲到，经历这些大的压力之后，你自己回头再看这些事情，心态就不会有太大的起伏，并且能够重压之下进行应对。企业家的意志非常重要的，没有哪个企业的成长和企业家的成长是一帆风顺的，成功的企业往往都经历过九死一生的考验。

陈亚男： 您夫人说您把企业看作情人一样，那如何处理工作和家庭之间的关系？因为更多时间放在企业了，如何照顾家庭？

李东生： 这是两个范畴的事情，不能比较。对于企业家来说，家庭生活的稳定、积极、温馨、和谐，能够给予的支持是很重要的。因为事业上的压力是无法选择的，在业务发展过程中，会不断面临各种不同的困难和挑战。因此，想要保持良好心态，去应对这些挑战和压力，你的后盾也就是家庭一定要能够给你支持。我也很认同中国社会中传统优秀的家庭观念，也按照中国传统思想经营家庭，家有一百零几岁的祖母，每个月我都会陪她吃吃饭、聊聊天，还有我的父母、太太和孩子，我的家庭很稳定、温馨，不需要为家事分心。虽然在家的时间不多，但家庭给予我的支持很大。

陈亚男： 您一直坚守在企业第一线，那您对自己未来有什么样的打算，比如是否有过退休的想法？

李东生： 目前我还没有敢这样想，因为企业要实现转型，而且转型的挑战很大。我们看到三星在过去十多年，实现了一个转型。从全球来讲，三星是最成功的电子企业。这个转型和李健熙的付出有很大关系的，李健熙 70 多岁了，仍在非常努力地学习。李健熙在 20 世纪 90 年代后期推动企业改革的时候，有一句名言"除了老婆孩子，一切都要变"，就是要推动企业变革。对中国企业来讲，我们也有相同的挑战，如何适应环境、产业、市场的变化，来实现企业的转型，我们的任务还很重。所以，我和我的团队会全力以赴地去完成这项工作。

当然，在转型变革的过程中，特别是我这样作为企业领导的人，要保持自身的学习能力。在我的职业生涯中，不断学习是我坚持下来的原因之一。想要推动企业转变，不一定要对所有新的产业技术知识完全掌握，但一定要学习、理解并且具备新的观念。

另外，要继续保持一种激情和活力，也就是我之前说的，你要喜欢这个事业，愿意去做这件事情。如果是别人强迫你去做的，或是你感觉自己落伍了，你的能力已不适应企业发展的能力，那就应该退下来。所以，如果遇到这样的情况，我认为我才会考虑退下来的事情。

陈亚男：您做企业持之以恒的原因之一是有一个超越金钱和物质的理想和目标，那您对于 TCL 未来有怎样的憧憬，是否有所谓的终极目标？

李东生：企业没有终极目标，只是有一个方向。2011 年，TCL 的 30 周年纪念时，我们提出一个 10 年目标，我们要成为全球领先的电子企业集团，在主要的产品领域做到全球同行的前列，综合实力要进入世界 500 强。我们希望在 2021 年能够实现这一目标，但这也是阶段性的。我们正往这个目标努力，我也有信心能够实现这个目标。

陈亚男：祝愿 TCL 早日实现自己的目标，感谢李东生董事长。接下来是与大家互动的时间，台下嘉宾可以向李董提问。

【互动时间】

转型无捷径，但仍充满信心

嘉宾：李总，你好！我来自三一重工，中国企业在国际化竞争中，大部分没有掌握自己的核心技术。重工行业也有相同的情况。在无法掌握核心技术的情况下，中国企业如何实现转型？

李东生：转型很少有捷径可以走。像我们这个产业，比如芯片、新型显示器件、面板等这些比较难掌握的核心技术，是中国企业比较缺乏的。中国企业转型的困难，大概在于几方面：一是技术门槛，另外一个是资本门槛，三是软件芯片。我们要需要巨大的投入，需要很多技术专利。过去几年，许多中国企业都试图突破这三个领域的壁垒。

从上述三方面来看，目前我们都有一些突破。首先说新型显示，国内现在已有 4 家液晶面板企业——京东方、华星光电、中电熊猫、天马。从电视面板来讲，

我认为这已是突破了。2013年，华星光电销售的电视液晶面板在全球排在第五位，我们中国把这个项目建起来，就需要巨大的投资，资金的门槛我们已经迈上去了。从技术门槛来说，我们也迈上去了。在芯片领域，国内也有一些企业是有突破的，比如掌讯、中星微电子，还有华为海思。其实在几年前，我们投资了一家做驱动芯片和显示芯片的企业。可以看到，中国企业也力求在芯片领域取得突破，虽然我们还没有达到像中国台湾企业以及国外老牌企业的水平，但我相信，很快中国企业与他们不会有太大的差距，因为软件领域是有无限可能的，目前主要问题是技术壁垒。而技术壁垒是比较容易打破的，因为它不断有新的技术扇面被打开。

中国人在创新能力方面并不亚于任何人，我相信在软件应用方面，中国企业再有5~10年，将有机会在全球成为重要国家。在整个电子信息产业，我对中国企业竞争力的未来充满信心。大家看到，美国市值最大的公司都是和IT（Information Technology，信息科技）有关的，前几天我看到一个新闻，第一大市值是苹果，第二大市值已经是谷歌了。未来，中国IT的电子企业是能够像苹果、谷歌、三星电子一样，成长出自己的谷歌、自己的苹果、自己的三星。TCL是奔着这个目标去的。

转型的动力和压力来自市场

嘉宾：李总，我非常尊敬您。我想问两个问题。第一个问题：在您看来，什么是企业家？也就是您对企业家的定义是什么？能否用一句话来总结。

李东生：第一个问题似乎很学术，我想换个角度回答。作为一个企业家，他要具备几个特质。一是要有责任和担当。企业家首先要有担当，企业家和职业经理人很大的区别就是在承担责任方面，企业家承担的责任是长期的。二是企业家要不断学习，不断提高创新能力的特质。三是企业家要有适应变化的精神。

嘉宾：第二个问题：全中国都在谈转型，您认为企业转型的原因或源头是什么？

李东生：这还是回到亚布力年会的主题，市场是决定性力量。转型最大的动力和压力就是来自市场的变化。整个市场的环境变了，企业必须适应这种变化，不能适应变化，就可能被淘汰。再过3~5年，比如我们从事的消费电子、IT通信，如果不能够实现智能加互联网这种技术产业的转型，我觉得你是很难生存的，所以它那种动力和压力是来自市场的变化。

嘉宾：那么您觉得转型成功的源头在哪里呢？

李东生：我感觉还是在内部，企业自身首先要对整个转型的战略有一个清晰的认知，而且要制定出相应的切实可行的符合企业实际的操作。其实，我们认识到这种转型的必要性已经有很多年了。比如我刚才讲到了四五年前我们已经做了很多布局。但是，真正能够把这个事情彻底想明白，扎实地把整个不同的点能够串成一个完整的战略，这需要相当深刻的理解，也需要一定的时间。

改变从观念开始

嘉宾：李总你好。我在2008年看到《鹰的重生》，TCL在国际化遇到问题时，您如何下定决心，并有勇气去实现"鹰的重生"呢？

李东生：这是比较久远的事情，其实那是逼出来的。2004年我们做了两个大的跨国并购，2005年的时候我们面临巨大的挑战。2005、2006连续两年，我们企业出现了创办20多年以来的首次亏损，当时我自己的压力非常大，团队的压力也非常大。我们在想，我们到底做错了什么？到底未来应该怎么办？那段时间，我自己一直找不到答案，因此从2005年年底到2006年年初，我们的高管团队前后大概有6次比较集中的务实会。我们认真反思总结，哪些事情做对了，哪些事情没有做对，困境的原因是什么，我们还能否走出困境，应该怎么做。深入讨论从每一个具体项目的实际操作层面，到公司的战略层面，大家深刻反思和总结。最后，我们得出了几点结论。

第一，企业的国际化战略方向没有错。就像刚刚我讲的，中国经济国际化正在加速，中国企业国际化也是一个必由之路。第二，我们的方向没有错，但我们在操作中，确实犯了一些错误。如果这两个并购能够给我重新做一次，我一定能够做得更好。我们在面临这种困境，是否有办法突破？虽然没有把事情完全做对，但是我们有机会来改变，改变是从哪里开始？首先要从观念转变开始。所以，我们意识到了出现的问题，表面上来看是由于跨国并购带来的，但实际上这些问题出在我们企业。只是由于大的跨国并购，通过经营模式和经营环境的转变，使这些问题集中暴露出来了。我们通过解决这些问题，能够使企业提升到一个新的层面。

所以，当时我们组织了"延安行"，主要是通过这一次拓展活动来统一大家的认识，首先得是高管团队有一个共识。那时我写了关于《鹰的重生》系列文章，在公司内部传播，再通过"延安行"的活动，我们组织了200多名企业管理人员，在"延安行"的活动当中，大家通过同心协力克服困难的拓展活动来凝聚共识。这次活动也是我们在企业内部推广"鹰的重生"企业文化再造的一个过程。这个活动的效果很好。

2007年开始，我们整个业务逐步恢复，这两年企业重新进入一个高速成长的轨迹。2013年，我们的业务增长达到了23%，效益也有很大的提高。

俄罗斯市场仍需开拓

嘉宾： 我是哈尔滨经济技术开发区的负责人。我知道TCL在波兰投资了一家工厂，我希望了解这家工厂目前的情况，借此来了解TCL对俄罗斯市场的看法。现在俄罗斯市场与大部分是日本和韩国的一些电子产品，TCL在俄罗斯的市场份额目前是什么情况，将来有怎样的预期？

李东生： 谢谢。我们波兰的工厂是2004年并购汤姆逊的时候拿过来的，这个工厂现在依然在运作，但波兰工厂的产品主要是供应欧盟市场。因为波兰是欧盟组织当中的一个成员，所以在波兰工厂生产的产品进入欧盟市场是免关税的。TCL 在欧盟市场的份额还是比较大的，无论是手机还是电视机。但我们在俄罗斯市场做得不算很成功，我们进入俄罗斯市场也比较早，甚至比 2004 年我们跨国并购还要早。2001 年，就在俄罗斯开设了办事处，在俄罗斯市场也可谓两进两出，我们一直没有找到很有效的市场进入途径。未来，俄罗斯市场是我们要重点开拓的市场。

届时，我们年报发布和新战略的新闻发布会也欢迎您的到来。

节能减排一直是重点

嘉宾：李总你好，我想问一下节能减排的约束和要求对您的企业和所在产业有什么具体的影响？谢谢！

李东生：对 TCL 来讲，我们是从两个层面和节能减排相关。一是我们在产品的设计方面，节能减排一直是一个重点。其实我们公司海外销售的比例也很大，2013 年 855 亿元的销售当中，海外是占了 71%。欧盟、美国，特别是欧洲市场，比较早地对产品进行节能减排，绿色标准要求很高，所以我们的产品也一直要求设计符合节能减排的标准。现在，中国市场也参照欧盟的标准制订比如能耗标准、排放标准等。其实这是我们始终坚持的目标，这两年政府关于家电的节能补贴，实际上就是鼓励发展这种节能的产品。

二是我们的另外一个领域——我们公司的新兴业务当中有一个业务板块就是做环保资源回收的。我们通过各种资源的回收、再造，在做类似城市矿山的项目，现在广东、天津都有资源回收的工厂，主要是把一些废旧的家电和材料回收来之后，再造出新的工业原料，重新用在我们的产品上，希望能够减少对石化资源的消耗。

嘉宾：李总您好，我们是做中央空调安装的，我们现在明显感觉到当前的大环境对自身的影响越来越明显。小企业很苦恼，希望李总分析一下市场前景，给我们一些建议，我们是应该坚持原有的东西，还是应该选择创新？

李东生：这并不矛盾，其实大企业也是从小企业做起来的。我和你年纪差不多的时候，我们的企业规模应该也和你们也差不多。所以坚持是肯定的，你选择做企业，认准一个目标就要坚持下去，坚持和创新并不矛盾的。在坚持的过程中，要寻找一些新的、更加有效实现公司价值的创造方式和途径。虽然我不太清楚你们业务的细节是什么，但是从企业来讲，各种方向都是类似的，就是能够找到一些新的机会。如果你这个业务处在一种平缓下降的阶段，你就一定要想办法打开一些新的业务增长战略扇面，寻找一些新的机会，这样才能够保持企业持续稳定地增长。新机会的寻找，是要靠一种创新的态度和精神。

智能家居很有潜力

嘉宾：李总你好，我来自黑龙江伊春。最近，我们在思考智能家居系统，我们想听一下李总的意见。此外，在产品设计上，我们如何与国际竞争？因为产品外形设计是决定年轻人购买与否的核心。

李东生：第一个问题，关于智能家居项目，这也是我们发展的重点之一。大家可能都留意到了，不久前谷歌收购了一个智能家居的公司，这个智能家居公司刚刚成立3年多，产品销售也很少，它竟然花30多亿美元去收购，这说明智能家居是未来很有发展潜力的项目。

在2014年TCL"智能＋互联网"的战略转型过程中，智能家居是我们的一个重点。我们一直都有智能家居的业务，只是没能形成一个完整的产品系列。未来可能会组建新的项目公司，专门围绕智能家居产品进行开发，会与房地产紧密结合起来，可能会和一些房地产公司合作，把产品内置到房子里，这样，使用用户使用更加便利。

第二个问题，你讲了产品设计。TCL本身就是一个国际化程度很高的公司，我们在产品设计团队当中，就有大量的海外雇员，譬如说智能手机的首席设计师就来自法国，是当年并购法国阿尔卡特公司时过来的，我们所有智能手机的设计都是他把关。所以中国企业在产品设计方面和国外这些领先企业的差距，相信未来将会逐步缩小，而且在某些领域，我们有机会超越它。当然，譬如说智能电视，我们TCL爱奇艺电视，无论是产品外观设计还是体验，都有自己的特色。在智能手机方面，像TCL、华为、联想、小米各有自己的特色，未来，在这种新型的智能互联网终端设备方面，中国企业或品牌所占的份额将会越来越大。

构建核心能力

嘉宾：李先生你好，我是本次亚布力年会的一名志愿者。第一个问题，在手机或电视行业，TCL 并不是第一个涉足这些领域的公司，但您凭借什么力量和特质可以后来居上？第二个问题，您对自己未来 5 年和 10 年内设定的挑战是怎样的？

李东生：第一个问题，全球大部分企业在自己的业务领域，不可能都是第一个，这种革命性创新的公司比较少，比如智能手机，开创先河的是苹果。这与苹果公司企业的基因，还有乔布斯本身的特质及两者的结合有关。三星是智能手机最大的厂商，它应该也是一个跟随者。所以对中国企业来讲，我们几乎在所有领域都是跟随者。这种完全的创新型比较少，阿里巴巴、腾讯、新浪这些企业在互联网是有创新的。但对工业企业来讲，大部分企业都是在充分竞争的领域里，思考如何把自己的事情做到极致，这是在考验企业的一种基础能力。

在 TCL 过去几年的发展当中，我们一直强调企业竞争的基础是建立在三项能力上：一是工业能力，包括工业制造、供应链管理、成本控制；二是技术创新能力；三是全球化营运能力。这种核心能力若能建立起来，就能够在竞争中不断往上走。

你的第二个问题，我刚才也讲过，我们 10 年的目标是要成为世界 500 强，近期的目标是要实现"智能 + 互联网"的战略转型，建立"产品 + 服务"的能力。

陈亚男：非常感谢李总给我们带来的很多分享，如果大家还有问题，可以私下交流，我们今天的漫谈到此结束，再次感谢李东生主席。

李东生：谢谢大家。

第五章

如何与互联网经济相处

"TABLES" 与中国互联网的未来格局

T 是腾讯、A 是阿里巴巴、B 是百度、L 是雷军系、E 是周鸿祎系、S 是新浪和搜狐，有人戏称它们为"TABLES"。这六大力量共同构成了中国互联网的今天。他们将有怎样的合作与竞争？中国互联网的未来格局将会有什么样的变化？

由亚布力中国企业家论坛理事、正略咨询创始人赵民主持的一场"'TABLES'与中国互联网的未来格局"论坛在 2014 年亚布力年会中举行，美通无线公司董事长王维嘉、中泽嘉盟投资基金董事长吴鹰、北京鑫根投资管理有限公司创始合伙人曾强、正和岛创始人兼首席架构师刘东华、当当网董事长俞渝、香港稳通有限公司（点世界）CEO 杜强、美团网创始人王兴共同参与了讨论。

赵民：全世界有两个热点，一个是美国、一个是中国；中国有两个热点，一个是反腐败、一个是互联网。现在反腐败是一个礼拜一个副部级干部，互联网也是一个礼拜一个重大并购。今天这么多大腕，我们就从最近发生的新闻延续。按照礼节，女士优先，请俞渝第一个开讲，欢迎俞总。

俞渝：未来方向是无线和产品细分

赵民真是难为我，让我谈互联网的未来，我要知道未来在哪儿就太好了。

当当网现在的移动客户端用户占40%，这是客户自发的行为变化。其实，作为PC端起家的互联网公司，我现在感到了危机和天生的劣势。我们从结构、产品、行为及好多方面不如后期执行，这个差别有多大？就像当年我们做互联网的和做地面零售的差距那么大。

当当网靠卖图书起家，实际上，图书销售额现在占不到当当销售额的一半，其他是服装。图书里电子书的销售占了10%。因此互联网正在向移动、无线变化，这是我能看到的变化之一。另外一个是细分的变化，以前我们都会做很综合的东西。比如门户是很综合的，像当当网这样的公司做电子商务也是很综合的。但发展到今天，很多细分产品在出现，但在不同程度上都有很大需求。

互联网未来会怎样？我看到了无线的发展和细分的发展。至于像当当网这样的公司能否抓住未来的机会，挑战很大，需要努力。因为我们已经有了十几年PC端经营的一些包袱，有固定思维模式的束缚，如果不能砸烂原来的思维框架，未来的路会很沉重。其实我们需要十分警惕。

王维嘉：移动互联与 PC 互联网将并存

移动互联网话题我们谈了很多年，前两年有一个争论——移动互联网到底是 PC 互联网在移动终端上的延伸，还是全新的互联网？大部分做 PC 互联网的人都认为是一个延伸，我们的数字中国每年在深圳开一次分会，对这个问题讨论得更深入。现在越来越多的人认为，移动互联网是一个全新的平台。是什么让大家改变了看法呢？有一个杀手级的应用——微信。在微信出来之前，你在手机上看一个网站的效果肯定没有在 PC 上好，搜索的体验也不如在 PC 上好。

　　什么定义了 PC 互联网？是浏览器。我们从 20 世纪 80 年代就开始做互联网，浏览器出来以后所有的人都会用互联网，因此以后的所有应用产品都是在浏览器的基础上实现的。其实，微信并不是腾讯最早做的，这之前有各种各样的类似应用，但它做的用户体验和功能整合是最好的。

　　微信之所以火不光是因为中国人口多、用户量庞大，而是因为微信的应用的确做得非常好。春节发微信红包已超出了通信的范畴。微信和手机 QQ 有什么区别？核心是群。一个核心应用的核心功能，定义了这个产业成为一个全新的行业。

　　互联网的未来是什么？我没有兴趣来讨论"TABLES"。我认为这是媒体编出来吸引人眼球的。我是客观地表达一下，我个人不认为雷军的公司处在互联网格局，因为三星手机用户群更大，三星算不算？苹果也不是互联网公司。大家不要想"TABLES"了。人们最关心的是，在这样的格局下，还会有什么新的应用，还会有什么颠覆性的商业。

　　从手机来讲，最主要包括两个方面：一个是随时随地在线，一个是位置。现在的微信、滴滴打车等应用以及未来的应用都是和这两者相关的。比如，在旅游方面，能够随时随地在线提供和位置有关的服务应用。当然目前可能还想不到一些东西，但从市场来说，当终端数量达到 1 000 万时，这个市场就开始启动了，当达到 1 亿时就开始爆炸了，所以移动互联网的发展就是

从智能手机诞生的第一天开始。2007 年，iPhone 的发布是移动互联网开始的第一天。但当时手机量比较少也比较贵，一直到安卓系统的出现，使智能手机价格降到了 1 000 元左右时，移动互联网便迅速地发展起来。过去我们一直在功能机上做应用，现在功能机几乎一夜之间消失了。

移动互联网开始趋于成熟。我个人预测，今天我们能看到的东西，大概今后就是这些了，特别惊人的东西不一定会产生了。当然，这个判断可能并不准确。但今天的创业企业已经在做了，大家的想象力和尝试的范围至少已覆盖80%~90% 了，我们未必能看到，但很多创新型的公司已在做了。至于能否彻底颠覆 PC 互联网，可能还要看各个公司的基因。雷军做的米聊其实比微信早，以前的用户体验也不错，但因为没有把大量的人群转过来的能力，现在少有人用了。用户体验和用户基数，是很重要的成功因素。

互联网起来后，人们都预测电视和报纸将消失，今天它们仍存在，但整体趋势还在往下走。长远来讲，再过 10 年，纸媒和电视可能会消失，但移动互联网和 PC 互联网仍然并存，大概没有那么戏剧性的大变化。因为像搜索和网络游戏这样的应用，暂时很难被替代，手机端暂时做不到 PC 端的容量和速度。

曾强：未来移动互联网将发生更大变革

我不太同意维嘉的观点，今后 5 年、10 年，在 IT 产业特别是移动互联网产业，将发生比人们想象更大的变革。

王维嘉：我不是说没有大的变化，而是今天公司在做的事，能够让未来几年震惊的事情，现在都有人在做了，比如我认为移动支付将来可能会发展很大。但出现一个现在完全没有人做的东西的可能性比较小。

曾强：我从互联网的几方面来谈一下我的看法。第一层是操作系统。目前全世界被四家公司瓜分，谷歌（安卓）、苹果（IOS）、微软（Windows）、RIM（黑莓），这四家公司控制了大约99.9% 的操作系统。4 年时间，把以诺基亚塞班操作系统为主的功能机系统摧毁了，今后会发生什么变化？

第二层是操作性之上的中间平台层。比如苹果、阿里巴巴、腾讯，实际上都是中间的平台层。微信红包这个杀手级的平台应用，一下子把几个月前红极一时的支付宝、余额宝的风头给抢了。因为你可能一周才看两三次支付宝，但你一小时会看几次微信。基于这种不同的体验，微信对支付宝会有颠覆性影响。基于微信的各种杀手级应用，很快会被开发出来。

第三层是应用层。比如我们当前看到有卖书、卖服装的应用，下一步，可能马上会有卖保险、卖汽车、卖房子等杀手级的应用。

第四层是终端层。现在全世界移动终端的利润几乎被两家公司瓜分，一个是苹果，一个是三星。

从这四个层面看互联网未来格局的变化，每个变化都不同。现在我们比较关注的最底层，也就是操作系统，从整个世界来讲，这个格局有没

有可能被颠覆？现在中国所谓自主创新是靠国内的人来做，所谓中国主导是靠并购买国外的公司。这两个结合，再加上中国的用户在终端层、应用层和平台层的结合，有可能会把全世界移动互联网的生态链从底层做一次根本性的变化。如果我们与世界上先进的公司联合起来做是有可能的。

王维嘉：回顾历史，中国在操作系统上也一直在做努力，但最后还是有问题。

俞渝：不能选择性的应用数据

我们不能选择性地应用数据。苹果和三星这样的公司不是 4 年产生的价值，苹果从 20 世纪 80 年代就很牛，苹果是集技术、设计、硬件、工艺领域于一体的，是消费类电子公司中的爱马仕。诺基亚的衰败，是由于衰败了 10 年。

此外，要做基础层应用，那我们是否有这样的技术底蕴？今天做企业，我们都有世界公民的胸怀和眼光，我可以不在乎它的国籍，只要它是安全的。你能否展示出一个操作系统？我认为安卓也有很多的问题，甚至这也许会让三星没落。但这是否意味着某些公司有做这个操作系统的可能？这两者之间没有等号关系。过去这些年，我参加过一些所谓科技创新项目的评估，花着纳税人的钱，以自主知识产权等各种各样的大帽子去做，到最后还是不了了之。

如果真的要更环保、更务实，我希望真的是用客户去体验技术是否过关，来衡量该不该进入一个行业，这个行业是否有一个很好的未来，其基础应该是从不做选择性的数据开始。

杜强：可穿戴设备也许是下一个战场

最近几年我从事的是平台层。我们的 PC 操作系统，再怎么做也超越不了微软。移动互联网的系统战争已经结束，我们望尘莫及了。最好的办法是想下一个战场是什么。我认为可能是穿戴设备，穿戴体验跟手机体验是不同的，现在还没有一个专门为穿戴设备做系统的，若把这个占领了，将不得了。我们最好是去想想选择的下一场战争是什么。

王兴：中国再大也大不过世界

我在学校里是学计算机的，我比在座的各位都希望中国有自己的操作系统。但未来 3~5 年中国是否可能出现世界级的操作系统？我的看法比较悲观。这并不是希望产生就可以产生的，比如之前做的 CPU 和 PC 操作系统，都无功而返。虽然现在中国的市场很大，但大不过世界市场。

我们有两种世界观，一个圈是中国，一个圈是外国，两个是不重叠的；另一种世界观是，一个圈是中国，另一个大圈是世界，中国在世界这个大圈中。2014 年亚布力年会的主题是"市场的决定性作用"，而不是民族情感。如果要做世界级的操作系统，就算全部中国人都在做，也没有用，因为中国再大也大不过世界。想要做出世界级的操作系统，还是需要人才。虽然中国政府很有钱，但这不是拼人数就可以的，而是需要最顶尖的人才。中国人确实聪明，但聪明不过全世界的人。因此，操作系统的开发应用在美国出现，并非偶然，是因为美国有最好的机制可以吸引全世界的人才。

刘东华：基于移动互联的网络社交正改变一切

改革开放最成功的传统行业企业家们，过去没有感到如此害怕。但从 2013

年开始，大家感到害怕了。过去大家都知道对手在哪里，距离多远，长得多大，会以什么方式威胁自己。但从 2013 年开始，这些企业家根本不知道对手将以什么方式出现，以何种方式颠覆自己。

做了两年多正和岛，我最近才刚刚意识到，基于移动互联网的网络社交正在改变一切。人之所以为人，是因为他有信息，千里之外的人能沟通，几千年前的价值能量能够传承，人类的进步是不断地缩小沟通的时空成本。而目前为止，没有任何一个方式比基于移动互联网络的社交更为便捷，能够随时随地沟通。

维嘉刚才说小米不算互联网公司，我不太同意。我认为小米完全是用互联网思维做的公司，小米是基于与客户最充分的沟通，生产出针对性非常强的产品。小米短时间内崛起，绝非偶然。雷军说自己做互联网时间最长，做小米这 3 年是由于前面 20 多年的积累，持续进化的一种爆发。

基于移动互联的网络社交正在改变一切，主要在改变人与人之间的关系。对企业来说，它就是企业家与客户、合作伙伴、企业家之间的沟通和交流方式，建立了解、互动、信任的方式。2014 年微信抢红包在企业家人群中最热闹。不是因为有钱，而是因为这些人在有门槛的社区里，基于移动互联网，建立了信任与了解。网络实战刚刚开始，将重构整个商界，甚至是整个社会的生活和生产方式。人类每次基本的交流方式发生重大改变之后，再基于此进行的一切改变都会成功。

为什么马云多年来那么自信，现在却有些忐忑？马云是用电商颠覆传统商务。阿里巴巴想从交易向社交进化已努力了很久。但马云突然发现，如果从社交向交易延伸，则是自上而下很容易的事情。其实，两马的王国都不得了，都将是全球互联网乃至全球商界的十大市值企业。

我也特别骄傲自己出现在最代表趋势和潮流的领域了。Facebook 是普通人的网络社交，Linkedin 是商务人群的网络社交，我下一步是在中国为全世界商界的决策人群做网络社交的。我非常谦恭地在做小学生，通过自己的学习给大家提供价值。

赵民：刘东华做了互联网以后，年轻 30 岁，做互联网使人的状态不一样。但我认为两马中间只能是一马当先。

吴鹰：互联网思维不仅是创新

我对互联网很有感情，早年有幸在贝尔实验室接触互联网。移动互联网的发展是方兴未艾，具有巨大潜力。麦肯锡最近发表了一个报告，称移动互联网在 2025 年产生的 GDP 是 5 万亿 ~11 万亿美元之间。我认为，移动互联网带来的是传统行业以及其他很多行业的改变。

什么叫移动互联网，什么叫互联网思维？互联网思维不是简简单单的创新，创新是其最基本要素，还有一点是把用户的体验做到极致。微信也不担心商业模式，是先把用户体验做到最好、最舒服，再来想模式做。一个微信红包发下来，使得移动互联网带来了各种行业的巨大商机，理财、保险等都可以去做。

苹果经过那么多年的积累后爆发了出来，雷军的小米也绝对是互联网公司。中国经过多年积累，最厉害的是积累了这么多人。其实移动互联网的定义很简单，

就是用无线终端上互联网的技术，在这项技术中产生的各种东西，都应该算移动互联网范畴。这样，中国会产生很多新的商业模式，新商业模式和新技术出来之后，腾讯和阿里巴巴都有可能成为前十大市值的公司，就看谁先到。

中国未来是否会产生更大市值的企业？像微信一样产生如此多用户的应用不可能出现了吗？

王兴：各行业都会被互联网改变

我反复讲，凡是目前没有被互联网所改变的行业，基本上都会被互联网改变。过去几年互联网的发展已经证明了这一点，比如优酷改变了电视行业，淘宝把集市搬上了互联网，美团把吃喝玩乐搬上了互联网。互联网产业化或产业互联网化，是非常明确的趋势。

互联网的未来是什么？互联网的特点是无边界，以前大家井水不犯河水，但一夜之间就掐起来了。现在的无边界，不光是指在互联网内部，而且指所有行业。未来再讨论什么是互联网公司的时候，就像几十年前讨论所有东西是否用电一样。未来，可能只有少数公司做互联网的基础设施，其他所有业务开展的过程中都得用互联网。真正做互联网最顶层核心、最基础设施平台的占少数，我们大多数人要做的是把互联网更好地利用起来。

赵民：凡是现在还没有被互联网改变的行业，赶紧想一想自己被别人改变还是去改变别人。此外，互联网是没有边界的。

曾强：最后会有两个产业：一个是互联网产业，一个是与互联网没有关系的产业——要么联网产业颠覆所有产业，要么是永远不让互联网进来的隔绝的产业。

陈东升：2013年我去马云那里，我觉得他们对银行的影响很大，对保险的影响很小。春节这15天我们收了80万元的保费，而保单仅为1元钱。我们现在跟携程合作有七八年了，你们买的保险都不知道是哪家保险公司的吧，其实，最开始是泰康的，之后是中国人寿、新华基金，现在我们大概还占50%，一年有2 000万名客户。你投保20元钱，其实只要没有飞机掉下来，保险的成本就是低的，就没有赔付。你说飞机会不会掉下来？轻易是不会掉下来的，这样整个成本下来大概只有5元钱，剩下的被中间商拿走了，当然我不能说携程赚大钱了。不管现在互联网怎么衍生，本质还是全天候、方便，最重要的是便利了所有的商业，商业的本质除了需求还有就是成本。互联网最大的核心是能够降低中间环节的成本，保险销售的成本是很高的，信息也是不对称的。这样的产业品牌很重要，这就涉及诚信。保险是冷产品，所谓冷产品就是买完了就不用管它了，微信的厉害就在于那一小时连看三遍。你刚才讲了马云的支付宝，有人一周只看三次。其实保险不一样，买了之后你就忘了，我来找你你会烦的。一次性买了以后10年就不管了。此外，冷产品是被动性的。那么互联网能不能颠覆呢？不一定都颠覆。比如说保险有意外险还有医疗险，大规模卖把它标准化这些都会被颠覆。可是综合性的，比如说带有全家理财、复杂社会关系性质的险种，互联网能做吗？泰康最大的创新是什么呢？老了你要不要养老？你病了要不要看病？你看这个世界能物质不灭吗？这样一个产业是一个持续性的而且是跨养老、医疗的，是大产业的整合，是一个协同的、持续性的产业，是一个超值的消费产业。泰康七年前就开始做这个业务了，我觉得这是反互联网但也是一个超级巨无霸的产业。现在还有很多人在做医疗，我可能有20~30所合作医院，我们是医养结合在一起的。我会投1 000亿，若北京、上海、广州、海南做成了就可以说是成功了。2013年年底三亚拍地的最后一天就泰康一家，很多人找我来PK，最后交钱的就我一家，而且是一线海景地。我们还是走在了前面，我们起码在北上广以及三亚的海棠湾有3 000张床位。泰康还有一个创新是家族墓地，你的光辉业绩和精神是要让后代继承的，那就不是仅仅一个碑放在那儿。其实所有产业都可以创新，这又是不是一个超级的产业呢？这和互联网有没有关系？而有没有互联网的思路，每个人站的角度不一样。我现在是两边做，互联网对我们的冲击也是很大的。

王维嘉： 是什么样的冲击？

陈东升： 三网实际上都跟我们合作了。很多伟大的计划宣布要合作，最后出来的又有几个？我们现在跟淘宝已经在合作了，大家可能没有关注。现在淘宝里买家有800万户，而卖家都是一些小商户，他们没有保障。现在我们的产品已经卖了3个月，有5万个保单，一个人5元钱。若是传统保险，5元钱怎么卖，亏死了！你想5元钱怎么赚钱啊？现在不赚钱，赚钱了我们也不拿走，虽然我们是卖家，我们准备再把住院、看病都纳入其中。我们跟腾讯也合作了，我们春节10天通过腾讯卖了12万个保单。慢慢地大家会发现未来一定会做得更好，所以一定要走在前面。

俞渝：你给了一个特别好的例子，所有事情都在被互联网和移动互联网改变，你所提到的保险产品没有互联网是不可能的。所以我们有时候谈互联网思维谈得太窄，只谈创新和极致的客户体验。但互联网最基本的特点一个是有草根性，另外会把所有最细碎的需求集中在一起，让你做得了每天一分钱或者是一个月五元钱的产品。如果说互联网思维还有什么特点，那就是竞争，没有互联网之前，你看别人的产品逆向复制和追赶你的周期是不一样的，所以把这些东西放进去那才是互联网思维。互联网思维改变我们什么？我觉得一切都在改变。你刚才给的例子一个是你的渠道被移动互联网化，同时保险产品的本身也被重新定义了，你以前做不了什么样的产品，因为你用的是传统营销方法。

陈东升：这是最本质的。

俞渝：成本只是一环，后面的逻辑是以销定产和以虚定产。

嘉宾：刚才理事长表达的是传统行业也需要创新，任何一个行业都要拥抱互联网和移动互联网，因为我们以前把创新和互联网等同起来了，这是风马牛不相及的。德鲁克定义企业家的本质是有目的、有组织的系统创新。在美国很多人把它跟高科技创新结合起来，而实际上在中国这些是由土豪来做的，土豪的骨子里要的是功成名就，所以在中国，传统行业机会更多。我们把互联网、IT、创新结合在一起了，所以谈的更应该是创新，因为我们每个人都会拥抱互联网。俞总说的是传统行业也需要创新，而且在中国的商业形态下非常低级的创新空间更大、创新的程度可以更深。

赵民：在座的还有 1 号店的董事长。

于刚：我想跟大家分享一下我对移动互联网和它的一些趋势的看法，我认为移动互联在全球都属于婴儿阶段，正远远还不到少年和成熟的阶段，更不要讲中国了。因为移动互联的很多功能包括它的定位功能、图象识别功能、扫描功能、互感功能等都没有充分发挥作用，本质上还将有更多创新，将来还有巨大的不同之处会出现。特别是可佩戴设备出现之后，使得移动智能设备成为人体器官的一部分，这样让后面的几个趋势都可以实现。

第一，要实现万物互联。可以想象以前没有智能手机的时候，这只是一个概念。当这个出现了之后真正可以万物互联。当万物互联了之后，所有资源、物体等的状态和变化都成透明的了，让我们可以优化它，可以有最佳的配置，这一点将来的想象空间是巨大的。

第二，基于移动互联的社交也远远地超出了以前基于 PC 端的社交。PC 时代人还是要坐在电脑跟前，现在是随时随地可以进行沟通，而且类似购物或者其他事情，随时可以寻求意见领袖或者是家人、朋友的意见来做出最后的决策，很多事情人不在一起也可以完成。

第三，C2B 的产业优化。移动互联真正把顾客的需求聚起来，而且按需定制，精准为顾客提供个性化服务。将来库存肯定是大量地下降，几年下来我们库存周转已经从 50 多天降到 20 多天，2014 年的目标是 15 天。当我精准地知道所有物品在什么状态时，供应链对我来讲是透明的。

最后，大数据的应用。我认为大数据的研究现在是远远还没有到真正运用的阶段。因为大数据是四个阶段，最底层的阶段是数据的搜集，这个数据是原始、零散的，本身是没有价值的，只有数据分析、归总了之后，展示成人们可以理解的程度之后，它才能变成知识，这些知识加上模型及所有的决策机制变成了你的决策。但最高层次还是把这些决策变成人们的智慧，即从数据到支持到决策到智慧的阶段。现在我们还在一个初级的阶段。现在就是看我们能否抓住这样的机会。

嘉宾：我想说两句是因为我曾经在刚才所提到的很多企业里面工作过，我在三星电子工作过三年，主管移动互联网业务，在微软也工作过五年，我想提供一些信息供大家来讨论。我很高兴今天见到了俞总，其实我们 2007 年曾经见过一面，我发过邀请函给你。三星日进斗金的时候也想过做操作系统，以前是自己研发投入，为了把它推出去，财务重新分配成本后才使得手机通过了上市批准，所以这是很难的。硬件厂商只会带来最大销售额和销售利润的操作系统，这是真正的市场规律，所以失败了。后来再搞的时候我就离开了。另外，硬件厂商能不能做为应用主体？我再提供一个信息。三星曾经有一个口号跟微信一模一样，花了很多钱来做推广，在中国和北美部署。因为我在三星时主管这块，所以见过很多公司，希望手机能预置其应用，高德等公司也来谈过，一旦预置，通过率就高。2012 年的时候每季度三星的手机销量是几千万部，什么概念？在 2013 年亚布力年会的时候我曾经讨论过，一个季度几千万部手机就是每一天 100 万部手机的发货量，那样的预置程度都不能够把一个类似微信的应用推出来。我提供的另一个信息是硬件厂商未必可以做成超级应用。而关于一个操作系统的成败或者一个应用的成败，除了硬件厂商的运作手段和推广力度，生态环境思路也是很重要的因素，不是说有可以逞强的资本就可以了。刚才很多人提到了安卓操作系统，我在Facebook上跟安迪·罗宾遇上了，他们搞的一套操作系统是很好的，后来被微软收购了，微软收购了以后出的手机是 KIM，最后被合并到微软里面。进到谷歌以后他们的目标是反微软，就这样推起来了。所以我觉得可能成功与推广的策略有关系。我们今天谈移动互联网，如果说是 15 年前开始搞这个，在 GPRS(General Packet Radio Service，通用分组无线服务技术）网络环境下我觉得这个事还离着很远。我想回顾的是，我们跑来基于位置服务、SNS（ Social Networking，社会性网络服务 ）、穿戴式设备，这些是不是一定时期内的东西呢？ Facebook 之前有很多好的企业后来也不行了，微信之前最火的是微博。所以结束大潮退去后，谁在水里还是可以看得出来。

王维嘉： 你买了一个三星手机，若你的朋友没有买三星手机，那还是连不起来，但是微信这样的东西所有的手机都有，核心是你的朋友圈，量可以大到像苹果，苹果做的所有互联网的东西都失败了，它没有互联网的思维。iTunes 的东西就做得不对，因为乔布斯不懂这个东西，所以就做得不对，所以公司的基因真的很重要。

嘉宾： 你的问题我研究了答案，并且我问到了这个问题。我在三星管互联网，所有跟我合作的人来开会，若跟我联系则不能用微信。这么推根本不行，用户体验有独特的地方。刚才提到的我有没有朋友的问题，我说一下自己的一些思考，我认为先发者还是有先发优势的。

王维嘉： 很多人提到了穿戴设备，22 年前我在硅谷的研究所主持的研究项目就是可穿戴计算机，我有三个美国技术专利都是关于穿戴设备的，包括立体声之类的。我个人对移动互联网的定义是，在目前智能手机上的就叫移动互联网，如果将来到穿戴设备上又是一个新的名字了，因为它的应用可能又完全不一样了，比如说大量的医疗和健康方面的应用，大家会给它起一个新的名字比如说穿戴互联网。当发生质的变化时就不能用移动互联网来概括了。所以我个人定义的是一个比较窄的移动互联网，就是在现有的手机上实现的应用，这些应用是在没有质的变化的智能手机上实现的，这是我个人对移动互联网的定义。

杜强：在中国，类似微信的应用，我曾做过一款速聊，是在米聊出来的前6个月做的。但我说不能再做了，因为我一直在做垂直领域的互联网，一般会避免与巨头开战。而且我担心这样会取代中国移动，因此是绝对不会被允许继续做的。微信的崛起首先是产品做得好，时机也很好。因为手机屏幕很小，今后微信不可能像QQ一样有大量功能，因此这也会给很多中小型企业带来更多机会。在中国，做垂直领域的互联网不是很容易，移动互联网提供了很好的平台。

赵民：回到亚布力年会主题，市场的决定性作用在这场论坛中得到了充分体现，不管是操作系统之争，还是非互联网行业与互联网行业之争，所有一切势不可挡。因为市场来了，你要去改变别人，还是被别人改变？今天我们谈"TABLES"，明年回到这里时，不知"TABLES"的顺序是否会改变，这是2014年最大的悬念。谢谢大家！

实业家眼中的互联网时代

　　大家都深知不变即亡的道理，传统实业正尝试种种自我更新，以迎接互联网新时代的到来，虽然看上去还是步履蹒跚，像旧时代的恐龙。对实业而言，要做哪些准备来迎接互联网时代？实业家们又如何看待互联网时代？

　　2014年亚布力年会"实业家眼中的互联网时代"的分论坛由《英才》杂志社社长宋立新主持，邀请了中国自动化集团有限公司董事局主席宣瑞国，广东长青（集团）股份有限公司董事长何启强，雅昌文化集团董事长万捷，嘉定区国资公司总经理李峰，诺亚（中国）控股有限公司董事长兼CEO汪静波，信中利资本集团创始人、董事长兼总裁汪潮涌等嘉宾参与讨论。

互联网的兴起为传统行业的发展带来焦虑

宋立新：2013 年我感受最强烈的是互联网对平面媒体的冲击，很多平媒产值大幅度下滑，这是平媒衰落的时代，也是互联网平台崛起的时代。我想请各位先谈谈什么是互联网的思维方式或者说你认为什么是互联网精神。然后再来探讨一下，在互联网的冲击下，各位在行业中的焦虑指数是多少。首先请万捷董事长来讲一讲。

万捷：感谢宋社长，我来自一个非常传统的行业，有一千年的历史了，因为印刷术发明一千年了。2013年我在亚布力年会闭幕式上发言的时候就说过，现在做实业的企业越来越少了，俞敏洪董事长也专门谈到了实业的压力，国家的各种政策，包括法律、法规等，使实业的压力越来越大。实际上印刷这个行业跟平媒是关联企业，平媒不景气，印刷业就不景气。我在 20 年前研究过日本的印刷行业，当时有一本书叫作《出版大崩溃》，当时日本的出版业是非常发达的。但是经济大萧条的时候，首先崩溃的是出版业，按说出版业崩溃了以后，传统行业也崩溃了。但是日本的传统行业有两个企业不但没有崩溃，反而逆势而上，营业额占日本企业的 50%，利润占到日本行业的 70%，为什么它能够做到这样呢？因为它跟 IT 结合，把印刷技术用在 IT 上，等于用一个新的思维方式把技术进行延伸，而不是因为传统而固守传统。像这样的例子实际上在 15 年前已有之。雅昌，虽然做的是传统的印刷行业，但是我们认为实业一定是永远存在的，因为我们有衣食住行等实业的需求。我觉得并不是被代替，也不是危机，而是机遇。在传统行业，过去为了印刷我做互联网，做增值服务，现在是在全产业链内，包括网站，包括我们的传统行业，是一个整体产业链为客户提供服务。我觉得互联网给我们传统行业提供了一个机会，但是我们必须用最快的时间来发掘这样一个机会。

我们现在说的互联网思维，我觉得更多的是 IT 思维，互联网只是一个工具、一个渠道。比如说招商银行的服务很好，但是它最近也有所改变，使用招行信用卡时，300 元钱以下不再有短信通知。实际上招商银行之所以能够为小额客户信用卡提供这么好的服务，是归结于它的 IT 服务。所以我觉得银行这个传统行业也很好地利用了 IT 思维。

雅昌虽然是一个传统行业，我们现在跟惠普做战略合作，共同成立以艺术行业的 IT 产品为导向的研究中心、研发中心。实际上是通过 IT 技术，研发互联网的各种应用产品来为艺术界服务，因为我们过去做印刷的时候，已经有大量的客户，他们有这样的需求，特别是艺术界的用户。过去我们强调互联网思维，我个人觉得这种思维更多的应该是 IT 思维。因为 IT 思维是利用各种平台的数字化的、标准化的思维。

宋立新：我还想再问一下，2013 年雅昌整体的营业额跟 2012 年相比增长了多少？

万捷：雅昌每年要求增长 30%。

宋立新：2013 年 30% 的增长达到了吗？

万捷：达到了。有些新部门增长的更多。

宋立新：传统的印刷业收入和您刚才所说作为一个服务手段的这种附加值业务，已经有赢利模式了？

万捷：雅昌互联网这一块在七八年前就已经赢利了，从 2013 年开始，所占的比例越来越大。目前来说，在未来 3 年之内，传统印刷这一块占的比例大概是我们整体业务的 40%。

宋立新：也就是传统印刷创造的利润只有 40%。剩下的 60% 来自什么相关产业呢？

万捷：来自其他的跟印刷相关联的产业，一个是互联网，一个是出版，一个是我们为艺术家提供各种 IT 服务的产品。我们经常说转型，实际上我们没有转型，只是延伸。

宋立新：雅昌实际上已经通过这种早期触网，实现了企业利润结构的转型，其实在这个过程当中已经发生变化了，传统的印刷业务所获得的利润，在整个占比里面是不断在弱化的。

万捷：不是弱化。占比是弱化的，但是它本身在印刷这一块每年收入有20%的增长，利润有25%以上的增长，它还是在增长的。因为整个行业的发展使它变得更立体，更系统了。

宋立新：跟大家分享一下你的焦虑指数，1代表很有信心，10代表很焦虑。

万捷：我焦虑的就是人才的配置，企业需要复合型的人才，既要懂IT思维的人才，同时对综合专业的要求又高。可能在国内上很难招到合适的人才，所以我们在全世界招聘。

宋立新：给一个分数。1~10的焦虑指数。10是最焦虑的。

万捷：我的焦虑指数是3。因为现在没有人不焦虑。

宋立新：我们请宣瑞国董事长来分享一下您对互联网的看法及互联网时代的焦虑指数。

宣瑞国：我跟万总的焦虑指数差不多，可能我的焦虑指数比他还低一点，是2。总体来讲，互联网听起来跟我们服务于传统产业的高科技企业好像很遥远，至少直接赢利模式带来的冲击现在还没有，因为在我们的这个行业更强调的是它的安全可靠性，而不是每天追求日新月异的更新。

但是说没有焦虑是假的，因为在我们整个技术的研发、设计、生产、工程、

服务等全流程，已经完全注入了互联网或者是IT的色彩。我们逐渐感觉到IT作为一个工具给我们所带来的莫大压力，如果你不掌握它，这个压力会把你压倒。大家可以感受到在我们所处的行业，互联网和IT给我们带来的变化。

跟大家分享一个很有意思的事情，我们是国内最大的做石油化工的控制调节阀的企业。阀门，大家听起来非常传统，把机械、钢铁加

工铸造成特殊材料，然后出模具以后，机械加工、装配、制造、检验、出厂，非常传统的一套流程。而且我们的工厂是在中国的宁夏，比较偏远的地方，在这么一个工厂，我们应用了最新的 MES（Manufacturing Execution System，制造执行系统）技术。ERP（Enterprise Resource Planning，企业资源计划）技术把关键的阀体用 3D 打印做出来。这些生产方式的改变，使得工厂里面的人员大大减少，技术水平大大提高，整个控制系统的研发过程是完全基于网上的：我们的验证过程是基于网上的，我们的工程施工是基于网上的。所有的一系列生产加工过程完全是在互联网和 IT 的平台上高速运转。

　　未来像我们这样的工业制造企业能否决胜千里的一个很关键因素就是在整个生产全流程当中把物联网、互联网最新的研究成果灌输进去，取得最大化的效益。

互联网思维的关键词是突破和颠覆

　　宋立新：您觉得互联网思维的关键词是什么？

　　宣瑞国：互联网思维的关键词就是突破、颠覆。可以这么讲，对基于传统产业的人来讲，最大的一个障碍就在于颠覆这两个字，不敢颠覆自己的内容，往往是平移到别的行业，但是要改变企业的生产方式，比如最近我们企业的新厂区在整个建设过程当中，已经拥有先进思维的管理层，但是建设发展也受到了很大的挑战。我带着企业员工到日本、美国参观各家国外工厂，我问大家能不能按照国外的立体仓库、立体物流做起来，80% 的员工都说不行，这个体制若做不好会使我们的生产效率更低。这个时候最考验我们的思维。要不要坚持走这个颠覆性的道路？一定要走下去，不走这条路，早晚得死在路上。

　　宋立新：颠覆这个词是 2013 年出现频率比较高的词，但是其实颠覆从做生意的角度来说有两重意义：第一，人才的思维方式决定了一个企业的基因；第二，企业面对的交易人群是否会发生变化，这也是颠覆很重要的一点，其实很少有换血成功的人，基本上都死在半路上。

　　宋立新：我想听一听何董的观点，请您介绍一下您的企业性质和所做的行业受到互联网冲击的情况，然后我们再来谈焦虑指数。

何启强： 谈到互联网的思维，我只能讲思维，不能讲业务。我们最初做的业务是以出口为主的制造产业。OEM 不存在网购的问题。现在我们正在转行去做内销，需要通过网购来实现销售。我们生产的主要是厨卫、燃气具等产品，这几年内销做得还不错，同行业做得好的，通过网购实现的销售不到 10%，绝大部分是按照传统的渠道进行的。但是虽然是 10%，应该说已经有一部分的份额被网购所替代了，而且这个比例还有可能进一步扩大。如果我们做内销，通过互联网实现业务这个问题必须要考虑。

近 10 年，我们一直在做环保新能源，一个主要是垃圾发电，一个是秸秆的利用。我们在黑龙江投资了 6 亿元，就是拿秸秆来发电，做固体燃料，还做取暖燃气具，也研发了一些通过秸秆做成的物品燃料，以替代煤取暖，且将这个物品跟房屋进行配套。互联网能跟秸秆有多大的关系？所以我反而觉得互联网思维里面，不仅仅局限于业务交易范围，应该从整个运行过程中看，有哪些方面可以利用互联网？

宋立新： 我们已经听出一点关联，就是说您为什么去做这个新能源，包括您刚才说的垃圾发电，是您原有业务的利润率在降低，市场份额在降低，所以您遇到这样一个危机才开始考虑跨界发展。

何启强： 我从企业转型的角度来讲一讲颠覆，一切的转型都必须具备两个条件：第一，要有剩余的精力；第二，要有剩余的资金。如果企业的效益下滑到一定程度的时候，就根本就没有能力转型。所以说，我们企业转型的时候，利润率还是可以的，但是我们在逐步转型的过程当中，利润率是在不断下降的，从这个意义上来讲，转型是正确的。

宋立新： 李峰来自嘉定，嘉定这些年的主要产业是物流。互联网成为他们园区的主要企业，所以我想请您跟我们分享一下感受。

李峰：我觉得互联网改变了很多东西，从我们国有企业的角度来讲，我们在做股权买卖的时候是用一种新的价值链和生态系统的眼光去看待我们投资的企业，确实这个企业不仅要有独特的互联网思维，同时要体现出它在这个时代综合的优势。

有一个观点跟大家分享一下，实业其实要跟产业和企业做一些区分。因为我们整个时代是不断变化的。时代变化导致的是产业的更替，又不仅仅是企业的更替。石油化工这些行业都是自动化的，它们转型很困难。从企业的角度来讲，大家都在说这个时代是由大企业和小企业共同组成。美国斯坦福大学有一个非常著名的学科，叫作组织生态学，研究企业的死亡率，他们的研究表明大企业是有惰性的。"惰性"是一种翻译，还有一种翻译是"惯性"，大企业很少主动改变很多东西。同时还有一种观点，如果大企业做急剧的改变，死在半路上的概率是很大的。另外，大企业的数据都是几百年的数据，拿某一个行业比如说啤酒行业，1800—2000 年，死亡率很高。一旦企业做大，其死亡率是逐步下降的。

所以对实业家来讲，这种转型其实是一个新的开始，怎么利用好现有的优势，有一个全新的包容，如为艺术家做的 IT 服务与传统的印刷业从某种意义上讲是完全不一样的，无论运营的模式、管理的方式都是全新的，可能在这个时代下唯一不变的是财务、会计计算方法等。我的焦虑指数大约是在 5 左右。国有企业真的是充分竞争的，我们的股东、政府是如何看我们的呢？他们愿不愿意放手让我们在市场上竞争，这是我们最大的焦虑。

宋立新：李峰董事长分享了国有企业在互联网时代的转型与思维等精彩观点，下面请汪静波董事长谈一下您的焦虑指数。

汪静波：可能我是比较焦虑的，我的焦虑指数最起码是8。应该说我们也是服务高端客户的行业，增长也非常快。为什么焦虑呢？可能未来发展的关键不是因为企业家是否具有很强的能力，而是整个行业发生了变化，我们没有这样的基因。假如你从市值来看，汽车行业可能比手机行业还要大。汽车行业的市值现在才200亿美元，未来应该是上千亿美元，甚至2 000亿美元，这个行业完全改变了一种模式。如果房地产可以定制，房屋可能还没建好，就有人开始定制了，然后10个月以后才交房，房价也会降一半。无法抵御这种冲击不是因为我们能力不好，就是因为我们没有这个基因。

金融也是一样，以前大家都是信息不对称，所以金融的核心就是精英。但是互联网之下没有精英，不是只有屌丝才在余额宝上买产品的，它是用各种各样的方式进行信息重组。我现在做公司IT的规划和战略的调整，光这个就做了一年。我发现做互联网的方式，跟小孩儿的成长方式一样，没有办法跨越时间，不可能说你今天晚上不睡觉，加班加点就能够把它做出来。

创新是互联网和传统企业的调和器

宋立新：传统产业在产生的第一天，就有利益的满足需求，很多人都认为互联网是在烧钱，投互联网企业不成功是必然的，成功是偶然的；但是投传统产业，不成功是偶然的，成功是必然的。可是这是两种完全不同的方向。

互联网的精神是分享、服务、口碑以及速度。这些都是互联网的精神和它成功的基因，可是对我们来讲，成本控制、价格、价值这些都是传统企业整篇思想考虑的问题。所以每个企业的基因实际上是它的念头，菩萨为因，众生为果，我们看到结果的时候才害怕，但是神仙知道，念头起的那一刻，其实这个结果无论什么时候产生，已经种下了果。下个环节讨论的主题是互联网的思维方式和传统企业的基因，这两者的冲突能否调和呢。我们先请汪潮涌开始。

汪潮涌：大家刚才一直在探讨互联网和传统行业里面有什么样的颠覆性，但是我看到更多的是一种共性。其实互联网公司和传统企业的一个共性就是满足市场的需求。现在移动互联网里面有布局，有移动的电子商务，有移动的内容分享和移动的搜索，细分的领域越来越多，所有这些领域的背后都是满足消费者的需求，受互联网冲击最大的传统产业就是传统的媒体、传统的制造业和传统的商贸企业，但是这些公司如果跟互联网结合得好，还是有共同成长的机会。

宋立新：现场也有很多做地产的朋友，我想再问一个问题。大家都说中国房价真正降下来的原因是互联网高度发达，不需要所有的人都聚在办公室里面工作了。我们可能会通过互联网分享把我们的很多模块组合起来，所以商业地产会降价。所以我想从刚才人性需求的发展角度来讲，您觉得互联网对房地产行业的冲击会是怎么样的？

汪潮涌：从销售的环节来说互联网对我们有很大的冲击，比如说 2013 年 12 个月搜房网、宜居网的股价都在飞速增长。中国的互联网公司，2013 年涨得最厉害的是唯品会，所以中国好的互联网公司还是成长很快的，互联网其中有两个跟房地产相关。看房、租房和房地产金融，互联网公司在这些领域都有所涉足。互联网不能取代的环节还是我们现在传统房地产公司的看家本领，就是拿地、审批、规划，但是规划设计未来可能会定制化，由消费者来拉动的局面也有可能会出现。从目前来看，今后 5~10 年还是以传统的地产模式为主，其他互联网的东西只是锦上添花——在营销环节起一些作用，或许将来在融资环节也会起一些作用。

何启强：听了大家的观点，我有两个问题：一是互联网到底是一种经营模式还是一种工具？二是互联网是包罗万象，还是只适合于某一些行业？是不是有某些行业不一定需要互联网的帮助？

万捷：刚才汪潮涌董事长把互联网的脉络简单梳理了一下，实际上他是在寻找创新的趋势来进行投资，不管是在商业模式上进行创新，还是采用新的技术或者新的手段进行创新，都是为了在行业里面满足客户的需求而不断创新。互联网思维实际上是创新的思维。就是不断地用最好的东西、最快的速度、最低的成本来使客户群体得到最大的价值。

宋立新：可以听出来，今天我们讨论的一个根本点——为什么我和静波会焦虑，因为互联网就是透明、分享，免费服务，最终获取注意力兑现，这就是互联网的思维；传统产业是利用信息的采集与不对称来获取利润。这样一些行业会被颠覆、被取代，这是一个根本点。但是像房屋、印刷品、艺术品等这些实物的享受很难被取代，这是实体服务。一个是虚拟服务，一个是实体服务，虚拟服务基本上没有空间了，所以我估计在座的很多做实体服务的企业的焦虑指数会低一点。在传统产业里面，差异化生存即可获得利润，但是在互联网领域里面，只有极致差异化的生存才有可能持续的获取利润，请1号店董事长于刚先生来分享一下，企业该如何打造极致的差异化。

于刚：从传统行业来讲，顾客是用脚来做选择的；从电子商务来讲，顾客是用手来做选择的。将来的成功与失败，或者优秀卓越的公司和一般的公司的分水岭是什么？就是顾客体验，分解开来就是：第一，品类；第二，价格；第三，及时送货、售后服务、系统的友好度等。你可以把它分解到每一个部门甚至到每一个人，都要做到极致，1号店是如何做的呢？包括我自己，我每天要看顾客反馈，我每个星期要下好多单，从1号店的网站上下单，我们有专门的下单团队，每天要在各个网站上下单，列一个清单，把所有的问题找出来，而且清单要定时清掉，为了更新顾客的体验。

我们还有一个 UAD（User Application Development，用户体验师）团队，这个团队就是我们邀请顾客，而且是有代表性的顾客，每个星期都有，专门有一个屋子，这个屋子是半透明的，我们可以观察顾客的行为，交给顾客一个任务，看他完成这个任务的行为，进而做各种行为调整。还有很重要的一个部分就是大数据，电子商务一个巨大的优势就是大数据，我们拥有顾客所有的信息，他从什么地方来，来了以后他是怎么浏览网页的，他第一个浏览的是什么商品，最后放到购物车里面的是什么样的商品，他因为什么情况决定离开等。所有这些数据都有数据挖掘、数据模型来做顾客行为分析和顾客行为模式。根据这套系统来给顾客做定制化服务、个性化服务。这也是做极致的顾客体验。

还有一点是口碑，互联网传播速度非常快，但是水能载舟，亦能覆舟，这对顾客服务的要求又提高了一个档次。

宋立新：谢谢于董的精彩分享。最后请何启强董事长做代表，用一分钟的时间来总结一下参加本次论坛的感受。

何启强： 我今天提的两个问题还没有完美的答案，留给大家去思考吧。第一个问题是：互联网到底是一种经营模式，还是一种工具？第二个问题就是：互联网可不可以包罗万象，它适合什么，不适合什么？我今天的最大收获有两点。第一，了解到互联网一个是透明、节省资源的服务平台。节省，即省时间、省环节，平台是什么？例如当当网，有了互联网的媒介，所有图书销售都在这个平台上。第二，利用信息不对称赚钱很难，这种模式会被互联网所替代。

宋立新： 谢谢各位的参与，刚才听了各位嘉宾的观点，我想可能还是要认清我们自己的优势，把它变成强势。同时能够通过这样的强势帮你抓住整个行业发展的趋势，最后我希望能够成就各位在江湖中的大事。

各行各业都会被互联网改变

王兴 美团网创始人、CEO

乾隆四十一年

历史上，乾隆四十一年是非常重要的一年。乾隆四十一年发生了什么？这一年发生的很多件大事足以改变世界。但如果你在中国的话语体系里，会发现这些事情并没发生在北京，而是发生在遥远的西北。这个西北并不是指西安、兰州，也不是新疆，而是指天朝的更西北——苏格兰。瓦特发明了蒸汽机，这件事情推动了第一次工业革命。

中学课本告诉我们，工业革命之后 100 年内的生产力总额比之前所有的加起

来都多。可是我们没有赶上工业革命。同样在乾隆四十一年，发生了另一件事情，这与亚布力年会的主题一样，亚当·斯密发表了《国富论》，探讨市场如何对资源配置起决定性的作用。但中国依然没有赶上。同样在这一年，在更东北，在人们已经知道"地球是圆的"的地方，北美 13 个殖民地发表了《独立宣言》。

这些事情都发生在乾隆四十一年。如果我们停留在某个话语体系里，则很难理解这些事情。因为乾隆四十一年，乾隆非常志得意满，

那时中国的 GDP 世界第一。然而 GDP 第一，并不能证明中华民族实现了伟大复兴。同样，乾隆征服了大小金川的叛乱，文治武功非常好。但那样一个体系里，我们没有赶上在全世界都很重要的事情。所以，如果我一开始说 1776 年，大家会想到很多事情，但如果局限在一个体系里，会让自己的思想受限。

我举这个例子的意图是，大家要跳出行业来看问题，互联网行业不能局限在互联网行业里，也要看其他的行业，因为互联网的无边界特性，使得所有的事情会互相关联，如果只是局限在小圈子里就不能理解大范围的事情。

美团的经验

互联网是个大话题，我无法代表整个互联网，我只能谈谈美团做的事情。大家对美团网并不是很熟悉，因为美团 2010 创立，还是个新企业。更关键的是，尽管美团网的用户群很大，但面对的是年轻用户群。

我简单介绍一下美团做的事情。我们做的不是商品的电子商务，我们做的是服务业的电子商务。辜胜阻教授介绍，十八届三中全会提到很重要的一点是要发展服务业。这正好与美团网做的事情很契合。我们通过互联网、手机和移动互联网，把消费信息传递给几千万的手机用户，这些用户可以通过美团去唱卡拉 OK、住旅馆，等等。这是一个市场，没有仓储、物流和配送，美团的模式是电子商务和市场。

近年，服务业发展非常迅猛，因此，美团过去几年也得到了很大发展，我们的交易额 2010 年是 1.4 亿，2013 年的交易额是 160 亿。但这个交易额相比我们所服务的市场来说，还是非常非常小的比例。因为仅餐饮行业每年就有 2 万多亿的市场，酒店也有 2 000 多亿的市场，电影小于 200 多亿……整个本地生活服务加起来是 10 万亿的规模，而团购网站目前整个市场才三四百亿。美团作为目前中国最大的团购网站之一，还处于市场的初级阶段。而且美团做的事情，跟大家所从事的领域并不冲突，我们不可能开餐馆和电影院，我们只是利用互联网做一个平台，把买家和卖家联系在一起。美团上有 7 000 万消费者和 40 万卖家，分布在全国 200 个城市，我们把两者结合在一起，使消费者得到最合适的折扣，这是互联网能帮到消费者和商户的地方。

2009 年年底的思考：四纵四横

为什么我们做团购网站？亚布力中国企业家论坛理事长陈东升先生有一个很著名的论断，率先模仿也是创新。美团网模式不是我们完全原创的，也是从美国引入的。但我们当时并非随便看了美国任何一个模式就去模仿，我们还是有对互联网的思考。2009 年年底，美团网创立之前，我们在讨论第三次创业模式时，对互联网做了分析理解和总结，在此基础上我们选择了做美团网。

互联网能做那么多事情，但基本可以归为四大类：娱乐、信息、通信、商务。在每个大的需求里，随着时间的推移，有各种各样的发展。

比如信息（或媒体）领域，原来有很多传统的媒体，后来出现了不同的新媒体，但现在，大家已不认为新浪和搜狐是最新的新媒体了，新媒体可能已经转移到手机和社交媒体上。总而言之，信息门类上有三大门户新浪、搜狐、网易，论坛有如猫扑、天涯，还有维基百科等丰富的百科全书，搜索有百度，中间还出现过 RSS（Really Simple Syndicatior，简易信息聚合）一种信息聚合的东西，再之后是 Facebook、Twitter 和新浪微博，各种各样的互联网应用应运而生。娱乐方面，早年有联众做的棋牌游戏，之后有盛大、网易做的大型网络游戏、客户端游戏，再之后有网页游戏，人们要求越来越快，想直接在浏览器里面玩了，后来出现了社交游戏，还有移动端的游戏。在通信领域，邮件是比整个互联网的基础还要早一些的东西。在美国，在有网页之前就有电子邮件。现在 MSN 基本被 QQ 取代了，通信领域的应用非常多。在电子商务领域，有 B2C、B2B，还有搜索和聚合的方式。

以上是四大类的互联网应用，是为四纵。我们当时的观察是，随着时间的推移，每隔五年左右的时间，就有一个大的技术变革，会影响互联网的方方面面。我们还画了四横。

第一横是搜索，开端于 1998 年。Google 于 1998 年成立，百度于 1999 年年底成立。搜索的诞生是自然而然的，因为互联网越来越大，信息越来越多，人们找不到想要的东西就需要搜索。搜索最先改变了信息的获取方式，这是百度至今非常领先的业务。搜索对电子商务也有影响，去哪儿网是非常典型的，人们可以去找便宜的机票和酒店。因为商务复杂一点链条长一点，所以受到的影响会少一些。

　　第二横是社交网络，是从 2003 年、2004 年开始的。一类集大成者是国外的 Facebook（2004 年 2 月成立），国内的是人人网等；另一类是国外的 Twitter，还有国内的新浪微博。这里很有趣的是，这两个模式横跨在信息和通信的两纵，但侧重点略有不同。Facebook 和校内网（人人网）更偏通信，因为是实名双向关系的，而微博是单向关系的，更偏信息获取。随着社交大平台的出现，会有对其他几纵的影响。比如在娱乐上，早几年有人抢车位或偷菜。

　　这是我们 2009 年年底的思考，并且认为社交网络有很大影响。社交影响通信、信息这两个领域我都曾涉及（校内网、饭否网），我认为社交还会影响商务，这是社交潜在的机会，因此当时我们决定做美团网，用社交的经验来做电子商务。那时，不光有搜索和社交这两横。

　　第三横是移动互联网。移动互联网是以 2007 年 iPhone 的发布为开端。2009 年移动互联网方兴未艾，大家认为这是革命性的事情，但用户量还不够大。因为想做社交和商务，所以我们通过学习美国 Groupon 的模式做了美团网。四年下来，我们也顺利地成了国内最大的团购网站之一。

　　美团网虽然发展得还不错，但我们并不是典型的社交和商务的结合，这个领域里还有其他两家更清楚的代表——美丽说和蘑菇街，他们跟美团同一时期起步，后面发展得非常好，是典型的社交和商务的结合。相比之下，美团网更多的是移动跟商务的结合。我们 2010 年创业，2011 年年初做安卓和 iPhone 的客户端，

到 2014 年 1 月为止，我们接近 70% 的流量和交易量都发生在手机上，这个移动端用户占比在电子商务中是非常高的，远比淘宝、京东高，这并非由于我们做得非常好，而是跟我们的业务相关。

美团创立四年过后，大家基本上都用智能手机了，显然已经改变了人们的各种方式，例如，微信是非常典型的移动和通信结合。俞敏洪在亚布力年会开幕时说，他现在基本不发短信，通信都转移到移动平台上，手机游戏同样如此，大家玩过"植物大战僵尸"和"愤怒的小鸟"，其崛起的速度都远超以往。移动互联网提供了如此大的平台，现在有 20 亿部智能手机，某一个想法只要成功的话，客户需求数可以瞬间达到几百万、几千万甚至是上亿。

同时，移动也在改变人们获取信息的方式。以前大家在 PC 机上打开新浪和搜狐等各种各样的网站，现在不一定通过浏览器的方式，而是通过新闻的 APP，而且不光门户网站在移动商做客户端，还有创业公司。这是移动的重要性。

2009年年底的思考：四纵三横

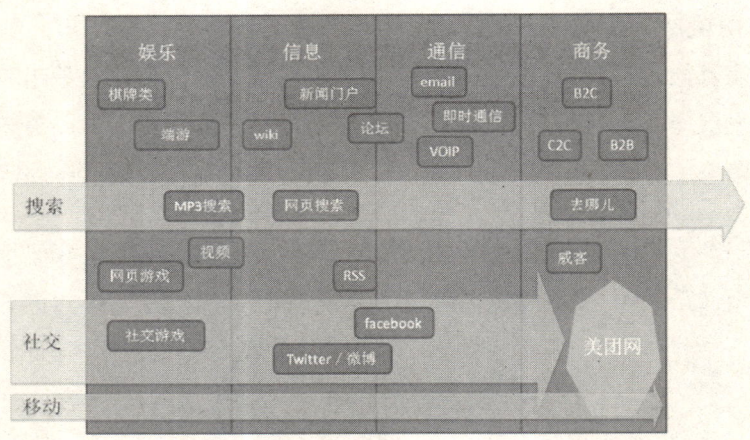

当然移动互联网才刚刚开始，还会出现很多类型的结合，我不认为移动互联网和互联网是对立的，因为手机的数量比 PC 要多一个数量级，将来对各种应用的影响价值要大很多。

第四横是物联网将有大发展。我需要跟大家分享一件还处在萌芽状态的事情——物联网，所以把之前思考总结的"四纵三横"，更新为"四纵四横"。我认为，物联网涵盖了智能、穿戴设备和其他很多东西。而且，物联网也是互联网最自然的延伸，其实中国字很有意思，网是连在一起，互也是连在一起的事情，搜索是信息跟信息联系在一起，社交是把人和人联系在一起，移动是更好地把人和人联系在一起。而全世界有 70 亿人，所以国外认为 IOT(Internet Of Things，即物联网)，其节点数量会远超互联网。

根据摩尔定律，物联网的不断发展可以使得具有运算能力的芯片会越来越小，当特小到极其便宜的时候，每个东西都可以装入芯片，不光是计算能力，还有通信能力，如蓝牙通信、Wi-Fi 通信、3G、4G 通信，不但计算越来越迅速，通信也越来越便宜了。因此，基本上可以判断，物联网的数据远超过人的自然能力，当然物联网并不是脱离于人的，比如说手环计步器，是现在比较简单的应用，将来若充分搜集，可以让市场对人的健康信息有很全面的了解，这可能对保险和医疗行业有着深远的影响。所以物联网是自然的延伸。

2012 年是物联网的萌芽阶段，但物联网未来的发展是毋庸置疑的，其数量比互联网大 10 倍。因为目前尚处于发展早期，我仅举一个例子来说明物联网和智能硬件如何结合。比如，国外有一种智能摄像头，它的好处是摄像头不需要连电脑，它本身就带处理器和通信模块，不再是电脑连摄像头，在任何 Wi-Fi 环境下都可以随时随地拍照传视频。149 美元的价格，可以买来放在家里，连上 Wi-Fi 后，无论在任何地方，只要打开手机就可以看到这个摄像头当前拍摄的内容，可以用来跟小孩通话，也可以安全报警。而且还可以进行动作识别，如果有陌生人进来也可以预警，但预警属于增值服务。因此，这是比以往的专业安防系统高效得多的系统，而且它所提供的基础应用还很便宜。

美团网也做跟餐饮相关的事情，我们也可以看到与这种摄像头相关的应用。比如，很多餐馆的后厨，卫生条件很差。但也有人把后厨做得非常干净，以前采用透明厨房，后来，国外有很多餐厅在后厨安装了这种摄像头，顾客可以随时打开 APP，观看后厨的卫生环境，这是完全公开和透明的，成本也极其低廉。

关于这个摄像头，还有很多有趣的应用，有人把它放在富士山上，可以看到富士山最好的景色。这个摄像头是非常有趣的例子，是把电脑做到摄像头里去，基本实现了中国神话里的千里眼。尽管这是比较小的应用，但它也是激动人心的，极大地改变了人们传统获取信息的方式。

我相信，物联网或智能硬件，与娱乐、信息、通信、商务交叉结合，会出现各种各样的变化。例如将来的芯片会更轻便、便宜，每个商品都装入芯片以便随时通信。这就是真正的大数据。

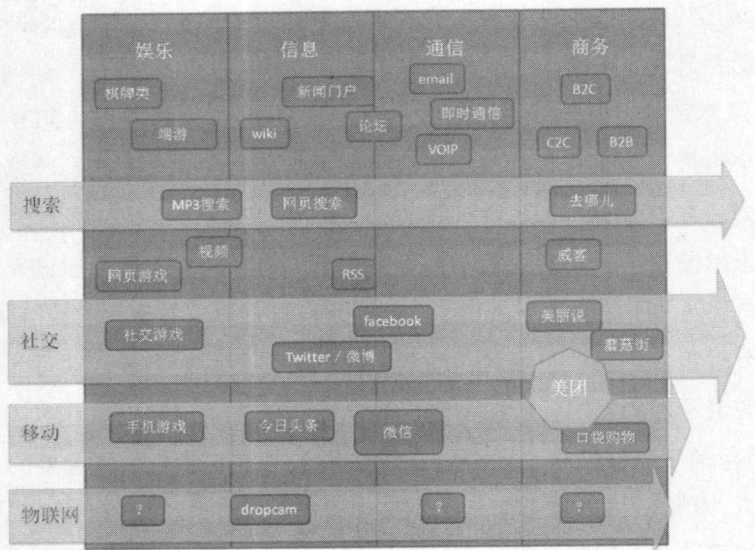

以上是我们对互联网思考的更新，变成了四纵四横。当然，互联网很多的应用会影响行业的方方面面。总之，我依然相信，凡是没有被互联网所改变的行业，都即将被互联网所改变，但这也并不意味着会被取代。各行各业需要拥抱互联网，在被别人改变之前首先要改变自己，改变经济、市场，改变生活的方方面面。

第六章

金融在改革中的作用

迎接金融大时代——民营资本的力量

在市场的压力下，我们已经看到金融体系局部乃至整体的变革趋势。新一届政府也在不同的场合强调加快这一变革，可以预期中国将迎来一个金融大开放的时代。这一金融大开放时代的内在逻辑是什么？它将呈现什么样的特征？这个产业链条上的各方利益将如何调整？它们都准备好了吗？

2014年亚布力年会上，均瑶集团有限公司总裁王均豪、信中利资本集团创始人、董事长兼总裁汪潮涌、德意志银行亚太区投资银行执行主席蔡洪平、嘉定区委常委兼副区长费小妹、怡和（中国）有限公司主席许立庆、中国国际金融有限公司董事总经理王东、诺亚（中国）控股有限公司董事长兼CEO汪静波就这些问题进行了深入讨论，该场讨论由亚商集团董事长陈琦伟主持。

陈琦伟： 金融现象是一个全球化现象，自 2008 年全球金融危机以后，稳定的金融大格局并没有形成，现在仍然在进行技术性调整，还处于比较混乱的状态。中国的金融改革对中国来说是一个大题目，过去 10 年，特别是过去五六年，金融领域累积起来的问题超出了一般人的想象。在这一情况下，如何调整，如何改革就成为重中之重。在此背景下，来讨论民营资本的发展具有特殊的意义，大家都认为过去 20 几年中国财富的增长很大一部分是民营资本的增长，但是民营资本的力量究竟体现在哪里？除房价上涨、资本外流外，民营资本在中国的经济增长过程中，能起到怎样的作用？在市场具有决定性作用的情况下，按理民营资本就应该具有越来越主流的作用，这究竟是否会成为现实？未来的金融改革，包括大的政策改革会不会为民营资本提供这样一个发展方向或者机会？

未来我们一定要投金融行业的增值服务

王均豪： 2013 年 6 月亚布力年会在上海举办了金融论坛，在那场论坛上我提到，虽然我不知道金融改革的理论，但我相信金融终有一天会改革，我在做一个梦——金融梦。当时他们都说我是在做白日梦，但我一直相信会有这一天，金融业会对民资开放。因为我有过类似的经验，当年我们进入航空领域就是这样，用了 16 年的时间我们才等到允许办航空公司。所以我相信金融领域的开放也只是时间的问题，而且十八届三中全会之后，很多改革正一步一步实施，比如反腐，持续了快一年，这是大家没有预料到的。再比如民航业，民航一直对民营资本关闭，但这次又打开了大门，福州已经批准了一家，广州也批了一家，民航业的改革开始了。我相信银行业也会是如此，也会开放，至少会让我们民营企业来做试点，所以我们正在准备。正如在航空界一样，我们进去了之后至少发挥了一个泥鳅的效应，从最初的不被认可到现在的接受，这就是试点的作用，民营资本进入银行业也是如此。所以，对此大家要有所期待。不要等，不要靠，要主动积极地寻找市场的机会，这是我们民营企业的优势，我们的力量就在这里。

汪潮涌：中国的金融业在世界版图上称得上"老大"，全球十大银行中我们占了六个，前三年全球市值最大的银行都是中国银行，而且自2008年金融危机后，欧美银行风雨飘摇，中国的银行则仍然高唱凯歌，每年的增长利润都在百分之三十几，但是我要说的是，它大得有些畸形。十八届三中全会后我感到很振奋，因为政府已经看到了大银行对中国经济带来的影响，尤其是弊病。

我对中国银行业的观察由来已久，从20世纪90年代中期就开始参与中国银行的体制改革。时任总理朱镕基依赖于国际大投行和咨询公司对中国国有行业，一个一个进行摸底，并设计了改革方案，第一个改革的行业是民航（1993年），第二个行业是电力（1994年），第三个行业是电信（1995年），第四个行业是石油石化（1996年），银行业的改革大概是1998年、1999年。当时中国银行业面临的最大问题是不良资产巨大，所以2001年四大资产管理公司剥离了中国银行业2.2亿的不良资产，采取的是壮士断腕的做法。从2002年开始，中国银行业就轻装上阵了，从引进国际战略投资人、海外上市到红筹股、H股、A+H股，一路过来，到2008年金融危机的时候，中国银行业安然无恙，傲视全球，中国银行业可以说是渡过了难关。

随后几年中国银行业获得了长足发展，但是有点发展过头，标志是什么呢？中国的金融资产大概是145万亿，接近150万亿，其中92%是银行资产。这是非常畸形的一个金融结构，银行一家独大，保险、证券、资产管理加在一起仅占8%，而且对这8%份额里的成员，各方面的评价都是影子银行、银行脱媒，好像银行受到了多大的威胁。所以我觉得中国银行业的改革应该从几

个方面入手：其一，过去除了国有控股、外资战略投资人，再加上上市的部分外，民营资本在中国十大银行里几乎是微乎其微，甚至几乎不存在，因此要从所有制的角度进行改革，也就是要改革银行的所有制体制；其二，从业态上进行改革，把资本市场发展起来，也就是经常讲的要将间接融资和直接融资的比例调整过来。银行是间接融资的载体，它的业务形态属于风险业务型，它所有的产品都是短期，而短期银行产品对实体经济的支持非常有限。在中国，除了大型国企可以顺延外，其他中小企业从银行获得的基本上是一年期贷款，即使这些中小企业的资金再紧张，银行也不管，这对企业的创新、研发和投资非常不利，同样企业也就不敢做证券投资，因为银行的钱都是短期的。

资本市场在中国发展了 20 年，风风雨雨，起起迭迭，存在的问题是没有给真正需要资金的企业提供好的股权融资渠道，也没有给企业或地方政府通过公司债来募集长期的、具有固定收益的债券资本，更没有像西方那样，为了解决银行和金融资产的不匹配而通过资产证券来发行 MBS（Mortgage-Backed Security，住房抵押贷款证券化）等金融产品。资本市场在中国规模小，股权产品、股票产品远远超过债券市场。这就决定了中国资本市场仅发挥了资本市场融资、变现、交易、投资、对冲风险五个功能中的融资功能，所以从世界经济金融版图来看，中国金融业最大的短板就是中国证券市场侏儒化，这是必须解决的一个问题。

另外，保险、资产管理、PE、对冲基金等都需要有长足的发展。所以我觉得未来民营资本参与中国金融行业的眼光不要紧紧盯着银行，其实银行最赚钱的日子不应该再继续存在，可能已经成为明日黄花。因为中央政府一定会把银行的暴利压下来，银行会放开存款利率，而不仅仅是放开贷款利率。中国的银行为什么那么赚钱？就是因为它两个点到三个点的垄断性利率差。在这种保护性利率差下，银行获得了暴利，获得了超额利润，但却伤害了实体经济，伤害了储汇的利益，伤害了中国的消费能力，所以银行业的改革绝对是中央政府非常重视的一项，所以我觉得民营资本现在进入银行不一定是什么好事情，因为最容易赚钱的时代已经过去了。即使民营资本进入银行领域，这就能够解决中小企业贷款的问题吗？不行，因为民营资本同样嫌贫爱富，同样希望贷款给大企业。

15 年以前，中国电信业四大公司独占市场的时候，我们说一定要投资电信增值服务，当时互联网最早推出来的是 SAP（Systems Applications and

Products in data Processing，企业管理解决方案软件），电信允许互联网公司做，但最后没有想到，SAP、ISP（Internet Service Prouider，互联网服务提供商）的执照放开之后成就了百度、腾讯、阿里巴巴等一批中国互联网企业。从这一经验来看，未来我们一定要投金融行业的增值服务，因为增值服务是非管制的，或者管制比较松的一些领域。同样，未来 15 年在中国金融增值服务里也可能出现金融行业里的百度、腾讯或阿里巴巴。另外，我觉得我们不要把这个执照看得太重，因为执照是特权，同时也意味着责任，意味着监管。在欧美市场经济发达的地方，金融行业的监管最严格，而真正严格的监管环境下要想获得高额利润非常困难。

我们做 PE 就做得很开心，因为 PE 没有人管，如巴菲特在美国就没人管，巴菲特很聪明，他选择的是金融行业里最高端的一环，所以我们要追求往金融产业链的高端上走。27 年前我进华尔街的时候，就确定了保险公司不进，因为在留学的时候，三天两头就有美国的保险人员向我推销保险，看着人家很辛苦，也觉得这个生意真不好做。于是我对自己说，劳动密集型的行业不做，银行也属于微利和劳动密集型行业，投行则属于阳春白雪，高盛、摩根属于挣大钱的，PE、硅谷的 VC 赚的钱比投行还多，最后一看，对冲基金赚得钱更多，高盛、摩根的总裁在华尔街的薪酬是最高的，4 000 万美元、5 000 万美元到头了，但对冲基金的老板是 5 亿美元到 50 亿美元。

从这个角度来讲，只要机制到位，对冲基金带来的效果立竿见影，它的价值体现在它能够替别人赚钱，如果不能替别人赚钱它就拿不到那么高的报酬，所以我觉得未来中国金融业发展的最好机会就是金融增值服务，如金融数据、资产管理、第三方募资机构等，这些都非常有价值，尤其是资产管理。改革开放 30 余年，中国老百姓和企业的主题是创造财富，积累财富，那么未来 30~50 年则是财富的保值增值，所以要创业，要投资，我非常看好财富管理领域里的金融增值服务。

民营资本要看到挑战和风险

陈琦伟：金融业有风险管理的需要，但是金融的风险管理是专业规则的需要，而不是政府的理念，所以在体制之外，我们更需要创新，刚才胡祖六博士提到专业投资、创新投资，包括财富管理、资产管理可能都是民营资本大有作为的地方。

请王总讲一讲：从你自己的体会来看，金融业本身的发展会给民营资本带来更多机会吗？

王东：汪潮涌在前面提到了电信改革，当时正好是中金公司成立，我们有幸从电信做到石油，做到银行，做到保险，经历了整个国有体制改革的过程，我本人还有幸参与了电信和银行的改革，因此对整个机制的调整有一些切身体会。金融改革从一开始就是整个中国市场改革的重要组成部分，从国有银行改革到后来的利率市场化，我们在这方面取得的进展其实还是比较多的，比如目前绝大部分银行的资产都实现了重组，网点的减少、利率市场化也在逐步推进，贷款利率的上限已经打开。金融改革也一直在推进，包括民营资本对现有国内银行业的参与，这个参与程度并不低。大家看一下数据，2012 年民营资本在股份制商业银行、城商行中的占比为 50% 左右，在村镇和民生银行中达到 70% 以上，民营资本虽然有这么大的股本参与，但是它们参与决策的能力一直受到限制，这是机制上的问题。未来民营资本在金融领域能够怎样参与呢？我觉得首先还是要看一下未来整个金融改革有哪些重要的工作和方向。

我认为未来金融改革基本上会围绕十八届三中全会所提的一些金融领域的重要工作展开。金融改革不是目标，因为它是其他行业发展的前提，也是一项基础工作。那么有哪几个方面的重要工作呢？第一，稳增长、抗风险，这是维持整个经济体系运行和保持改革成果的前提。第二，调结构，创新，实现产业升级。第三，人民币国际化。这三方面工作联系非常密切，金融改革也要和这三者密切联系在一起，而且要为它们服务。只有理解这三方面的工作和金融改革的关系，我们才能对金融改革有一个更深入的理解。

如果要实现稳增长、抗风险，在未来一段时间之内，金融改革就不能有任何改革举措触发系统性金融风险，这是一个基本前提，这样至少可在近期内保持基准利率的稳定和社会总融资成本无大幅度的变化。但是又不能控制利率成本，而必须使利率能够实现市场化、差异化的分配，并且从这个角度去促进调结构、创新，实现产业升级。因此所有的改革措施首先要解决金融资源有效分配的问题，实现市场化的分配。其次要解决矛盾，解决国有企业和民营企业由于资金分配不公而带来的矛盾，还有就是引导资金向新的城镇化、消费升级、技术革新等新增长领域发展，这也是金融改革的目标。另外，所有的金融改革措施都应该能够提升国内银行和金融业务的竞争能力。因为人民币国际化的最后目标是中国整个金融市场的开放，金融市场开放以后，如果国内金融业不具备竞争能力和风险管控能力，无法应对跨国资本流动和套利资金引发的系统性冲击，那么中国的金融市场仍将是不堪一击。

围绕这项工作，可以判断，未来的金融改革工作应该从四个方面展开。

第一，做大市场。我们市场化融资的规模还太小，基本上不是信贷融资，就是间接融资，因此必须做大市场，这样才能够满足未来金融改革的广度和深度。在这方面，除了放开股本融资市场外，在控制信贷规模增长的情况下，还需加快做大债券市场，因为债券市场是未来金融市场实现现代化的一个很重要的基础。其一，只有债券市场做大了，大型国有商业银行才能把业务重心从现在的信贷业务转到市场化投资上，现在我们有一百二三十亿商业银行资产，其中债券市场只有二三十万亿，实体经济在债券市场当中发挥的作用很小。其二，只有债券市场做大了，这个市场才能够倒过来刺激商业银行去为中小企业提供信贷业务的服务。而当大型国有银行把资产业务转过去，它腾出来的信贷业务空间才能够给中小银行和民营银行提供一个新的业务发展的外界空间。所以债券业务扩大非常重要，但从制度建设、监管方面来讲还有很多要做的工作：第一，债券业务审批一定要放开，欧美发行债券不需要审批，最多是披露，而我们需要审批，企业没有办法有效把握这个变化。

第二，要深化广度和深度，要逐步适当允许国际金融机构参与国内债券市场，他们的参与能够提高我们整个债券市场的容量。

那么除了做大市场规模以外，还要深化利率市场化的改革。利率市场化是一个大家讨论了很多年的问题，贷款利率的上限在监管上已经放开，这是好不容易取得的一个成果，下一步就是存款利率上限放开，但是利率市场化的改革不仅要有政策和制度的保证，且制度和政策能否有效运用是关键问题。因此除了有制度和政策以外，最重要的是什么呢？是加速国有银行体制的改革。国有银行在股权结构和治理结构上一定要改革，如果不改，它的激励机制就不可能使它产生业务创新和承担风险的能力和意愿。

第三，要给中小企业参与金融业自由度，要为它们创造条件。针对中小银行网点不够的问题，我觉得在满足监管条件下，应该加快网点的审批。目前中小银行发展跨区经营，网点审批仍然是一个约束，民营资本参与的程度也受限制。另外，对于金融领域的新兴事物要有一个包容的态度，包括互联网金融，这些东西都是在新技术条件、新经济条件下产生的新生事物，只要合法、合规，我们就应该给它一个发展的空间。

第四，要加快金融制度建设，努力使存款保险制度和企业破产程序得到有效落实，除此之外，政府还要打击地下金融业务，否则银行业务的发展不可能有安全保障，更不可能有一个有效、合理的竞争环境。

对于民营资本如何参与竞争，我没有太多的想法，但是我提以下几点看法，与大家一起分享。第一，要看到挑战和风险。传统银行的利率差业务是一个恐龙级的业务，民营资本现在的进入一定要有风险判断，这个风险可以归纳为两个方面：一是监管的压力，银行永远需要监管，政府看得见的手就永远在那里，而且中国有一个特色，那就是政府不仅监管，它还要参与运营。在这样的环境下，能否为民营银行创造一个公平的竞争环境呢？这是一段时间内需要解决的一个问题。第二，业务风险。目前民营资本参与银行业的比例并不少，有些银行也做得很好，特别是民营银行，它们以中小银行为主，机制很灵活，本土优势明显，另有地方政府的支持。但是发展一段时间以后，问题就出现了，那就是管控体制治理和运行流程管理明显跟不上网点扩张和规模扩张。这是很多民营银行面临的问题，在这样的情况下，它们如何去抵抗金融市场的风险？另外，产品的同质化程度非常高，大家都去做利率差业务，为中小企业提供融资服务不仅大银行不喜欢，小银行也不喜欢。所以民营资本进入银行业要想取得成功，就不能够走大银行综合性经营的老路，而必须做出特色，必须突出自己的核心竞争力。比如招行最早做互联网，它通过互联网银行把自己的业务特色做出来了，而中信银行主攻个人外汇业务，民生、光大则集中做中小企业融资，这就是特色。

王均豪：王总的讲话让我想到一个问题——监管的问题。警察永远在考虑如何抓坏蛋，那么我们能不能不做坏蛋，这样我们也就不怕警察了。类比到民营银行，我们要为自己的健康负责，那么我们为什么总想让别人来监管，自己主动做一个好孩子不行吗？我的意思是，我们按照标准来约束自己，自己主动"考及格"。

王东：大家对办银行的热情非常高，我不是银行专家，从我的理解回应一下：第一，在现有的传统银行业务领域，新进入者肯定会面临已有竞争者带来的阻碍，而且新进入者是在已有竞争者占有市场主导地位的情况下进入的，这样新进入的成本很高；第二，即使满足监管条件，这也意味着运营成本和竞争力将会受到很大的影响。

陈琦伟：民营资本确实很累，我们给王均豪加油。

王均豪：我们已经申报了民营银行，但是我觉得不累。我们肯定有自己的机制和优势，毕竟我们发展了20几年，各个行业都发展过，就像航空一样，7年前所有人都怀疑我做航空，但三百六十五行，行行出状元，只要给我们一个机会，我们肯定会走差异化道路，正如我们在航空领域走的中高端路线。市场的开放是百花齐放，总有花开，总有花落，我觉得这是一个规律。

未来财富管理有很大的发展空间

陈琦伟：事实上民营资本办银行阻碍很大，各地都有额度，另外，很多民营资本不一定像王均豪这样有胆量和胆识，民营资本不是总想冒险和创新，它的本质也是资本，具有资本的所有性质，所以它会遵循很多规律。但不可否认的是，民营资本在中国已经有了很大的发展，具有相当的规模。想请问汪总：民营资本怎么看中国市场的机会？

汪静波：小时候，我记得中国有一个企业家叫仰融，为什么叫这个名字？这是他的笔名，仰慕金融的意思，这代表了当年很多中国民营企业家的思想，在创业之初都有一些资金饥渴。我从事金融行业将近20年了，前10年是在大型金融机构工作，后10年是自己创业，我觉得现在已经进入了另外一个时代，这个时代跟过去不太一样，已经不是建立核心竞争力或者了解客户需求就能获得成功了，所有现在办民营银行会比较困难，不一定会赚钱，因为中国现有的银行已经非常庞大，它们可能满足了所有的传统需求，而真正能够逆袭的也许是跨界的金融机构或产品，比如余额宝、阿里小贷，这些其实都是银行脱媒。未来，直接融资的比例会越来越大，间接融资比例越来越小，2013年间接融资的比例是60%，以前这一比例是90%，脱媒的发展速度非常快。

另外，我觉得财富管理也有发展空间。第一，中国正在走向老龄化，随着人们年纪越来越大，消费越来越少；第二，改革开放30年后，很多人积累了非常多的财富，投资需求增多。所以我觉得财富管理肯定会成为朝阳产业。日本在过去20年经济一直持续下滑，但是它的财富管理仍然在增长，很多时候保持两位数的增长，这就代表了一个大的未来发展趋势。所以，未来民营资本进入的领域不一定是银行，而应是资产管理行业，或者金融行业里的增值服务。对互联网的运用，我觉得它不仅仅是工具，而且是整体思维模式的改变，如果没有跟上就会被颠覆。

汪潮涌：中国20%的人口拥有80%的金融资产，这20%的人基本上不用互联网金融，所以你不会被颠覆，它只是一个渠道而已。

汪静波：这次我陪爸爸去度假，他已经70多岁了，在看到理财通、余额宝后，他问我，为什么你们不这样做呢？每天可以计算赚了多少，今天到期，明天就可以转存。如果我老爸都这样认为了，我觉得这就成了一种普遍的认识，这是非常值得焦虑的现象。在这样的环境下，我觉得最重要的是建立起自己的核心竞争力，别看有些人宣传得很好，其实它的业绩并没那么好。谁能够在市场上坚持下来，给客户赚钱，谁才能有市场竞争力。所以，未来的竞争还是产品的竞争。

王东：汪总提到了焦虑感，实际上这是民营资本克服目前困难的一个非常重要的武器，也是民营经济始终能够保持强盛竞争力的一个非常重要的因素。当下，民营资本的焦虑感体现在哪里？新的业务，就是未来民营资本在金融业务领域里的发展机会，比如互联网金融。而国有资本没有这种焦虑感，所以这实际上是将互联网金融的业务让给了民营资本，包括余额宝等，这就是为我们民营资本创造的一个机会。那么民营资本能不能抓住机会发展出有特色的业务，这是对我们民营资本的一种挑战。

汪静波：我觉得，市场经济发展与所有制没有多大关系，在发展过程当中，我们并没有感觉国有和民营有什么不同，竞争到一定深度的时候，公司的核心能力才是关键。

关键是在体制上进行改革

陈琦伟：汪总这个体会讲到了本质，中国总有民营和国营的观念区分，但正如民营的煤和国营的煤放到炉子里是一样燃烧的道理，市场经济发展无关所有制。

王均豪：最重要的是企业有没有实现有主人的体验。我看到一个数据，在世界五百强企业中，大股东是家族成员的企业，它的所有指标都好于股东是分散小股东的企业。我在均瑶集团成立20周年的时候举办了一个百年企业之路的高峰论坛。我提出要做一个百年老店的探索者，希望均瑶集团能够可持续发展下去。

许立庆：我曾经在怡和底下的金融公司服务过很长的时间，后面转到怡和，从中我可以看到金融业跟传统业之间的区别和联系，因为怡和现在基本上没有金融业，只有酒店、度假村、汽车、餐饮。当初为什么怡和会在发展很好的时候决定卖掉金融呢？因为监管成本越来越高，这让很多中小金融企业没有办法生存下去。

回到本质来看，银行到底是什么东西？我们知道，银行业最基本的要求就是资本充足率不得低于8%，也就是100元的资金里银行自己要有8元。如果将银行当作一般行业来看，它的负债率就达到了12.5%。怡和是一个传统的行业，它的负债率是多少呢？也就是8%，90%多都是自己的资本。两者之间的差别如此之大，当然这个负债率只是商业银行，投行比这更高。银行扮演什么角色？资金的持有者，是资金所有者与资金的使用者之间的一个桥梁，早期的银行很简单，就是存和贷，中间赚一点小利差。

正是因为这样的缘故，任何人都跟银行脱不了关系，所以银行业具有一定的社会功能。银行出了问题，它的那些存款怎么办？举一个例子，所有的行业里

只有银行业有这样的现象，那就是如果有一家银行要倒闭，其他的银行会想办法过来救它，为什么？因为银行都是靠信用生存，如果有一家银行倒闭，人们就会对所有的银行失去信心，从而抽回存款，如此下去再大的银行也会倒闭。银行的系统风险在所有行业里面是最高的，各个银行密切相关，而且会影响到所有行业。

为什么所有的政府都要监管银行？除上面说的之外，还由银行本身的特征所决定。银行负债率是 12.5%，风险很高。如果银行亏了，股东赔本 8 元，那么其余的 92 元谁来负责？社会来负责。在如此高的负债率下，管理者或股东就会有很强的冒险冲动。格林斯潘下台的时候说，他犯过的最大的错误就是太相信市场了，他认为银行的人比他还懂银行，所以他不要管太多，而正是这个理念产生了 2008 年的金融风暴。回头看雷曼兄弟，破产前一刻，它的负债是 40 倍，也就是 100 元的资金里它只有 2.5 元，这样市场稍有波动，它自有的资本可能一天就没有了，破产的原因就在这儿。

说了这么多，事实上我想说的是，金融业或者银行本身就存在着一个矛盾。一方面它们承担了社会公益的功能，大家都认为它不可以破产，但是另一方面，它们有如此高的举债，这就成为它们冒险的大诱因，这就是所谓的道德风险。2008 年以后，金融业事实上进行了很多次改革，但这些改革都是技术上的改革，没有碰到实质。为什么实质性的改革这么难？因为这一矛盾实在太激烈，太严重。现在民营资本逐渐进入银行业，这就将问题弄得更复杂了，要想解决这一矛盾也就更具挑战性了。

当然，我相信金融大开放的时代一定会到来，没有一流的资本市场绝对支撑不了一流的经济。郭广昌讲到，国内一方面资金很多，另一方面融资成本却是全世界最高。就制造业来讲，这是很矛盾的，中小制造业的成本是 8%，再加上 10% 的资金成本，如此高的成本如何能使它们跟美国制造业竞争？这些都是要考虑的因素。所以，关键还是如何在体制上进行改革，至于所有权是谁其实没那么重要。

陈琦伟：中国的民营资本非常年轻，面对成熟的国有资本，它们的差别好像很大，但是民营资本的成长也很迅速。下面请嘉定的费区长讲讲她是怎么看待民营资本的。民营资本在你眼中有哪些力量，有哪些不足？

费小妹：1993 年，吴邦国到上海嘉定调研，我们给他汇报的主题是发展民营企业。对此当时的争议也很多，但这 20 余年的发展中，我们始终在做三件事：第一，平台；第二，服务；第三，政策。2013 年，我们的财政总收入是 660 亿，在上海区县里排第二，浦东排第一。而在这 660 亿当中，民营资本的贡献率达到了 55%。为了将国有资本和民营资本更有机地结合，我们成立了嘉定创投，现在管理了 150 亿资金。通过政府基金的引导，现在嘉定工业区的企业有 1 700 多家，当然我们不仅仅看重在嘉定的公司，我们更希望有更多的投资人来投我们嘉定的企业。所以我们要把这个平台做好，让我们的投资人，让这一千个亿的资金杠杆再放大，从而推动我们整个区域发展。

陈琦伟：大家还有什么看法？

汪潮涌：我觉得均豪申报银行还是有成功的可能。为什么？第一，基于深厚的温州民营企业基础，为解决民营企业的民间高利贷，使民间信贷合法化，这使得它本身就有客户基础。第二，航空业的客户，即使只有吉祥航空的客户成为他银行的未来客户，这就够银行吃一辈子了。第三，航空业是非常好的融资平台，飞机租赁可以用非常长期的、低成本的资金，也可以通过预收款补充银行存款。

陈琦伟：我们今天谈了很多的内容，真的是面向未来的。大家可以有很多的期待，看看进一步发展的结果吧。

全面看待影子银行的作用

吴庆斌 中泰信托有限责任公司董事长

2014年亚布力年会的主题是"市场的决定性作用——理念与行动"，然而谈起对利率市场化起到强有力推动作用的排头兵——"影子银行"，大家却心态复杂。有人认为，如果金融市场不打破刚性兑付，推高无风险利率，资本市场就没办法发展下去；也有人认为，若刚性兑付的理财产品没有违约事情发生，中国永远不可能有健康的资本市场。

我们应该如何辩证地看待影子银行？我国的主流金融业务中如银行理财、信托计划、券商资产管理计划、保险资产管理计划、基金子公司、互联网金融、小额贷款与第三方担保等，均有部分甚至全部可纳入影子银行业务之中。资产组合管理、资金池、期限错配、隐性担保与增信等操作方式增加了交易结构复杂度、不透明度和潜在的兑付风险，部分涉及"刚性兑付"的业务在事实上也形成了类银行的资产负债业务或资产管理产品，其放款功能与银行相似却不受商业银行监管协议的限制，出现了类同于国外主流的影子银行。

影子银行不断发展的现实基础

我国金融体系现状的形成，是金融市场各参与者之间不断博弈的结果。在一定历史时期，影子银行也可以算是金融创新的一个重要组成部分。影子银行体系的发展，是"市场在资源配置中发挥决定性作用"所取得的成绩，具有历史必然性，这体现在以下几个方面。

第一，利率市场化大门已然打开。随着政策的进一步出台，利率市场化改革将持续地深入下去，影子银行部门是商业银行体系之外利率市场化的先锋。

第二，由于过去我国货币政策长期较为宽松，M_2增速较快，增大了通货膨胀压力，再者由于存款利率管制的存在，使得社会整体资金回报率偏低，因此家庭部门有着旺盛的投资需求，这也促成了影子银行的不断发展。

第三，优化银行资产负债表的金融产品没有出现，商业银行体系需要不断满足监管指标以进行存贷业务，因此对于资产证券化等影子银行类业务有较大需求。

影子银行的积极作用

1. 影子银行是宏观调控的"加速器"

以 2008 年年底出台的 4 万亿投资为例，影子银行体系由于市场化程度较高，因此能迅速给出反应，冲击了整个融资体系的最前端。部分信托业务通过股权融资为项目提供资本金，并带动更多的贷款融资，影子银行部门可以为企业提供资本金并以此为杠杆再进行银行的信贷融资。虽然从某种程度上看这种反应对信贷扩张起到了推波助澜的作用，但从另一个角度看却极大地提高了信贷市场的活跃程度。

2. 影子银行是宏观调控的"缓冲垫"

当出台带有"急刹车"性质的宏观调控时，由于银行为计划经济体系，对于监管指标的限定会产生类似于"一刀切"似的反应，会为经济带来"硬着陆"的风险。影子银行体系的市场化行为则不会受这种政策过多的影响而造成信贷紧缩，而是迅速地根据市场需要与当前的政策环境，重新定位业务领域与创新方向，从而为整个融资市场提供一个"缓冲垫"，为资本市场注入了一种"柔"的因素。

影子银行对以信贷为主的资本市场做出了有效补充，在社会融资规模不断增长的同时，我国的银行贷款规模所占比重从 70% 降到约 50%，影子银行功不可没。同时，由于利率管制条件下真实利率经常性为负值，以存款为主的理财方式难以实现财富的保值、增值，但影子银行部门为投资人寻找到了这样的途径，为投资人创造了较高的回报，增加了社会财富。

影子银行部门也带动了监管层面对于整个金融体系的监管水平，央行的调控目标从过去的控制总体贷款规模，开始转移到我国的社会融资总规模，尤其是关注我国直接融资规模的进展。

我国影子银行"野蛮生长"中存在的问题

虽然影子银行的出现有其历史的必然性与诸多的积极作用，但我们也必须意识到，之所以称之为"影子银行"，一是由于法律和监管对其没有具体的定义与确定的范畴，没有统一的口径；二是由于其体现的是一种新型的金融服务，让人感觉无处不在。由于影子银行特有的背景与特点，其在发展过程中不可避免地产生了很多弊病。2013 年夏天银行间市场的"钱荒"问题、2014 年以来出现的信托计划"兑付门"事件都引起了业内和其他各界的高度关注。

1. 影子银行异化了资产管理部门的商业模式

为什么这么说？因为影子银行的商业模式问题违背了金融产品风险收益定价的基本准则。

影子银行部门当前存在的最大问题在于无法对其商业模式中的盈利方式进行准确定义，没有人能说清楚在融资过程中影子银行中介究竟赚取的是息差还是资产管理费，抑或是两者兼而有之。

剖析影子银行部门融资业务的全过程，我们不难发现，这类业务先通过融资方市场的市场竞争确定综合成本，再根据市场上投资人可接受的收益率水平确定产品的预期收益率，其差额便是资产管理方的收益，而投资人收益率与社会融资成本分别是与存贷款收益率高度相关的，因此影子银行部门的定价方式并不是风险定价，而实际上是基于资金在供需两端的差价进行定价，影子银行部门所赚取的收益本质上是来源于供求两端的资金价差，即息差。

以市场上的理财产品结构为例，如投资金额在1万~5万之间的投资者回报率为3.2%，5万~10万之间的回报率为4%，20万以上的回报率为4.5%等。显然，这种结构化划分的主要依据仍然是吸收存款的思路。若以资产管理的商业模式募集资金，那么应该是风险定价而不是根据资金规模定价。

由于当前我国利率市场化程度仍然不够，使得这部分资金价差存在着较大的利润空间，影子银行部门赚取的这部分利润实际并不是基于自身的资产管理能力，而往往是基于一些外部条件如牌照红利、对投资者的信息优势——投资者往往无法通与影子银行部门的合同全面了解项目的真实风险状况和收益水平，这为影子银行部门从中获取更多利益提供了便利。

当市场产生了巨大的投融资需求时，影子银行部门能成为最直接、有效，便于复制并且能被投资人迅速理解、接受和依赖的盈利模式，其实就是存续已久的息差模式。影子银行部门这些年的爆炸式增长虽然说明了这种模式是顺应宏观经济环境与市场需求的，但也暴露出一些弊病。

由于在融资过程中产品信息披露不充分，标的资产的风险无法完全转移到投资者手中，同时由于利率市场化程度不够，影子银行部门有着获取超额报酬的便利，因此在这种模式下发行的金融产品其风险—收益是不匹配的。在市场整体向好时，这种简单粗暴的发展模式能够得以持续；但是当市场环境恶化，这种扭曲的产品不但很难有生命力，甚至可能产生较大的市场风险，并有演化成系统性风险的可能，因此这种商业模式必然是不可持续的。

为了能维持这种基于息差的盈利模式，金融产品的发行中介不得不承担补充部分信用以使风险—收益匹配的责任，这部分信用就是"刚性兑付"的成因。在经济上行、货币宽松的时候，这种商业模式运行相对稳定；但是当经济波动、货币收紧时，风险就会不断的涌现出来。影子银行部门过去虽然为我国的经济建设与发展及社会财富的增长创造了源源不断的价值，但是其利益分配与责任承担却不尽合理，这种被异化的商业模式不可持续，即将走到尽头。

2."刚性兑付"的破解"没那么简单"

"刚性兑付"作为市场默认的一项潜规则，其实并不是监管部门所规定的义务。有些人可能简单地认为，"刚性兑付"的破与不破是金融中介的一个简单选择问题，但正如其复杂的起因一样，"刚性兑付"绝对不是一句简单的"兑付"或"不兑付"能够解决的，而是一个多方参与相互博弈的过程，其最终结果取决于道德准则、商业信誉、经济利益、社会和谐等多方面的因素。

首先是金融中介对于自身商业信誉和自身金融牌照价值的考虑，其中还牵扯到影子银行部门是否尽到了管理责任，有没有使市场风险转变为资产管理风险。一旦刚性兑付被打破，投资者信心很可能会发生崩溃，公司信誉倒塌、客户大量流失是十分可能的结果，这种潜在的违约成本对于任何一家公司都是"生命不能承受之重"。因此不到万不得以，相信很难有敢于这样第一个"吃螃蟹"的公司。

监管部门的取向也将影响事态的发展。一旦"刚性兑付"被打破，如果可能导致区域性风险或系统性风险，这是监管机构所不能容忍的，将严重影响到市场中的投资者预期，其影响可能遍布全行业，监管部门是否允许这种情形的出现是个值得探究的问题。

投资人对风险的承受能力也是一个重要因素，一旦发生兑付事件，波及过多的小额投资人，往往会产生较大的社会负面效应，甚至产生一定的社会稳定问题，这也将对金融中介、监管部门的决策造成影响。

地方政府对于地方经济的考虑也将产生一定影响。在当前的经济结构中，社会融资尤其是大规模的融资往往有政府的身影牵涉其中，当发生"刚性兑付"危机时，若地方政府选择任其发生，那么整个地区的信誉、投资者信心、与金融机构的合作关系都将受到影响，因此地方政府往往会需要动用其掌握的社会资源为出问题的资产进行补贴或增值，参与化解风险。这样就会让"刚性兑付"更加牢不可破。

宏观调控部门对于形势的判断将影响整个进程，由于我国影子银行体系已相当庞大，"大而不倒"是宏观调控部门必须面对的问题。当前我国社会融资规模与真实 GDP 增量的比值约为 5，一旦影子银行体系遭到冲击将导致直接融资规模下降 5 个百分点。以当前我国直接融资规模 20 万亿计算，将会造成 0.2 万亿的新增真实 GDP 减少，简单估计将对真实 GDP 新增规模造成较大的下行压力，影响整个金融体系的信心。宏观调控部门能否容忍这种潜在的巨大风险而不加干预，将会影响市场预期与各主要参与方的表现。

以上各个因素互相角力，多个利益方进行博弈，最终可能会出现若干局部性的刚性兑付问题，但整体判断，出现大面积刚性兑付风险应是小概率事件，其根本原因在于现有的商业模式下全面破除"刚性兑付"可能会让金融体系和经济发展付出巨大代价。

未来影子银行体系完善的路径

解决异化的资产管理商业模式问题必须寻根溯源才能达到标本兼治的效果，即转变影子银行体系的商业模式。从直接融资的本义考虑，在资产转移的过程中，最重要的无疑是其中的风险转移机制与资产定价方式，将合适的产品销售给合适的投资人，做到"卖者有责、买者自负"，营造良性的资产管理生态环境，具体的解决方法如下。

1. 加强客户的风险适应性调查

对客户做风险承受力的调查，在资产管理产品营销过程中强化投资者的自主决策地位，通过判断客户的风险适应性，使得资管方提供的资管产品与服务同投资者的风险承受能力相匹配，让有能力的客户自主决策自己的投资产品，使得投资者理解和正确认识投资有风险、风险与收益对等的观念，选择出与其风险承受力匹配的产品，对自己的决策负责。

2. 完善产品信息披露体系

在现有的产品信息披露基础上，继续完善信息披露的工作。首先，对非标产品进行标准化改造，比如模仿标准化产品如债券发行募集说明书的样式在发行阶段充分披露产品的相关信息、揭示产品风险，为投资者风险决策提供依据。其次，将产品置于广泛的社会监督之下，倒逼影子银行体系不断提高自己产品的标准化程度。

3. 坚持发展资产的风险—收益定价

通过引入第三方评级机构公正、公平、公开的评估信用主体和产品的信用状况及风险等级，为投资者决策和市场定价确定技术基础。同时，应允许竞争性产品如市政债券、类高收益债券等的出现，不断丰富市场中的产品种类，弥合破碎的收益率曲线。以市场的力量，使得产品定价由风险程度而定，而不是基于供需两端的差价进行定价。

4. 建立有效的流通市场，让市场发现影子银行的价值

当非标产品标准化程度足够高之后，逐步为其建立统一的注册登记制度与公开交易市场。大量的交易行为将使价格随着市场的供求情况而波动，而市场的供求情况取决于市场中的参与者对产品现在或未来的风险—收益情况的判断。这种价格就可以体现产品的即期风险，也涵盖了产品远期风险的贴现价值，从而建立起新的风险定价方式，而不再是简单的依附于"刚性兑付"的预期。

通过这四个方面的转型来完善资产管理部门，为社会提供直接融资服务与资产管理服务，使得资产管理部门成为我国多层次资本市场的重要组成部分，充分发挥影子银行充分市场化与机制灵活的优势；摒弃赚取息差的盈利模式，实现以赚取资产管理费用为收入的盈利模式，使原有的影子银行部门转变成为真正的资产管理部门；完善金融资产市场的风险收益率曲线，通过市场发现价值，推动中国的利率市场化进程。不能不正视这样一种现实：若传统商业银行不推进利率市场化，那么影子银行将帮你完成这一进程；如果商业银行推动利率市场化进程，那么影子银行将面临很大的挑战。无论是哪种情况，资产管理部门都将继续促进金融资源合理与高效的配置，真正意义上实现市场在金融资源配置中起决定性作用。

第七章

城镇化建设带来了什么

什么是真正的"城镇化"

需要提防任何一种一窝蜂式的社会行为。城镇化无疑是中国经济未来几十年的主题，也是最大的增长点，但中国的城镇化必须从单纯追求速度，向质量和效益并重转变。城镇化的本质是人的城镇化，是人的权利的全面回归，由此，城镇化也必然是全面深化改革的集中体现。

在2014年亚布力年会上，中诚信集团创始人、董事长毛振华，武汉当代科技产业集团股份有限公司董事长艾路明，浙江建龙控股集团有限公司董事长张伟祥，高盛亚洲投资管理部董事总经理哈继铭，陕西长河实业集团董事长高鸿鹏，欧美同学会副会长、中国与全球化智库主任王辉耀就城镇化的问题进行了深入讨论，零点研究咨询集团董事长、飞马旅发起人袁岳主持了该场讨论。

袁岳：“城镇化”显然不是一个新词，上一届政府就把城镇化当成寻找经济发展新动力的一个很重要方面，所以从概念上来说，这不是一个新概念，但很显然，对新一届政府来说，城镇化被放在了一个更加突出的位置。那么，现在大家说的城镇化跟以往的城市化或者城镇化有何区别？是否有一些新的内涵？在新型城镇化过程中，它是否会为其他产业带来更多的发展机会？它是否会带来新的价值？或者具有不一样的发展方式？现在都在强调“市场的决定性作用”，具体到城镇化方面，市场的决定性作用能发挥出什么新的作用和形式？这类问题值得我们探讨，首先我想请问各位，现在的城镇化是否有某种新意？

新型城镇化是人的城镇化

哈继铭：如果说现在的城镇化被赋予了新意，我觉得更多的是强调了人的城镇化而不是简单的土地城镇化。过去的城镇化以大兴土木、开发房地产为主要形式——在许多地方高楼大厦平地而起。它带动了投资增长，但这种城镇化是比较简单的、机械化的城镇化，它短期内确实带来了经济的增长，但是从中长期来看，它也带来了风险和经济失衡。首先，投资的占比过高，中国 GDP 构成明显扭曲。根据 2012 年统计局公布的数据，投资占 GDP 的比重高达 48.7%，中国历史上这一占比的次高点是在 1958 年，42.3%，也就是说在大跃进这种疯狂的年代，投资占 GDP 的比例都没有 2012 年的高。再根据 2014 年 1 月公布的三驾马车对 GDP 的贡献数据来看，这个比例可能已经达到了 50%。从这个角度来说，2012—2013 年的经济失衡情况并没有得到改善，反而略有恶化。

袁岳：也就是说，要想市场发挥决定性作用，政府在投资中的贡献就应该低于 50%，是吗？

哈继铭：我觉得这个比例将来一定要下调，日本和韩国最高的时候，这一比例也只有 40%，所以无论是纵向比较还是横向比较，我们现在的比例都过高，将来要往下调。往下调的重要方式就是人的城镇化，用拉动消费和内需来化解投资过高带来的经济和金融风险。人的城镇化怎么做？这是最具有挑战性的问题。因为正常来讲，接下来的城镇化速度应当会比过去慢一些，为什么这么说？我觉得这是客观规律造成的结果，因为城镇化和老龄化有密切的关系。一个国家的人口结构如果比较年轻，它的城镇化速度往往会比较快，因为企业比较倾向于雇用年轻力壮的劳动力。而如果社会步入老龄化，其本身的城镇化进程就会放缓。这是我们遇到的一个挑战，对人的城镇化也是一大挑战。

人的城镇化的关键还是要扫除制度上的障碍，使外来人口在城市里能够永久居住下来，真正地成为城市的一员。这一两年来大家都在说两个数据，那就是根据户籍测算，中国的城镇化只有 35% 左右；但用居民来测算，这个比例已经达到了 55%。两者之间的差距有 15%~20%，这就说明有大量居住在城市的居民并没有享受到城市的社会福利和社会保障，他们还只是暂时在城市里居住的劳动力，因此这还不是真正意义上的城镇化。这些人有多少？根据我们的测算，差不多有 2.5 亿。他们通常居住在老板提供的宿舍里，所以相关的消费需求基本上释放不出来，比如说他们不会想自己买一台电视或者一台冰箱，他们积攒的钱最后会寄回农村老家。但如果真正实现了他们的城镇化，相关的消费需求就会释放出来，这样我们的消费总量才能得以上升，才能打破投资率不断上升的局面。所以我觉得将来的城镇化应该朝这个方向发展。

高鸿鹏：我认为，城镇化有其历史的必然性。什么是真正的城镇化？我的理解是要符合客观规律。我个人的观点是：第一，如果城镇化不能真正地解决农民的收入问题和权利问题，那它就不是符合客观规律的城镇化。第二，中国将要完成的城镇化是历史上范围最广、规模最大的一次移民。中国的近代发展是工业化的过程，就是减少农民。农民在变成城镇居民的时候有两个特点：一是居住地和居住环境发生变化，二是生活方式发生变化。政府、企业、农民以及城市里面居住的人没有认识到这个大的社会变革，不能适应这个变化以及采取一些卓有成

效的解决措施。第三，城镇化不是由地方政府包办，而应该让更多的社会组织、企业参与进来，因为城镇化的核心是让农民有新的居住地，其中最基本的是要解决农民的收入问题。但是城镇化的真正完成可能需要很长的时间，因为随着人口结构的变化，问题会逐渐显现，社会也需要一定的时间来解决这些问题和矛盾。但是对未来，我仍然比较乐观，我相信时间可以解决一切问题。

关键是人的权利要平等

王耀辉：城镇化实际上是中国的现代化建设，特别是十八届三中全会以后面临的一个核心问题。中国现在已经不是处于重量的阶段，而是到了重质的阶段，那么在 GDP 不断高速增长的前提下，实现从中国制造到中国创造，从人口红利到人才红利，从投资拉动到人才拉动，都要求我们城镇化的质量得高。现在国际上传递着不准确的信息——中国的城镇化已过半数，但实际上我们的城镇化才 1/3，很多农民工虽然住在城市，但这并不代表被城镇化了。城镇化到了真正需要解决的阶段，怎么解决？

我有几点看法：第一，农民工无法真正城镇化是因为没有居住的条件，大量蜗居，几十个人挤一套房子。解决这个问题就需要把中国大量的空置房释放出来。有数据显示，我国现有的空置房有 8 800 万套，够 2 亿人居住。在纽约，几乎每套房间都亮着灯，但中国北京和上海的情况就很不一样，有大量房子空着，晚上一片漆黑，浪费现象非常严重。北京市的统计表明，空置房接近 30%，因此如何解决空置房的问题可能是城镇化过程中要解决的关键问题之一。第二，农村里同样有大量空置房。因为年轻劳动力大部分都在外打工，这造成了土地的严重浪费，由于宅基地资源不能流转，目前情况下，这一浪费现象也无法得到有效解决。那么我们是否可以出台相关的政策使土地流转起来？这样农民才有钱到城市里购置房产。如果有大量农民工到城市里购房，这就可能建立良性循环，因为有了恒产，他们就会有恒心，就可以消费。因此我们要避免两边空置房的浪费，而解决城镇化真正的问题是要把它运转起来，同时降低中国居高不下的房产价格。所以在政策上还需要有突破，户籍政策起码要平等，现在的情况是很多人在城市工作多年，最终还是无法享受相关的社会福利和社会保障。因此，解决这个问题是我们城镇化的关键。

艾路明：作为一个农民，我从我们村的角度来谈一下这个问题。第一，我想城镇化对一个农民来说，最重要的还是人的权利要平等。如果他们不能与城里人享受同样的待遇，或者是正常的公民待遇，城镇化就很难真正做到满足农民发展的需要。而如果不能满足他们的需要，他们要么仍然会在节假日，尤其是春节时往返老家和城市，大迁移的现象

仍然会存在，这是世界奇观；要么就会呆在某一个地方面对这样那样的困难，比如说小孩的就学问题，我国为什么会有 5 000 万留守儿童？是因为让孩子在城里读书不是一件容易解决的事情。所以从农民工的角度来说，人的权利的平等是最基本的概念，如果这一点做不到，城镇化恐怕将永远是一个分割的城镇化。

第二，对农民来说，最重要的不仅仅是把宅基地进行一定程度的私有化，最核心的还是土地制度的问题。如果完全按照十一届三中全会以来的思路，得将土地真正分到农民手上，使土地成为农民拥有的、可以自由买卖的财产，城镇化的进程才真正有可能加快。如果做不到这一点，上面出现的情况仍然不会消失。前几年我听一个经济学家说，中国的改革开放为什么可以成功？为什么能从早期的处于崩溃边缘迅速地发生改变？其中很重要的原因是，3 亿人口从西部调到了沿海地区。那么现在面临的问题就是如果使这 3 亿人在城市里生活下去，而要解

决这个问题，核心的制度问题不解决都是徒劳，他们仍然只能来回跑，只能被边缘化。所以，我想这两个问题如果能解决，与之相应的教育、户籍制度和其他平等权益能实现，中国才能真正地实现城镇化。

毛振华：城镇化是老话重提，现在有什么新意？我想主要有两个方面。第一，现在的城镇化被视为国家战略。过去城镇化伴随着 30 年的改革开放进程展开。统计数据显示，1978 年的城镇化率是 17%，现在是 50%，也就是说每年在按照一个百分点速度向前发展。我不太认可它的科学性，但是我们可以将它视为一个经验数据。我们知道，城镇化水平提高一个百分点，可以推动 GDP 大概增长 3 个百分点。换言之，只要中国有城镇化的空间，那 GDP 一般来说也可以再高 3 个点，所以中国不可能出现负增长。同时，现在提城镇化的战略背景是什么？是我国面临着经济转型，从超高速经济增长转到中速经济增长。我们缺乏增长的动力，因为原来靠投资的增长方式想改变，依靠出口非常难。这样的情况下，寻找国内的增长极就变得很重要，城镇化就是找到的增长极。我的理解是，现在讲的城镇化不是常规的城镇化，是加速城镇化，是把城镇化上升为国家政策的城镇化。

第二，城镇化跟过去有争议的问题挂钩了。过去城市化和城镇化之间存在很大的争议，中国的大城市和超大城市已经出现了膨胀现象，上千万人口的城市有六七个，百万人口以上的城市有一百多个，这在全世界都是罕见的。这就出现了大城市病，所以我们需要把人口分散开来，这就涉及城镇化问题。城镇化的争议在哪些地方？大城市化有什么问题？城镇化有什么好处？对此我们都能给出很多种说法，但背后的问题是人的城镇化，人到城市里去一要吃饭，二要干活。因此城镇化的核心就是就业，就业的背后是产业布局，而产业布局的理想模型是以 20 万、30 万人口城市为核心，以此为基础来扩大城镇化。现在将城镇化作为中央的决议定下来，里面也包含着解决大城市病，把经济布局向中小城市转移的思想，这是我的看法。

用市场的力量来推动城镇化

袁岳：毛总提到从城市化到城镇化要解决大城市病的问题，哈继铭老师也提到要加强消费、激活消费，这里我提一个跟城镇化过程中收入增长有关的问题。

现在产业向大城市集聚的现象越来越严重，如果把产业放在较小的城镇上，这对产业的效益其实没有太大的帮助，所以小城镇的就业机会较少。这在大学生身上表现得比较明显，他们为什么死活要留在北上广？因为只要你愿意工作就总会有工作，也会有钱，但县城的工作机会就会大大减少。在这样的情况下，我们遇到的挑战是，似乎我们增加收入的空间和机会的确存在，但作为个体，从人的城镇化角度来说，即使从农村转移到城镇，他们也并没有明显的、显著的、可见的、可选择的新收入来源。如果不能解决这个问题，相关政策不就成空话了吗？因此，我认为，新型城镇化除了做房地产，没有其他新的内容，不知是否成立？

王耀辉：我觉得这个问题有一部分是可以解决的，比如现在沿海地区普遍出现招工难，东莞的农民工已经走了一半，其实这些人都是有就业机会的，只是住房和权利的不平等迫使很多人回老家去了。对于这两个问题，原来的老一代农民工可以忍受，但现在的80后和90后农民工则不能忍受，除房地产外，城市本身就有一部分产业是能够容纳这些农民工的。

袁岳：之前在沿海工作的人回到家乡后，他们通常能做什么？

王耀辉：利用在沿海学到的技能自己创业的有很多。

袁岳：据统计，有27%的人会返回到家乡，95%在从事服务业，原来有80%从事制造业。在新型城镇化过程中，服务业是快速增长的一个行业，但服务业在乡村里的成本太高。比如说现在没有农业税，也不用上缴，老百姓的农闲时间就增加，但相应地收入也就减少了。

王耀辉：比如说富士康的工资在不断提升，有一部分人就能够在城里面呆下来，中国独自一人背井离乡打工的模式已经过去了，新的城镇化应该是人的城镇化。这样起码能留住一部分人留在城市，而留下来的人也能带来产业、服务的聚集效益，从而带来一部分新产业的产生。如果这一个良性循环没有做到，城镇化就会陷入怪圈，那就是表面上城镇化在逐步推进，但实际上人与城镇化的距离在不断地拉大。

袁岳：我在上海专门做了一期洗脚妹的节目，所有的洗脚妹都在流水线上工作过。她们说，在流水线上工作和洗脚完全不一样，因为每一双脚对应的人不一样，所以我的知识面会更广。但我要举的例子是，深圳市团委就此发现了新的服务机会，让很多工厂采用开放式居住方式，提供青年公寓区，做青年公寓活动，这样青年男女就有机会认识，就可以处对象，另外他们参加公益活动的时候会觉得跟社会是互相联系的，像城里人那样生活在城市里，而不像是被隔离在城市之外。

北京由于这几十年进行了房地产开发，土地价值增长了很多，朝阳区的做法是居委会有收益权，然后每年给每户居民分钱。但遇到的问题是，因为每年有钱分，结果参加赌博的人特别多。那么在以后的城镇化过程中，我们会有什么新的不一样的思路和发展模式？

艾路明：城市附近的城镇当然可以很快地获得城镇化的收益，比如说住房的改善。当然也有像你说的如赌博情况的出现，很多地方都有这样的现象，因为实在没有事情可以做，每年分到的钱也不少，但我想这并不是主要的情况，主要的还是在寻找更好的一种生活，而且农民自己也会寻找。在面对各种不同情况的时候，我们是让一个聪明的开发商来决定人们的发展，还是相信市场的调节？政府自有它的作用，比如说提供更平等的方式和权利，出台某些财政的激励政策，但如果不相信市场的力量能决定人的城镇化过程，我觉得这会是很危险的。我们更应该相信市场。

袁岳：我的老家在农村，在那里政府推行改造农村厕所，说要像城里人一样上厕所，结果每家都有两个厕所，然而老百姓继续用原来的厕所，因为他们的习惯多年来已经形成，政府的厕所"水土不服"。另外，无所事事的问题怎么解决？我在老家看到的最大改变是教堂建得特别大，庙建得特别大，除此之外打麻将也很普遍。

艾路明：我觉得这是问题的一个方面，农民们可能有更多的闲暇时间了。但城镇化是一代一代人的变化，是中国人进步的过程，而且是一个历史过程。在这个过程中，我们是相信市场的力量还是设计的力量？这是一个很重要的争议。我认为，我们应该以市场的决定因素来推动中国的城镇化进程，而这个过程又必须满足平等和土地制度的变革。

袁岳：老高你觉得我们的新城镇化有没有新机会？从市场发挥决定性作用的角度来说。

高鸿鹏：我非常同意艾总讲的，应该由市场来决定。我刚才讲有两个变化，一是居住地的变化，一是生活方式的变化，但还有一个不变的，那就是不变的人性，不变的消费需求。从农村到城市，他们的生活方式发生了变化，需求也更多元化，这就是企业的商业机会。中国发展了这么多年，我把它归纳为八个字，吃、穿、住、行、医、教、网络。在吃穿方面，社会基本上保证了公平，这里不包括毒食品。在住和行方面，我们实现了部分公平。剩下的是医疗、教育和娱乐，您说的精神空虚实际是娱乐层面，它的空间还非常大。当城镇化达到一定程度的时候，这些东西都不会是由政府给予企业的，而是企业自我创造与发现的。只要企业能发现这些需求，满足这些需求，投资就会得到很好的回报。

城镇化应与土地制度改革配套

袁岳：在我们现在的城镇化思路中有什么陷阱和最可能的偏差？

哈继铭：过去 30 年，我们的城镇化率基本上是以每年 1% 的速度在增长，如果这个速度变得更快，处理不好就有可能违反历史规律。因为我刚才谈到了，老龄化的到来本身在任何一个国家都会使城镇化率下降。另外，可能还有一个因素会抑制城镇化的速度，那就是中国现在的财政状况，无论是中央还是地方政府的债务都在不断上升，而收入的增长速度在明显下降。当政府财政实力很强的时候，我们可以通过加大对基础设施、社会保障的投资力度来创造实现城镇化所需要的外部环境。但是在政府财政实力不佳的情况下，硬要创造条件来搞城镇化，可能这种创造就意味着高价卖地，因为正常的税收收入在下降，而且每年偿付债务的利息支出量都很大，这种情况下只有两个方式来弥补财政赤字：一是从银行或者影子银行借钱。这条路绝对走不通，因为目前这个问题已经开始逐步暴露出来。二是向土地要钱，这里关键是如何卖地，要想高价卖出就必须让房价不断上涨，这个前提下才有开发商出更高的价钱来买地，但这又催生了另外一个泡沫。所以，如果我们的指导思想还是使每年城镇化率的增长速度超过1%，那么我们最终很有可能出现债务泡沫或者房地产进一步膨胀的情况。然后这一风险会在某一个时刻充分地体现出来，这时候可能是中国经济发展到了某一个阶段，使得之前借的钱难以用滞后的企业利润来偿还。

毛振华：我倒觉得加快城镇化过程中有一个原始积累的问题。这里可以分两个途径来思考：一是政府的原始积累从哪里来？二是农民有什么办法来加速城镇化？即有什么条件进城生活和居住？从政府方面来看，这些问题都值得关注。现在的问题是政府举债，政府债务的问题已经被全世界所关注。当然，最近关于政府债务的问题有一些分析，我不认为政府债务到了泡沫破灭的时候，但发展的速度和展示的结构还是很吓人。但镇一级、县城一级的城镇化会遇到很大的问题，因为过去这一级都是依靠自身的积累来慢慢发展，而现在为了效率，各级政府纷纷举债，这样就很难再有发展的空间。城镇化的核心是人要变成市民，变成市民之后，所有的社会保障体系，比如养老、医疗、教育都和农村不一样，那么我们有多大的能力？城镇化对经济的拉动究竟有多大？这些问题是需要研究的。

关于农民的原始积累，我倒觉得有一些办法。现在有很多关于土地制度改革的讨论，农民有两种地：一种是宅基地和自留地，基本上是分给他了；另外一种是农地，农地现在基本上都是机械作业，一般是统筹以后采用承包制。我的老家在湖北，离县城还有几十公里，那个地方的地不值钱，如果实行城镇化，他们就只能光着屁股进城，房子不能买卖，也没有人买他们的东西，土地承包权也不值钱。如果城镇化只是城郊的城镇化，那就没有进行的必要，如果是把宅基地和自留地私有化，又称国有化，那么这对农民还是有很大的帮助。中国的土地分两块，城市的土地是国有，农村土地是集体所有，农民只有使用权，如果现在把农村的土地也变成国有，把使用权给农民，这样他们可以自由转让土地。这有什么好处？在外面赚钱的人可以回去盖房子，这样我们可以找一个根，有很多人是这样想的，即使老家的条件差一点，但也还是愿意回去，因为在那里可以找到很强的归属感。另外，对现有的宅基地市场进行一次性批复以后再也不批新的，使农民的土地具有一定的价值。第二步再看农地，农地转让可以为农民得到一笔不少的钱，因为这些人反正不种地，离开农村到城市后，无论是做生意还是买房子都会比较从容，我们一定要相信农民不是跑到城里去赌博了，因为农民是最谨慎、最保守的一个群体。所以，城镇化如果不与土地制度改革配套结合在一起，我认为城镇化只是一句空话。如果与土地改革结合在一起，还是有一定的可行性。

服务业是主要的发展机会

袁岳： 下面是互动时间，不知哪位先提问？

嘉宾 1： 2013 年年底到 2014 年年初出现了一些新问题，比如房地产信托，您觉得这个问题 2014 年会集中爆发吗？

哈继铭： 最近我们也看到，有一些信托产品到期后偿还出现了问题，但最后还是解决了。但接下来这一问题的解决会越来越难。从现有的数据来看，信托产品差不多有 10 万亿，其中差不多有一半在 2014 年到期。而其中差不多有 30% 是地方政府，10% 与房地产企业有关，另外 30% 是工业企业，里面包括了一些矿产和太阳能等企业的参与。我觉得这里风险最大的是工业企业，还有一些比较小的房地产企业，可能会面临支付的风险。

关于政府这块，结合城镇化我谈一个观点，我觉得难以推动土地改革的关键是，一块地的大部分收入被分给了地方政府，而地方政府也在这个假设之下做了很多事情，比如说成立相关的公司，大量举债。如果现在这块蛋糕重新切割，那地方政府还债的能力马上会出现问题，因为现在地方政府的税收也不容乐观。过去中国政府的税收增长率是 20%~30%，但 2013 年和 2012 年都是以个位数字在增长，因为企业的利润已经大不如从前，其中的原因之一就是工人的工资上涨，但更重要的是产能过剩，所以不可能再有过去那样的利润增长空间。这样一来，如果不进行土地改革，城镇化将难以实现，而推动土地改革，地方政府债务的问题可能就会被暴露出来。所以，接下来所谓的刚性增长将难以持续，另外也不应该持续，应该让投资者明白什么样的风险对应着什么样的回报。

嘉宾2：很多民营企业家和民间资本，不管是房地产还是基金都想从城镇化里分一杯羹，也乐意为中国的城镇化提供资金和资源。请问中国的民营资本进入城镇化，您觉得风险和机会是什么？对未来投资回报的预期是什么？

哈继铭：我觉得，城镇化结合中国经济转型才有机会。在过去10年、20年，中国经济发展整体上贯穿着中国制造，中国制造是什么？就是把钱投到这个领域去就可以赚钱。当然我并不特别乐观，但有一点比较确定——那就是中国人买什么，就投资到哪些领域，这样才赚钱，也就是说投资应该从出口转为消费。将消费进行细分，有商品类消费，还有服务类消费，老百姓的生活支出中商品类占30%，服务类消费占70%~80%，将来服务类消费上涨的空间还非常大，这里包括了医疗保健、文化娱乐、互联网等。商品消费自然也有一些机会，尤其是农产品，现在大家不是说吃得饱、穿得暖，而是要吃得好、吃得安全。随着老百姓收入的增长，人们的饮食习惯都有所改变，原来喝豆浆，现在喝牛奶，所以人们对农产品和畜牧业总体的消费仍在增长。所以我相信这还有很大的发展空间。

另外，奢侈品现在受到了一些政策上的制约，但某些中高档产品是老百姓自发产生的消费需求，比如说汽车行业的升级换代，原来开宝莱的人现在都要开宝马，原来开QQ的消费者现在都要开Q7了。为什么欧洲的宝马股票会增长？是因为借助中国的成长而成长。所以商品消费不是没有机会，但我想更大的机会来自服务行业的消费。中国百姓的存款有46万亿人民币，只要拿出其中的10%来消费或者投资，其相对应的领域的发展空间都将是巨大的。

嘉宾2：地产算是消费类还是服务类呢？

哈继铭：地产属于投资，在三大产业里是属于第三产业。有分析说中国的第三产业发展得很快，我觉得这要打一个问号，如果将地产从中剔除后再看它有没有太大的发展才能下结论。

袁岳：投资是一种服务，可以把它看作服务业。

王耀辉：实际上还是要找到新的推动力。改革开放后最大的发展机会是推行联产承包，20 世纪 90 年代推出住房私有化，中国一下子就富起来了。下一个问题是，如果农村的宅基地不能流转起来，中国新的增长机会永远就出不来，只会是小打小闹地做，因此我们比较大的突围是要突破传统，这样才能带来新的机会。

　　嘉宾 3：应该让市场来起决定性的作用，城镇化是人的城镇化，但我们对农民权利的最大限制正是户籍制度本身。户籍制度带来的不仅仅是限制，而且给政府带来了"借口"，没有户籍不能享受教育、医疗等服务。其实，人的聚集一定是因为这个地方可以挣到钱，或者有宜居的条件。如果户籍制度不改变，起跑线就不平等，因此我们现在要做的就是让人们用自己的能力在平等的平台上获得这个权利，所有的西方国家都是这么发展起来的，这是一个自然的过程。

　　毛振华：其实户籍问题在北上广深都解决了，并没有那么严重。

　　高鸿鹏：如果收入达到一定的程度，户籍束缚不了。

　　嘉宾 3：只要有钱，钱可以买到相应的生活的条件。

　　袁岳：城镇化在很大程度上显示了政治意愿，是未来我国经济发展的重要推动力。但具体到城镇化或者说新城镇化如何展开？很多东西都还不是很清晰。我个人觉得，在过去的城镇化过程中，尤其是北上广深以外的大城市，包括省会以外的中小城市，工业化和产业化将在中间扮演很重要的作用。但未来无论是从投入产出比和成本的控制，还是从产业表现的角度来说，新城镇化中服务业将是一个新的发展机会。所以从这个角度来说，这是一个有待我们探索的话题，当然这样的探索还需要漫长的过程。

城镇化引爆新商机

辜胜阻 全国人大财经委员会副主任委员、著名经济学家

　　我刚才听陈东升董事长讲到,我们未来有三大机遇,一个是城镇化,一个是服务业,还有一个是企业走出去。我国著名的经济学家成思危先生在不久前的一个演讲上也讲到,中国现在经济发展有三大利好:一是新型城镇化,农民从农村转移到城市,进入第二、第三产业,他们给社会创造的财富会大大增加,他们的收入也会增加,这样就可以拉动经济;二是第二次土改,或者叫作新土改,即十八届三中全会提出来的赋予农民财产权;三是十八届三中全会让改革再出发,改革会产生重大的制度红利,推动新一轮经济发展。

　　我在飞机上看到有一篇文章讲马年有三大投资机会:一个是新型城镇化,

一个是消费升级,还有一个是人民币的国际化。这跟陈东升刚才讲的有类似的地方。实际上新型城镇化和消费升级是连在一起的,没有新型城镇化,消费是难以升级的。新型城镇化带来的最大机遇是消费结构的升级和消费总量的扩张。有测算表明,一个农民变成市民以后消费至少扩大三倍。作为经济学博士的李克强总理有三个非常独特的、具有自己鲜明特色的政见:城镇化是内需最

大的潜力，改革是发展最大的红利，服务业是就业最大的容纳器。实际上，城镇化不单纯是一个建设和发展的问题，城镇化更是一个改革的问题。如果说改革是发展的最大红利，那么城镇化是最大的改革。城镇化是最大的机遇，新型城镇化将带动消费升级、产业进步、金融创新等，但同时城镇化也是我们面临的最大挑战，因为改革路径选择不好，会导致灾难性后果。

第一，新型城镇化将带来巨大的产业机遇，我们可以从新型城镇化的"六化"角度认识产业机遇。

一是人口市民化。人口市民化会推动消费的升级，带来教育培训、健康医疗等产业的发展以及民营化的公共服务业等产业机遇。中央农村工作会议提出"三个1亿人"目标，即到2020年，要解决约1亿进城常住的农业转移人口落户城镇、改造约1亿人口的城镇棚户区和城中村、引导约1亿人口在中西部地区的城镇化。我认为除了三个"1亿人口"，还有一个最大的重要群体，就是持有居住证享受城市基本公共服务的人。中国城镇化面临最宏大的工作目标是让2.7亿存量和1亿多增量构成的4亿左右的农业转移人口在城镇市民化。这4亿人（比欧盟27国5亿人口少1亿）的市民化可采取四种不同的形式：①不改变户籍、持有居住证享有城镇基本公共服务在城镇常住。这种市民化人口在流入地享有类似子女教育等城镇基本公共服务，保留农村户籍，这种形式最受欢迎而且改革共识最高。其原因一是农村户籍上附着了土地承包权、宅基地使用权以及各种涉农补贴，"含金量"非常高；二是因为80%的农民工在城市就业是不稳定的；三是有吸引力的特大城市和大城市采取的是控制外来人口的政策，落户门槛太高。有调查表明：约75%的农民工不愿意改变户籍，农民的心态决定了这一形式是未来市民化的最主要形式。②不改变户籍、就地就近城镇化。这类市民化人口的生产方式和生活方式已经城镇化了，与家人生活在一起，没有"留守儿童、留守妇女、留守老人"的问题。这是当前社会代价最小、市民幸福感最强的城镇化方式，这种方式在东部十分流行且最具有生命力，现在这种形式的城镇化模式正逐渐由东部转向中西部。③农民工是农业人口改变户籍、落户城镇。这类市民化人口要放弃农业户籍和附着在土地上的福利，但可以平等享有市民的所有权利。对这种类型的市民化要静观其效，因为差别化的落户政策使农民工在大城市落不了户，而他们又不愿意去小城市落户。这种市民化方式风险最大，要稳而不能快。④在城中村改造过程中，村民变市民。城中村改造既可以惠及城中村农业人口，又可以扩大城市住房供给，关乎城镇化质量的提高，又关系到数量的增长。这种形式潜力很大，可大力推进。城镇化不能光看户籍，有了户籍没有公共服务也不能叫市民化，有基本的公共服务没有城市户口也是城镇化。现在有人把户籍改革看得过高，盲目的户改和相应的土改做不好会造成灾难性的后果。

二是土地集约化。很多发展中国家的城镇化实际上是农村贫困的平移，把农村的贫困移植到城市，在城市造贫民窟。当前我国虽然不存在大型的贫民窟，但是要通过旧城改造和棚户区改造以及建设节能、省地型住宅等措施，实现旧城内部土地的集约式利用。

三是布局集群化。全国城镇化工作会议提出了"两横三纵"的城市化战略格局，城市群将成为新一轮城镇化的重要战略走向。有人说，未来20年内中国大陆的农村人口市民化过程中，每年新增的市民数量会相当于一个东京。这些农村转移人口将带来住房、交通网络、居住区基础设施等需求。我们认为这部分人口可能比东京人口的总量还要多，这将带来大量的投融资需求。国开行预测，未来城镇化的投融资需求是25万亿，一是"钱从哪儿来"，二是"钱又用到哪儿去"，这两个问题涉及投融资体制的改革。房地产市场也是这次会议的一个热点和焦点。住和行的需求是城镇化最重要的、最基本的两个需求。

四是城市的信息化。事实上城镇化和信息化的深度融合将会为我们带来非常大的机遇，尤其是智慧城市的建设。智慧城市是城镇化、信息化、工业化的深度融合，

是提高城镇化质量的重要途径。智慧城市建设项目发展前景广阔。据不完全统计，全球已启动或在建的智慧城市已超过 1 000 个，未来还会以每年近 20% 的复合增长率增长。截至 2013 年 10 月，我国智慧城市的规划数目已超过 220 个。

五是基础设施建设、管理、运营的市场化。城镇化必然带来供水、供气、供热、电力等与民生相关的基础设施需求以及城市管网、排水防涝、消防、污水和垃圾处理、城市安防等公共基础设施需求。基础设施的建设必须有新的模式，不能光靠政府的投资，必须是市场化的建设和市场化的应用和管理，也就是我后面将要讲到的 PPP 的模式。

六是发展的绿色化。我国部分城市正面临严重的大城市病，绿色发展也是很重要的机遇。北京市市长王安顺讲到，北京 2013—2017 年治理空气污染，要投入 7 600 多亿元，这是巨大的市场和发展机遇。

过去一年，我去了十几个省、市、自治区做实地考察和调研，总结出城镇化要从九个方面来激发民间资本活力：促进能源及基础设施建设，加快发展服务业和现代服务业；政府向社会力量购买公共服务；鼓励民间资本，促进房地产业健康发展；在智慧城市与绿色发展中激活民间资本；让民营科技企业推进城市产业升级；鼓励民间资本参与土地规模经营；龙头民企参与城镇综合体和社区建设；引导民间资本发展草根金融，支持转移人口进行草根创业。城镇化的投资机会很多，眼下我们的制造业又面临实体经济与新经济的融合问题。过去有人讲，做中小企业三年不上网就会被淘汰，现在如果我们的产业转型不与互联网对接，恐怕也很难成功。在这样的新经济背景下，用互联网的思维方式做实体经济，能实现实体经济与新经济之间的互相借力、互相渗透、互相迎合，达到共同成长。信息技术，包括大数据、互联网本身、移动的互联网、高性能云计算，所有这些技术的发展都会渗透到各行各业中去，改变着各行各业。有人讲"大数据时代给我足够多的数据，我将比你更了解你自己"。

第二，新型城镇化有巨大投融资需求，人是核心，钱是关键，新型城镇化亟须金融创新。

城镇化给金融行业带来了重大机遇。十八届三中全会提出城市建设管理要创新，要允许地方政府通过发行债券等多种方式来拓宽城市建设的融资渠道，要允许民间资本通过特许经营的方式参与城市基础设施的建设和管理，还要成立专门研究城市基础设施建设、住宅的政策性金融机构。上面讲到城镇化未来三年有25万亿的投融资需求，钱从哪儿来的问题当前我国的传统城镇化建设模式可以概括为"一高一低一难"，"一高"即融资平台债务高；"一低"即公共供给的效率低；"一难"即民间资本进入难。截至2013年6月底，地方政府性债务已高达18万亿，风险是非常高的。新型城镇化必须充分发挥民间资本的作用，要利用新型金融工具融资，将资金来源延伸至证券市场和债券市场，发挥市政府债券在城镇化融资中的重要作用，使资产证券化成为城镇化融资的重要创新工具，打开民间资本参与城镇化融资的通道。新型城镇化也要开展农村土地金融，让土地的使用权、宅基地使用权能够作为抵押来融资。要发展农民市民化的金融服务体系、农民工创业扶持体系、城镇产业支撑金融服务体系、城镇基础设施投融资服务体系、现代农业金融体系等体系。这个地方我要特别谈到公私合作伙伴模式PPP（Public—Private—Partnership）模式。财政部特别重视PPP，也就是公私合作的伙伴模式，它有三个重要特征：一是伙伴关系，政府和民营企业是伙伴关系；二是利益共享；三是风险分担。基础设施有不同的形态，已有的基础设施可以采取PPP方式，改扩建、新建都可以。所以尽管地方政府债务很高，但也有一种观点认为这种现象不用担心，因为地方政府有资产，关键是如何把这种资产证券化。

第三，改革是最大的红利，城镇化是涉及领域最多的改革。城镇化配套改革的核心是如何处理政府与市场的关系。

城镇化涉及的改革包括土地制度改革、公共服务体制改革、城市投融资体制改革、户籍制度和人口管理制度改革、财税体制改革、房地产管理改革、城市管理体制以及政府自身改革。一系列的改革都与城镇化有关。我国的新民主主义革命是"农村包围城市"；35年前，邓小平同志发动的改革是从农村生产责任制开始的，也是"农村包围城市"或先农村，后城市；今天的土地制度改革、围绕农民工的城镇化改革也是从农村开始的。

城镇化改革的核心是如何处理好政府与市场的关系，政府要充分发挥作用。我曾经有一个观点，邓小平同志一辈子中最重要的一次讲话是党的十一届三中全会的讲话，这个讲话中最重要的思想观点是"让一部分人先富起来"，如果没有"让一部分人先富起来"的改革理念，就没有在座企业家的崛起。我认为，今天十八届三中全会通过的《决定》中最重要的观点是"让市场起决定性作用"。在城镇化的问题上，按照这个观点应该是市场主导、政府引导，采用这种方式是因为市场在资源配置中起主导作用。让市场起决定性作用，不仅有利于提高资源配置效率，而且有利于反腐败，有利于企业家活力的迸发。改革开放35年来，我觉得最重要的社会结构变化是企业家阶层的崛起。企业家阶层的崛起有辉煌的一面，但是也有悲壮的一面。现在一批一批的"问题官员"倒下了，这又牵出了一批又一批的"问题富豪"。是问题富豪产生了问题官员，还是问题官员产生了问题富豪？我的答案是：问题的根源在于资源配置不是由市场来决定。资源配置由市场来决定不仅可以提高效率，而且可以减少贪污腐败。

城镇化不能离开政府的引导，政府不能越位但是也不能缺位。关键是要防止政府这只"有形之手"变成"闲不住的手"去过度干预。政府应该制定规划，我们很高兴看到新型城镇化规划马上会颁布。政府应设计制度，提高公共服务，做好环境保护、市场监管和社会管理，所以企业家在讨论问题的时候，必须认识到经济学意义上的"两只手"，一方面要靠有形之手——政府，另一方面要靠无形之手——市场。城镇化是黄金机遇，但办不好也会好事办坏。

最后，非常高兴我在不同平台上的声音，被高层听到了，对高层的决策产生了影响。中央城镇化会议提出，新型城镇化的首要任务是人的城镇化，涉及钱从哪儿来，地怎么管，城怎么建。新型城镇化涉及许多亮点，例如，提出要慎砍树、不填湖、少拆房。这次大家讨论"乡愁"问题。我始终认为城镇化是"双刃剑"，做得好是黄金机遇，但做得不好会有灾难发生。有人解读城镇化会议，一方面是稳步推进，另一方面是防偏纠偏——不准破坏青山绿水；不准乱跟风、大跃进；不准盲目大拆、大建；不准一味求洋求异；不准造新城变鬼城；不准让市民成流民；不准一届政府一张图；不准再搞千城一面；不准"住上楼万事愁"；不准乱举债摊大饼。跟大家讲一个"乡愁"的例子，有一个地方，农民住上楼房后要和羊住在一起，你把他的生活方式城镇化了，但他的生产方式没有改变。所以城镇化不是越快越好，不能消灭村庄。为什么城镇化会议上有领导讲要记住乡愁？过去10年90万个村子消失了，每天有300个自然村消失，这是非常遗憾的事情。城镇化要注意防止"底特律现象"。总而言之，我们应该稳步推进城镇化，用好健康城镇化的黄金机遇，要防偏纠偏，避免过度城镇化的灾难性后果。

我们的乡愁

　　他们是著名的意见领袖，微博上互动频繁，"打情骂俏"，几乎涉及所有的公共话题，嬉笑怒骂又义正言辞，也经常提及"故乡"。他们的成长背景都不一样，有的在城里长大，却有数年的"上山下乡"经历；有的在海外成长，又工作于中国大陆，他们乡关何处？他们的乡愁，也是一整代人的乡愁；他们的乡愁，也记载了中国大社会的历史变迁。

　　在2014亚布力年会上，由万通投资控股股份有限公司董事长冯仑主持，以"我们的乡愁"为题，邀请了万盟投资管理有限公司董事长王巍、华远地产董事长任志强、北京首都创业集团有限公司董事长刘晓光、中诚信创始人毛振华参与讨论。

冯仑：城镇化不仅是物的变化过程，也是人文和情感的变化过程，所以城镇化之后，在精神上会产生一种往回找、往回看的心情，这叫"乡愁"。在台湾曾出现过两次：一是我国台湾和大陆之间的联系隔断以后有一种对大陆的乡愁，像余光中的作品；二是我国台湾自身现代化以后，人们对老街道、老城市的怀念，比如说有歌曲唱到"台北不是我的家"。

在城镇化进程中，以前我们会讨论实质性的事情，比如规划、变革、房子等，今天我们讨论情感皈依等虚一些的事情，我们的情感应该停留在哪里？面对物欲横流的都市生活，如何找到一个灵魂皈依？请晓光说一下你的乡愁。

有老家才有乡愁

刘晓光：所谓乡愁，有老家才有乡愁。我没有老家，上一代再上一代都是地主，房子被分了，地也被分了。我的乡愁在军队——15 岁，天山脚下。我们这一代人开始在农村、部队，后又回到北京这么大的城市，目睹耳闻的都是北京文化。

在今后中国城镇化进程中，可能我们这一代人还会有一个机会，参与中国 7 万个小城镇的建设，发挥我们的作用，这可能会成为新的一段乡愁。

冯仑：乡愁是文化人提出来的，在城市化、都市化、现代化当中情感失落，开始找过去的老街道、老房子、老物件，把情感和现代化连起来。老任，你有没有愁？

要把中国文化传统留下来

任志强：乡愁是两个字，一个是乡，一个是愁。乡是指那些实质的地方，愁是指思想深处的东西，最传统的仁、义、礼、智、信、忠、孝、悌。

我们要把中国文化传统的东西留下来，不然到下一代就只能看到高楼大厦。即使在城市，也要有点乡愁，不能把中国文化中建筑的艺术都弄没了，现在城市里的楼千篇一律，到哪都一样，这弄个罗马柱子，那弄个十字架，都变成罗马小镇。其实，我们最初设想乡愁，是要保护好我们生存的环境。捷克前总统瓦茨拉夫·克劳斯在《环境暴力》中的理论就是认为人类的有些做法是为了未来而牺牲

今天，实际上，违背了社会发展的自然规律。在社会发展过程中，一定不是某人说要什么样的社会，社会就会发展成这样，而是社会不同人群、不同种族和文化结合在一起形成的一种选择。这种选择没有办法完全用某一种历史统一起来，所以即使是乡愁，也可能有不同的理解。

冯仑：王巍谈谈乡愁文化吧。

金融怀旧回归到人的本性

王巍：社会越来越多样化，有人高兴有人愁，人们也有更宽裕的时间去憧憬。晓光和志强他们做地产，主要说土地和城市的改变。我做金融，曾花大量的时间看中国过去 2000 年的金融史，特别有怀旧的心态。因为金融在 150 年前还是大众的，无非就是收付、储存、交换、计价，当时货币可以自己制造，钱多了，打成银佛；钱少了，把银佛化了变成银元，完全自由。

现在金融被垄断，变成了国家政策，变成了维护安定团结和金融调控的手段，和老百姓已经完全没有任何关系了。可在成熟的市场国家，金融是什么概念呢？金融是让你有安全感的手段，独立地理财，不再依附于某一个阶级或机构。谈恋爱的时候没有钱，等钱有了，女孩却走了，怎么办呢？抵押贷款，结婚以后两个人一块儿还钱。从这个意义来说，金融怀旧是回归到人的本性，重新获得在过去几十年野蛮增长中被剥夺的东西。

冯仑：你们确实都挺有文化。晓光说的乡愁是物件，老任说的乡愁是文化传统和价值伦理，王巍说的乡愁强调大众性。乡愁不是少数人的，是一代人的。

网上有一个栏目叫"胡搞瞎搞"，唱《老芳》，歌词里老芳 40 多岁了，长得很肥，腰身很粗，生了 3 个孩子，被罚了款，老芳和小芳的形象截然不同。当年的乡愁是情感，是初恋，但是今天的现实很残酷，割断了乡愁以及原来的美好情感与记忆。

　　我昨天从福建莆田过来，莆田在医疗界非常有名，全国有1万家民间医疗机构，其中8 000家出自莆田。我发现那里的人表达乡愁的方式非常有趣。第一，每逢过节，所有在外的人全都回去认祖归宗，因此在老家一定要有所房子，哪怕没人住，谁家的房子加高了说明在外面混得好。第二，母亲的地位非常高，福建拜的都是女人，妈祖是莆田人。其中，最早做医疗的那个人10年前退出江湖，在村里主持庙务，供奉女英雄、女神，外面回乡的子弟全部都会去拜庙。所以我感觉真正有乡愁的人还是从乡村来到城市的人，他们总是在找自己文化的连接点。而像我，从浙江移到西安，从西安又来到北京，一个亲戚也没有，失去了过年的能力，精神上有一些失落。今天我们在找一种城镇化、现代化、都市化的文明进展，但在文明发展当中精神价值应该停留在哪儿？

我的家乡情怀很浓厚

　　毛振华：我感觉人人都有资格讲乡愁。你们的乡愁是城里的、父辈的、看别人的。我在村里长大，在湖北靠近洞庭湖的一个地方，有湖有河，从家乡到县里要过4条河，以前没有公路，因此我们去县里基本靠走路和自行车。1988年我结婚的时候，也是骑自行车载着太太回去的，在那个地方我待了15年。我现在50岁，梦里经常出现的基本上还是那个时候的事。

　　冯仑：梦青春期以前的事。

毛振华：真正来说，左右我们梦里的东西还是小时候的家乡情怀，这些情怀跟现代化和商业活动没有什么联系。有时候我就想，等我死了是不是应该埋到村里去？我太太说荒谬，如果埋到村里，谁去看你。其实，这种情怀对很多从农村出来的人来讲，是一个很大的愿景。

乡愁会不断赋予新含义

任志强：昨天我们去了牡丹江市，牡丹江市就没有乡愁，这个市是1937年日本人建立起来的，从来不搞市庆。日本人在做城市规划的时候，所有的街道都看得见山，但是现在盖了高楼以后，一半以上的街道都看不见山了，可能再过一段时间，所有的街道都将看不见山。前两天网上有一个非常好的段子，城里人为了让孩子了解乡愁，把孩子送到农村去。孩子住了一段时间后，家长问孩子对农村的感受，于是就有了一场对话。父亲说"我们家有大院子"，孩子说"农村也有院子，而且农村的院子没有围墙"；父亲说"我们家有游泳池"，孩子说"农村有水塘，而且水塘里还有鱼"；父亲说"我们家养了2条狗"，孩子说"农村里不仅有狗，还有鸡、鸭"。孩子眼中看到的东西跟大人眼中看到的东西是不一样的。

什么是乡愁？看不见山，看不见水，这就是乡愁？如果农村人永远在农村，这样他们看见山，也看得见水，但他们就进不了城了，这也是一个问题。在现实社会中，如果把某些事情用固化思维来考虑，就会出问题，社会进步的时候，人们会自动选择保留哪些东西，怀念哪些东西，这可能就是乡愁要赋予的一些新含义。

冯仑：老任说得挺好，第一没有围墙，这叫精神上的自由；第二看得见山水，有鸡、鸭，这叫自然；第三自我，人在这个环境里是主人。我们慢慢地把乡愁越说越细了。晓光还有点诗意？

刘晓光：我想爹，我想娘，我想我的家乡，结果却找不到我的家乡。现代乡愁的概念，一个是城镇化的软系统，一个是城镇化的文化平衡。我们新建的城镇，将来可能至少要有几个要件：第一，传统文化尽量保留；第二，文化升华的问题，中国现代的乡愁文化需要挖掘；第三，乡愁当中最美丽的东西应该保留，比如说《弟子规》中讲的东西，可能是将来中国城镇化过程中需要的文化。

冯仑：晓光说的慢慢能操作了，一个叫软系统，一个叫文化平衡。我们接着往上捋一下，留得住乡愁还得具体操作。所以请各位看看，从具体工作角度怎么能留住乡愁。

想留住乡愁要还原历史真相

王巍：记录一个真实的事件或场景，才能产生真正的乡愁，否则都是臆想，现在我们很多的想法都是臆想。我感觉真正有价值的乡愁是真实的东西，问题是这么多年我们始终在一个不真实的环境下生存，很多影响我们这代人成长的重大社会环境都是虚伪、不真实的，而我们在接受了这样的教育后，我们去反映、去回顾、去讴歌，甚至是谩骂，这些都不一定是真实的。所以我想从点滴做起，每个人首先保持真实的感受，也许这样，我们才会给下一代留下一点真实的东西。

冯仑：这个需要历史学家来操作。

王巍：从今天来看，我们每个人都是历史学家，我们每个人都应该承担自己的责任。

冯仑：你忘了一件事，历史没有真相，历史只有看法和意见。现在我们有了照片、摄像机等，真相还有可能找回，但以前想找回真相都很难。

王巍：至少在当下，每个人把自己的真实感受保存了下来，也许未来情况就会好一些。

冯仑：王巍说的操作是：要留住乡愁就要恢复真相。

有乡绅就留得住乡愁

毛振华：在我们那里，留住乡愁的事很简单，回家做公益事业，把城里的孩子、国外读书的孩子带回去，让他们感受农村。这个感受很重要，一代代人都是这样，但现在看起来这个感受有些困难，因为小时候的山没有了，小时候

的湖也没有了。我的老家属于纯农业区，基本上没有任何工业，政府也没有多少收入，于是后来把湖承包给了浙江人，浙江人则在湖里养珍珠，这将环境都破坏了，我们已经找不到小时候的感觉了。现在回老家的时候，我总会想如何做一些农村的环保，因为现在池塘里都是农药和化学残留物，鱼也养不了了。

冯仑：你说的要留住乡愁，第一要赶走浙江人，第二要环保，第三要把孩子领回去。鲁迅写过一篇小说《故乡》，一回去就看见闰土，你有这种阶级隔膜吗？

毛振华：还好，因为我们农村亲戚很多，我爸爸的兄弟姐妹有8个，我妈妈的兄弟姐妹也有6个。

冯仑：你提出了一个很好的办法，兄弟姐妹多是留住乡愁的一个很重要的方面，如果是独生子女，没有亲戚，乡愁可能就断了。

任志强：什么叫留得住乡愁呢？有乡绅就留得住乡愁，没有乡绅就留不住乡愁。乡绅起的作用一是传承，一是打通上下渠道。过去靠什么维护社会？就是靠乡绅，没有这一环就很难做到。现在中国基本上把这个环节打断了，从农村进入城市非常艰难，进到城市的人也很难再回去，或者说不愿意再回去。所以，如果没有乡绅这套体系，乡愁就很难留得住。

冯仑：任总讲得非常对，怎样才能留得住乡愁？一个重要的方法就是回家办好事，做一些乡村公共建设，传承教育。让毛振华回湖区，潘石屹回天水恢复乡绅制，但前提是我们的制度允许咱们回去。

任志强：你回去买宅基地就是逆城市化，不行，所以潘石屹回不去天水了。

刘晓光：我们看到，农村的房子都是无序而且零乱的，政府没有帮助农民进行设计，这样谈何最美小城镇的概念？21世纪的中国乡村应该美丽起来，市场配置还有很多点点线线，农村建筑还需要政府扶持与帮助。群群白鹅划水，夜夜打鱼，满天飞驰的大雁，缕缕炊烟，这才是乡村。广州有一个农场，很多城里人都去过，这实际也是解决乡村建设的一种好办法。关于这块，我也在自己的诗集里写了，叫作"晴空艳阳，颗颗杨桃红透黄，大咬一口甘露甜"。

冯仑：根据你们的讨论，4个人操作上各有不同。王巍的意见是恢复历史真相，留住乡愁的基础；毛振华的乡愁是把浙江人管理管理，把池塘收拾收拾，把孩子带回去；任总说的是乡绅制度，研究乡绅制度，包括文化传承；晓光的办法最简单，写诗。

没有土地就谈不上乡愁

毛振华：老任的观点我第一个支持，我再延伸一下，现在我们研究乡愁时其实涉及一些土地制度的问题，因为没有土地就谈不上乡愁。我们不是讲"上无片瓦，下无立锥"吗？在我们老家，有一所房子塌了，于是这一家人都进了城，住在城中村。他们为什么不重新盖房呢？因为这块地不是他们的宅基地。可为什么他们没有宅基地呢？因为土地只给本村人，不给外地人。

任志强： 你意思是，村里的老人死光了以后土地就没有了？

毛振华： 应该是这样，家族的女人不可以继承，儿子可以继承。

任志强： 宅基地为什么是集体的？宅基地是祖上传下来的，没有入集体。1954年宪法中就已经把生产资料和生活资料严格分开，农耕地可以入合作社，宅基地不能。

毛振华： 可现实是这样的。新中国成立以后，农副产品剪刀叉，农民卖粮食很便宜，城里买粮食很贵。后来农民收入剪刀叉，农村城乡居民财产剪刀叉。城市里面卖房子起码几百万，但是农村呢？所有财产都没有价值，宅基地没有产权，所以不能继承。

冯仑： 所以实际操作上要留住乡愁，最硬性的要求是土地制度，最软的是写诗，中间是乡绅和恢复历史真相。下边的观众也许都是有乡愁的人，我们先请老蔡谈谈。

文化和公共服务的城镇化刚开始

蔡洪平： 目前，确实有乡愁的现象在弥漫。我是上海人，2013年2月份回到上海，看到小时候打架、打弹弓的地方，现在全是一片片高楼，很多跟我一起回到上海的人，都说遇到了这种现象。从这个角度来看，我认为乡愁是心态上和感情上的东西。

像钱钟书写的《围城》，现在城里人往外走，城外的人往里面走，但是文化无法移植，这个现象很明显。但是中国西部现在有一些地方在慢慢出现回城的现象，而以前是往外出。这就使得人们重新思考城镇化的事情，我自己的感觉是，如果仅仅是物质上的，仅仅是砖头和水泥的城镇化，那这个城镇化快接近尾声了，而软件的城镇化，文化和公共服务的城镇化才刚开始。

冯仑： 确实是这样，我们在西安做立体城市，给道路、建筑起名字，要求取的名字能够跟历史连起来，不切断文脉。大家知道有多少人参加吗？一千多万人啊。所以说，大家其实都很重视这方面的东西，都开始注重精神层面了。接下来我想找一个最年轻的人来谈谈。

乡是一种熟人之间的记忆

嘉宾1： 各位老师好，我是1987年出生的，来自西北的甘肃晋昌。我的感受跟大家有很大差异，我们那是个移民城市，没有商埠观念，我和我的同学对这个城市反而很有感情，看着它从一片戈壁滩建起来。现在回去的时候，发现它和我们毕业的时候不一样了，非常破烂的地方都已经建成了高楼大厦，心里有一点感触。我以前看过一本书，叫《熟人社会和陌生人社会》，我感觉乡愁可能是熟人社会的记忆，我们到了大城市，工作环境发生了变化，更多的时候我们在跟陌生人打交道，但回到原来的家乡，就可以勾起那种熟悉的、亲密无间的感情，而不像在复杂的社会中工作的时候，总是带着一层警戒心，这是我体验的一种乡愁。

冯仑： 非常好，不管年龄大小，其实乡愁在某种意义上是一种熟人之间的记忆，是熟悉事物的一种记忆，这是哺乳类动物都有的特质。

嘉宾2： 我来自湖北，从农村考大学出来的。40岁以前，乡愁的感觉很淡；但40岁以后，就越来越浓。那个时候比较穷，面朝黄土背朝天，从农村好不容易出来，觉得离农村的苦难越远越好。但随着物质条件的改善和城市的日渐拥挤，我们越来越追求乡村的宁静，这种时候就感觉乡愁越来越重了。任总提出的乡绅观点我非常认同，那么我们能不能把乡绅和过去的宗法有效地结合起来？看了陈忠实的《白鹿原》以后，我觉得农村面临着很多传统文化和信仰正在逐渐流失的问题。

冯仑： 从农村出来的人乡愁比较浓，岁数大的城里人也容易有乡愁。大家还有什么好建议？

乡愁在网上

嘉宾3： 我刚进来的时候看到，除了冯总由于作为主持人责任在身，在微笑着跟大家说话以外，另外4个嘉宾都在看手机。我在想，乡愁可能是一种失落，是人们从现实社会进入虚拟社会后的一种失落，即使各位是乡绅，坐在自己的宅子里，我相信他们还是在看手机，而不是看外面的青山。

冯仑：乡愁就是写诗，诗现在都写在手机上了。

任志强：我看手机是因为有人在网上看现场报道，给我发了一个短信，说"乡愁是故乡门前的天涯"。

冯仑：又提出了一个新的内涵，乡愁在网上。所以要留得住乡愁，就要在网上多整点老村子、老宅子，卖点土特产。

写族谱　立旗杆

嘉宾4：我是20世纪60年代出生的，我应该可以代表一个中间群体。我有下面两个感受。第一，我理解的乡愁的"乡"是故乡，不管是农村还是城市，只要有童年的记忆都应该算故乡。就算是城市里的楼房，那也是我们的故乡，它代表了一个很抽象的概念，就是生活长大的环境。第二，虽然我在城市长大，但是我的父亲是在农村长大的，他是军人，有时候他会说我想回老家去，我就嘲笑他说，你根本不可能再回到农村生活，你天天炒股票，如果回到农村谁跟你讨论股票？我能感受得到他有浓浓的乡愁，但是他回不去，不是没有能力回去，而是他已经在城市里生活惯了。比方说2014年春节，我们全家都在北京过年，初五以后我们到福建去看土楼了。其中有一个塔下村，这里的居民全部姓张，是张氏家族，他们有自己的祠堂，那个祠堂被认为是整个村最好的风水宝地，有山和水，还有旗杆。他们家几十代人，只要出一个举人，就会立一个旗杆，这很有家族荣誉感。于是，我父亲就有了一个愿望——修家谱。

冯仑：父母回老家，写族谱，立旗杆。大家还有什么好的建议呢？

创造一种新的文化记忆

嘉宾5：我特别认同刘晓光先生说的，以后企业家群体在城镇化中所尽的责任应该是什么？我认为，亚布力年会应该重新定义乡愁，创造下一个乡愁，让我们自己能够在临死的时候有东西回味，让年轻人抱着梦想去创造。思想任何时候都需要，但是如果不将思想转化成行动，就没有结果，没有结果就没有未来。

冯仑：非常好，把人和动物分开了，人的乡愁不能跟简单的哺乳类动物一样往回找，咱们还得往前看，创造一种新的文化记忆。

王巍：有句话，我印象特别深，"有了牵挂的漂泊，便不再是流浪"。我们都有牵挂，或者牵挂一件东西，或者有人牵挂你。

嘉宾6：我觉得无论是公司的生存方式还是每一个人的生活方式，都应该回归本份，安居乐业中的"乐"应该是包含了企业家精神和创新创造的过程。前不久，我刚看了一部电影，名字是《乡村里的中国》。我看片子的时候在想，其实今天中国的很多地方还存在种种传统生活形态和美食，那么能不能用企业家的实力把这些东西传承下来，把中国文化带回去，让更多的人安居乐业？

冯仑：我最后小结一下：第一，什么是乡愁？大家都说得比较具体。老房子、老物件是乡愁，文化传统和伦理是乡愁，小芳是乡愁，熟悉的社会和人脉是乡愁。第二，怎么留住乡愁？尊重历史真相，处理好人与环境的关系，写好诗，写好家谱，最后是精神价值的引领，立好大旗杆。

第八章

面对环保，企业家该如何自处

雾霾围城——环保精神与现代企业家

　　雾霾不是一城一池的，而是大面积的，最严重的时候，甚至覆盖了2/3的国土；空气污染也不是中国日益严重的污染全部，还包括更为隐蔽的水污染、土壤污染等。但雾霾围城的确给了我们最强烈的一次警醒。污染的治理一定依赖于全民环保意识的提高，而企业家群体的参与是其重要的组成部分，企业家精神如何有效作用于环保是个常旧常新的话题，我们希望这一次的碰撞，又可以产生新火花。

　　针对雾霾现象，由爱佑慈善基金会理事长王兵主持，美通无线公司董事长王维嘉，大自然保护协会亚太区首席代表、老牛基金会理事长张醒生，公众环境研究中心主任马军，重庆两江志愿服务发展中心主任向春等嘉宾共同讨论了"雾霾围城——环保精神与现代企业家"这一话题。

核心障碍在于缺乏一个动力机制

王兵：先让马军和向春介绍一下他们各自服务的两个机构以及中国环保的现状。

马军：公众环境研究中心从 2006 年成立就一直在做一个主要项目，叫作中国污染地图，为什么要做污染地图呢？首先肯定是因为污染的问题非常严峻，比如雾霾，大家都是感同身受的，数亿计的人口暴露在严重的雾霾下，像我所在的华北地区雾霾经常连日不散，它对公众健康的影响是非常严重的。一些地区已经出现了呼吸道疾病的多发情况。水污染的形势同样非常严重，全国的江河湖海多数都有不同程度的污染，中东部地区要想找到一条像样的河流已经不那么容易了。还有 3 亿农村人口的饮用水是不干净的，里面不但有一般性的污染物，还有致癌、致突变、致畸形的一些物质。这些空气污染、水污染最后沉降到我们的大地和土壤，还有没有处理的工业废弃物和城市垃圾，影响着每个人的生命安全，中国的很多耕地都不再适宜耕种了。

这样一个污染形势其实大家都看到了，政府也关注到了，也投入了很多资源、资金去解决，但是到现在，这个问题并没有得到很好的解决，拐点并没有到来，核心障碍不在于缺乏技术和资金，在于缺乏一个动力机制。由于我们的执法不够严格，也没有一致性，导致了谁治污谁就吃亏。企业无所适从，谁治污谁可能就在市场竞争中处于不利地位。要解决就必须有社会公众的参与，这就是为什么我们首先要做一个污染地图，再从水污染地图扩展到空气等其他污染地图。当公众获取这些信息时，企业就感受到一些压力，他们到我们这边试图解决问题，其中一些说我是想改，但是我改了就处于不利的市场竞争地位，因为从它们那采购的企业也只问价格不问环境表现，所以我们必须把这些压力给到那些在中国大量采购的品牌企业，所以 2010 年，我们这些环保组织组成了绿色选择联盟，一起和 29 个国内外大品牌 IT 企业沟通，包括中国的联想、海尔等，经过长时间的交流、博弈，最后像苹果、西门子、联想、佳能、松下等逐渐开始运用这些环保数据，他们开始定期把供应商名单和污染地图上的企业记录比较，如发现问题则要求供应商整改。2012 年我们把这个项目扩展到纺织业。

到现在有 1 100 多家出现过污染记录的企业开始到环保组织进行说明和整改，300 多家进行了第三方的审核，但是我们的地图上还有 14 万条记录，涉及数 10 万家企业，所以是任重而道远。

向春：我们机构的全称是重庆两江志愿服务发展中心，是一个致力于工业污染防治的环保组织。做工业污染防治，传统的方法是污水源的调查、监测，调查企业的排污行为，并督促整改等。2010 年我们在重庆六六六（六氯环乙烷，一种农药）和 DDT（滴滴涕，一种有效杀虫剂），这是 20 世纪 80 年代就禁用的毒药，但是 2010 年在重庆居然能查出 400 多吨，最后政府花了 1 300 多万元，这只是在重庆，大家可以算算全国有多少。

大家都知道地方企业和地方的权力集团其实背后有很多关联，政府环保部门其实受到了很多的压力，如果民间组织能介入，继而公众也介入了，会给他们很多的力量去查处这些违法企业，所以民间环保组织其实不是政府环保部门的对立面，也不是在曝光他们，而是已经把环保组织作为他们的护身符来做更多的行动。环保组织和政府环保部分可以有更多的合作。

2013 年我们做过一个项目，当地的区环保局花了很长时间希望关掉重庆的一家上市公司，那是一个非常大的电镀厂，对环保部门来说是个肿瘤，但是那是个部队公司，而且是上市公司，区环保局没有办成。最后通过民间组织的介入、调查和推动，最后这个厂自己把全部的生产线给拆除了，解决了环保局的一个心腹大患。

因为现在大家都提互联网思维，环保组织也要应用最新的技术，比如说大数据、云计算和物联网，我们也在探讨环保组织怎么运用最新的理念和思维去进行环境保护，因为只有这样才能事半功倍。可能大家都会想作为一个小环保组织，你去调查这些公司是不是风险很大，但是如果运用的方法得当，风险其实是可控的，我做这个工作大概有七八年，到现在为止基本没有受到企业的任何威胁或政府的招呼。这些方法当然也包括最新的科学技术。

我们建立了一个环评数据库，叫环评参与网。环评参与网是在工厂建立前做一个环境评价报告书，评估工厂建立之后对环境有什么影响。如果工厂没有采取有效措施，那么我们就会采取两个方式：一是推动它们按照有效的方式去改善；二是如果我们觉得这个工厂、这个产业在那儿不符合要求，未来也不可能得到改善，我们会推动从环保立项的角度让这个项目停摆，这就是我们所做的工作。

这个网站是 2013 年 7 月上线的，大概五六个月的时间里，我们推动了大概上百个环保项目。我们有一个愿景，是希望这个网站未来像天气预报一样便利，每天起来看环评参与网对这个区域的数据监督，包括我们买房的时候也可以看看这个区域未来会建什么样的工厂，会有什么样的风险，让它更好地服务于我们的大众生活。

王兵：爱佑经过 10 年时间的发展已经是国内儿童最大的基金会，其中儿童心脏病和新生孤儿的救治已经成为世界上最大的项目。另外还有白血病、自闭症、脑瘫等综合项目是我们传统的资助项目。

我们这两年也开始涉及创新型慈善，其中环保也是我们支持的一个非常重要的领域，马军和向春的这两个民间机构也是我们资助的。我们也在探索中国的民间基金会如何对 NGO（Non-Government Organization，非政府组织）进行支持，我们从 2013 年开始做了一些尝试，也加入了马军、向春的理事会、监事会，我有幸做了 2013 年 IPE（Institute of Public & Environmental Affairs，公众环境研究中心）的理事长，从整个的治理结构和后台的管理给了他们一些参考意见。比如说 IPE，我们就希望他们 2014 年开始做年报，信息公开，人力资源和业务我们想扩大 3 倍，另外我们也希望他们从 B 到 C 把互联网做好。

我们是出于什么样的考虑呢?

第一,我们认为 IPE 中国水污染和空气污染地图和两江中心的环评网络都是不可多得的、通过互联网对整个中国大众进行环保教育的成功案例来反过来影响中国的环境治理,所以我们认为通过互联网和移动互联网,能发挥互联网的平台效应和网络效应,使中国的环保更有效力,影响更多人。

第二,从他们的角度来讲,现在他们个人已经非常出色了,如何塑造他们的影响和扩大他们的影响力,通过个人品牌提高组织品牌,也是我们要考虑的事情。

第三,他们服务的 NGO 组织都很小,最需要的是资源,所以爱佑的做法是把爱佑的信用注入他们的机构中,现在取得了很好的效果,相关的国内和国际机构非常愿意给他们一些资助,这很有利于他们更好、更快地发展,所以民间环保并不是向春和马军他们自己个人的事,是全社会的事,特别是我们这些企业家应该发挥企业家精神,有更多的措施资助他们,让他们影响更多的政府部门。

责任在于我们每个人自己

张醒生:昨天都在谈企业家精神和市场经济结合,推动中国社会的发展,可是我们经济发展的最终目的是什么,是实现人民生活的幸福、社会的和谐和美丽中国梦,但是如果我们经济发展的结果是造成各种各样的社会疑难杂症,那么这个经济发展的思路就值得反思了。所以企业家在推动经济发展的过程中,要考虑经济目标的实现,也必须考虑到社会各方面的影响。2012 年全球新增的癌症是 1 400 万例,死亡人数是 820 万,其中,中国一年新增的癌症病人是 307 万,占全球总数的 21.8%,死亡人数约 220 万,占到全球癌症死亡人数的 26.9%,平

均每人的花费按 20 万元来算（这是很保守的数据，能不能治好还不一定），有 6 000 多亿元人民币用在癌症病人的治病上，我们 2012 年的 GDP 大概是 30 万亿元，我们可以算一下有多大的 GDP 被环境因素造成的癌症拿回去了。从这个角度来讲，环境已经不是环保主义者或者环保组织自己的事情了，已经变成了一个全社会共同关注的话题，企业家也必须参与进来，否则我们经济发展的成果都要被环境造成的其他影响所抵消。我自己的体验，过去 5 年中，我们家不喝自来水，另外，我现在吃的粮食是委托农民代种的，我不相信社会上的任何食品，但是空气怎么办，所以我们要感谢 PM2.5（fine Particulate Matter，细颗粒物）被披露出来。在这种情况下中国才有了对 PM2.5、对空气和环境的进一步重视，从这个意义上说公开信息对中国社会是个巨大的进步。

同时昨天看到一个新信息，除了北京、上海这些大城市之外，中国 2014 年有 200 多个城市要公布 PM2.5 数值。我相信在全社会包括企业家环保组织的参与下，我们会迎来一个向上的好势头。

王维嘉：比较一下中国的环保数据和美国的环保数据，发现有这样几个不同。中国的 GDP 现在是美国的一半以上，大概是百分之六七十，世界上第二经济体，我们的军费开支、教育开支等所占的 GDP 比例都和美国类似，但是在民间环保方面，美国民间进入环保的支持资金一年是 6 000 亿美金，中国大概是 6 亿人民币，也就是中国和美国差了 100 倍，也就是说中国的 GDP 是美国的一半，但是我们资助民间环保的钱只有美国的 1/100，这是最低的，我们不要奇怪，因为我们投入环保的钱确实很少。

另外，美国、欧洲等地 PM10、PM2.5 不会超过 10、50、30，北京经常是 300、500，这已经是常态，也就是说中国的空气污染至少是美国的 10 倍。如果你测一般河流、湖泊的污染我觉得至少在 100 倍以上，土地的重金属污染可能超过 1 000 倍，整体来讲我们的投入是美国的 1/100，我们的污染是美国的 100 倍，也就是说我们和美国这样的国家差了 1 万倍，这就是中美环境的差距。美国原来污染也很严重，但是企业家要起来做事，怎么做呢？有很多途径，有像王兵这样直接资助马军、向春的。还有一种，我有资金但是没有时间，

就可以加入阿拉善这样的环保组织。阿拉善有 300 个企业家，每年贡献一点钱，交给专业的组织，我们现在已经在中国支持环保最大的基金会之一，支持民间环保绝对最大的基金会，但是和整个美国的 6 000 亿美元比起来简直都不好意思说出口。北京的雾霾是怎么提到议事日程的？很简单，一开始是美国大使馆为了美国公民了解北京的污染情况在大使馆的网站上发布了，然后潘石屹把他发到了微博上。其实我们每天都有直观感觉，但是不知道已经到了如此严重的地步。PM2.5 不像流感，来了一下就知道，是慢慢地侵入肺部，天是一点点灰下来的，老百姓不太有感觉，所以就需要马军、向春和潘石屹他们，还需要他们所借助的新科技手段，让老百姓知道原来我们面临的环境已经恶劣到了现在的程度。我觉得我们所有的人特别是我们企业家都可以做事，其实我们不要小看自己的力量，大家不要看发达国家今天的蓝天白云，过去他们也经历过，日本过去也经历过水絮病，美国、欧洲都经历过这样的过程，是他们自己的老百姓把这件事情拿到台面上说，他们经过 20 年的奋斗，每个人都出力，国家才变成现在这样。我个人不建议埋怨政府，你并没有提要求。如果我们所有人都提了要求，政府还完全不动，那就是政府不作为，但事实不是这样，

北京的雾霾才提了一年，政府就全国发布数据，这个进展比发达国家还快，我觉得责任在我们每个人自己，如果你受得了就接着受，如果你受不了就接着做事。

马军：非常感谢企业家们一直以来给予的我们很多帮助。中国现在有数以百计比较活跃的 NGO，分布在不同地区，我们还算比较幸运，可以有渠道获取资金，但是全国的草根 NGO 实际上他们的资金状况非常困难，资金的支持是关键。当然除了资金还需要很多其他的支持，管理上的、治理上的，所以我特别感谢王兵先生愿意加入 IPE，担任 IPE 的理事长，他们也派出了专业团队来协助我们。另外，我也希望更多的企业家能够身体力行，绿色采购、绿色信贷等，比如说房地产企业家、汽车企业家若在钢铁、水泥消耗过程中，能对供应商厂家的环境表现有要求，那这个巨大的推动力量是难以估量的。

王维嘉：我有一个数据补充一下：美国大概有 1 万家成型的环保组织，最大的一个环保组织是 100 万会员，中国真正成型差不多是 100 个。成型是指长期稳定地运营、有稳定的人员。我们资助的很多组织都是非常飘忽不定，但马军就是最大的环保组织之一，现在是 16 个人。他们有这么多人，本来环境就很好，只有 3 亿人，3 亿人里有 1 万个组织，最大的组织 100 万人来从事，当然这里面有一些志愿者，有一些专业人士，TNC（The Nature Conservancy，大自然保护协会）有 700 个科学家、700 个律师、4 000 个工作人员，100 万会员，所以这就是差别，除了钱以外，人的差别也差不多是 100 倍。

王兵：雾霾以及环保首先从我做起、从在座的每个人做起，特别是在座的每位企业家用企业家精神进行社会创新，请帮助一下马军和向春的民间机构吧。

第九章

发展潜力隐藏在哪些行业

中国未来最具潜力行业

关于中国未来最具潜力的行业，我的观点是六大行业，三高三大：所谓三高，就是高科技、高端服务、高品质消费；三大就是大健康、大文化、大环保。

中国未来最具发展潜力的行业是什么？在2014亚布力年会的"中国未来最具潜力行业"投资家漫谈分论坛上，由信中利资本集团创始人、董事长兼总裁汪潮涌主持，邀请了亚布力中国企业论坛创始人、主席田源，亚商集团董事长陈琦伟，中泰信托有限责任公司董事长吴庆斌，德意志银行亚太区投资银行执行主席蔡洪平，诺亚（中国）控股有限公司董事长兼CEO汪静波等嘉宾参与讨论。

可投资六大行业，三高三大

汪潮涌： 这个话题是比较大的一个话题。中国未来最具潜力的投资行业，作为一个投资机构的老总，我的观点是，中国未来可以投资的行业很多。关于中国未来最具潜力的行业，我认为有六大行业，三高三大。所谓三高，就是高科技、高端服务、高品质消费；三大就是大健康、大文化、大环保。至于说其他的一些相关行业，我们也在观察，但是基本上比较关注这六大行业。

如果细分，高科技领域有很多的子领域，昨天我们探讨了互联网对传统产业的冲击，我想这个大家都是有共识的。人类经受的第一次工业革命，是以蒸汽动力为特征的革命，第二次革命是电气工业革命，第三次工业革命是以信息产业、互联网为主导的革命，这三次工业革命的共同特征就是极大地依靠科技技术，极大地提高生产效率，互联网的时代更是非常明显。所以互联网对我们未来的每一个产业、每一个家庭、每一个个人来说，它的冲击都是巨大的，那么如何在互联网新的浪潮来临之际把握投资机会，这是我们非常关注的。现在互联网发展到移动互联网的时代，产生的一些新的投资机会，比如说我们非常关注移动互联网的社交、移动商务、移动金融等，包括衍生出来的大数据以及云计算，云计算这个领域里面，从基础设施到平台到应用也有很多细分的领域。

从我们现在手持终端，到未来是不是会产生柔性的屏幕、柔性的终端？在硅谷我们看到有很多的产品在不断地推出来，例如，谷歌就是如此。在中国的高科技领域，我们也看到有不同的创业团队在做尝试，如新能源、汽车、分布式能源、智能电网等。新能源里面又有像太阳能新一代技术、风电核心技术，还有其他的一些生物发电等领域以及一个很重要的领域——和健康医疗相关的一些高科技领域，如生物科学、生物技术、医疗设备，还有环保等。环保这个领域对中国来讲是一个巨大的产业。人们说可能要30~50年才能把我们过去改革开放以后30多年里我们对大气、土地、水资源的污染及与生活相关的垃圾处理完。可见，这是一个几十万亿的产业。

在高科技领域，包括新材料、防务和国防军工相关的高科技领域，有巨大的投资机会。

生物制药是未来高速发展的行业

田源：我想跟大家分享一点在生物制药行业投资的想法。这个行业未来是一个高速增长的行业，不仅在美国而且在全世界，因为生物制药行业是一个特别花钱的行业。根据统计，日常治疗大病（癌症、糖尿病、心血管病）的药，在西方，研究出一种新药的成本是10亿美元，要花10年的时间。10亿美元和10年时间的成本，一般的企业是承受不起的，都是大药厂在做。所以世界上医药行业的一个大趋势就是化学制药比重在下降，而生物制药的比重在上升，因为生物制药的时间成本是3~5年。成本是3亿~5亿美元，或者更少。

由于投入产出的效益关系，现在生物制药的比例在美国差不多已经占30%~40%，这是大趋势。另外，大药厂把很多研发中心都裁并了，像辉瑞，在美国东、西部一个研究中心就有5 000个研究人员，这样的研究中心都关闭了好几个。怎么办？同时期出现了很多中小医药研发企业，现在波士顿、纽约大概有上千家新药研发企业。

中国现在健康消费总量是人民币2万亿元左右，国家关于健康发展的规划是2020年达到8万亿元，这是巨大的扩容空间。在美国，"药"有一个说法叫炸弹级，达到炸弹级标准要求销售额在5亿美元以上，最大的药品销售额是多少呢？170亿美元。在中国，一个药销10亿人民币就很大了，销售20亿人民币的基本没有。

我跟大家分享一个投资案例。我们曾投了一家做生物医药的公司，这个公司制作的药是治疗金黄色葡萄菌的，这个药的研发过程非常长，我们进去投资之前，这个公司才建立2年的时间，总经理是生物制药行业有30年经验的教授科学家，他服务过五家药企，有四家药企被卖给了大药厂或者上市。他买这个专利花了15万美元，我们投资的时候，估值是6 000万美元。那么他做了什么研究呢？他才在老鼠身上做了实验，还没有进入临床一期，中间经过三次融资，价值从15万美元提到三四千万美元，然后提到五六千万美元。在美国生物制药企业，估值是阶梯性发展的。我们得出结论：生物医药是风险很大的行业，必须分段来投资，投资的时候不知道这个药能不能成功，但是投资者看到它过去成功了，走到下一步有可能成功。

为什么投资？这个药研发成功以后，它的整个市场销售额会达到10亿美元，在美国，药的保护期是18年，独家垄断的。10亿美元的销售利润是非常高的，至少有5亿~6亿美元的利润。如果这个药研发成功，按照30倍的市盈率，这个药的价值是200亿美元，这个公司就值200亿美元。投资者能看到一个特别高的山顶，这个山顶能不能爬上去不知道，但是得一步一步走，估值就会一步一步地提高。美国有一个非常完善的机制，在医药行业有很多基金，有很多评估专家，有很多医学专家都围绕着这个产业，所以这个产业的路就铺平了。这个行业在中国还没有得到很好的发展，所以还有发展空间。生物医药是一个能超过微软这种企业的行业，而中国市场还有巨大发展空间。

汪潮涌： 田源主席说到的生物制药产业，中国现在用2万亿~3万亿人民币的国民支出太小，可能只是美国的1/8，未来的空间巨大；中国医药产业最大的问题就是没有形成一个很好的新药研发及投资产业化的机制，这里面最重要的两个原因：第一是风险投资缺位；第二是中国药企集成度太低，没有规模、没有能力和资金去投新药的研发。

医疗行业里面的五个领域：生物制药、化剂合冲药、中成药、医疗器械和医疗机构。在五个子领域里面，最大问题都是没有规模。医疗器械最大的上市公司是麦瑞，市值50亿美元，和国际同行水平相差巨大。像和睦家医院，现在是非常成规模了，未来可能在中国会成为民营和混合所有制医院里面的一个模板。医疗行业肯定是一个巨大的朝阳产业。

资产管理行业是未来投资的发展方向

汪静波：听了田源主席的讲话，我们都希望能够投资。这么大的市场前景，我们诺亚财富是专注高定制客户服务的机构，我们有两大块业务：一块是财富管理，主要是服务100万美元以上的客户，平均我们的客户大概投资150万美元；还有一块就是有一个大的金融数据库，我们在不断地筛选出好的基金管理人。很多大的看法其实都有不约而同的相似之处，我们发现欧洲经济跟

日本经济的衰退，很重要的一点就是错误地估计了人口的结构。研究报告指出，全世界其实都在完成一个不可能完成的任务，就是一个人拥有工40年的工龄，如果20岁工作，60岁退休，养活自己是60~90岁的30年时间，这是非常困难的。如果从这个角度来看，投资可能会成为人们最后一个职业，我们如何来选择投资方向，就变得非常重要了。

第一，医疗肯定是未来一个很大的方向，主要的原因就是低出生率，但是人们却活得越来越长了，死亡率也变得越来越低，但是医疗的资源是稀缺的，其实全球做得最好的就是日本。美国医疗的投入非常巨大，而且个人医疗消费也很高，所以大量发展的行业是医疗保险行业。2013年，我们在医疗产业基金方面，还有高端医疗保险方面投入比较大，我觉得只要在高端医疗保险普及之后，很多的医疗服务才可以提升。第二，资产管理行业也是未来非常大的发展方向。我们可以看到美国在20世纪80年代的时候，一个基金如果有100亿美元的规模，就已经非常大了，但是现在任何一个基金可能都是几百亿美元的规模。在中国未来的10年，资产管理行业会百花齐放。从各个细分领域，各个专注某些行业来

看都会形成规模的发展。第三，就是教育行业，特别是高等教育行业的发展。因为中国第一代的企业家很多没有受过非常好的高等教育，但是现在因为企业发展到一定程度了，必须重新做选择。我记得有一次李克强总理讲了一句话，他说未来中国5年有一个很大的趋势，有5亿人口会出国。光是这个出国去旅游的趋势都是不得了的。我觉得简单的旅游已经无法满足社会发展的需求，深度的可能是到国外教育、在职的培训等，这几年EMBA、总裁班都有很大的发展趋势。我觉得教育产业会有大的发展，三三三原则，1/3的民营教育机构，1/3国营教育机构，1/3中外合资教育机构。我的视角都是比较偏零售的，从客户出发考虑投资的方向，这几个点都是我们比较关注的。

　　大概就是这些内容跟大家分享。所有的行业可能都要用互联网的方式来重新思考，怎么样能够拉近距离，如何去满足客户的需求。

　　汪潮涌：百度的一个投资人曾说过，从流量上看排在前面的四大领域是：第一是医药健康，第二是旅游，第三是教育，第四是理财。这是消费者最关注的四个领域，也是成长最快的四个领域。两个月前去哪儿网上市，就是一个细分市场垂直搜索的公司的典型案例。前面有百度大搜索，有携程网旅游网站，可是一个去哪儿网垂直搜索上市竟达35亿美元，所以细分市场里面的潜力还是备受关注的。

通过互联网改变人们的生活方式

　　吴庆斌：中国未来最具潜力的行业。近三年总结下来，就是通过互联网改变人们的生活方式。

　　电商改变了我们的消费模式，颠覆了传统的零售业。下一步哪些行业将被颠覆，哪些行业有巨大的潜力和创新的机会。第一，写字楼市场会不会被移动互联网改变。我们的工作方式被颠覆，现在4G时代到来了，真正移动互联网时代到来是以4G为代表的，它能实现远程的视频，全部信息的互动，写字楼办公会不会发生巨大的变化。第二，COM是未来真正的营业场所，是对外的营业场所展示形象。第三，移动互联网时代的到来，支持多方视频，用一些新的技术手段，改变包括会议等的办公模式。写字楼的格局和布局，现在是不一样的，就是说互联网改变了公司的管理模式，这会影响写字楼的市场，会颠覆掉写字楼市场传统商业模式。

我们在成都投了 50 多亿元做城镇化，在这个过程中，研究出来很有意思的东西：我们怎么用互联网改变农民的生产生活方式。如果我们改变了 3 亿农民的生产生活方式，可能我们就再造了几十个淘宝、几十个阿里巴巴；如果把农民视为家庭农场模式，承包土地经营模式不改变，每个农民就是一个生产经营主体，他就是阿里巴巴网上的一个商户。

我们能不能通过移动互联网的模式，解决农民生产什么、给谁生产、生产后卖给谁、如何直接送到客户手里的问题？这同时能解决食品的质量问题。如果把商户和顾客建立一种直接的联系，这个问题在市场上是不得了的。如果用互联网模式减少从农户端到最终消费者之间的产业链，现在一个农户生产大米需要10 次交易才能够到消费者手里。五常最好的水稻是长米，收购价是 2 元钱一斤，在超市市场里面卖到 20 元钱，还有卖到 100 元钱的，通过互联网的模式、电商的模式，将 10 个环节变成两个环节的时候，农民也就有钱了，消费成本也降低了，食品质量也能够得到保证了。

汪潮涌：吴董讲了一个非常重要的潜在行业，就是和电商相关的。您把电商的概念延展到三农上，这是非常有新意的。电商行业在中国蓬勃发展是不争的事实，马云的一句名言就是要颠覆商铺市场，要让商场变得便宜。现在全国很多的大城市已经出现商场过剩的局面，比如上海大型的购物商场，大概有 100 个，这里面空置的现象严重。有很多中小商铺是没办法生存下去，被竞争力淘汰下来了。它的成本撑不下去了，但是任何事情又有一个均衡，因为最近我也看了很多电商公司，电商公司说现在用阿里也好，天猫也好，京东也好，成本越来越高。这个均衡，如果将来用电商平台的成本和用实体店的成本接近，最后你可以看到电商发展的势头会慢下来。比如说现在电商的成本——一个是上平台的成本，二是流量的抽成，三是广告和流量的导入成本，四是内容制作的成本，五是是物流的成本，这个加起来差不多也是 25%~30%，跟传统的线下开店成本接近，所以最近我们也看到了，电商的问题也在出现。

电商这个行业里面，我们非常关注的就是物流，这个物流的行业是一个巨大的行业，伴随着电商的发展，成长得非常迅速。大家都知道像顺丰，邮包量已经超过了中国邮政，2012 年的整个邮包的数量，电商的邮包数量差不多是 57 亿个，2013 年可能到了 80 亿个或者更多，所以 2013 年的中信资本领头投了 86 亿元给顺丰这个民营的电商物流公司。顺丰已经做到了这种规模，它现在的仓储，包括飞机，都有很大的一个基础设施方面的投入。所以这一块我觉得有很大的发展，尤其是现在大家看 O2O，还有 O2M（Offline to Mobile），移动互联网来了以后，对过去基于 PC 端、基于网页的电商冲击也很大。因为过去比如说一些传统的电商页面是按照 PC 终端来设计的，可是这个内容直接转到手机上去，它是没办法看的。所以有新的公司上来，说要颠覆淘宝和天猫，可能在移动上直接做界面。这一领域我觉得未来也是有很大的发展机会。我们请蔡董来谈一谈他的看法。

中国经济有两个时期

蔡洪平：我认为中国经济有两个时期，第一，中国经历了一个填补式的发展。在我们的 GDP 从 4 万亿到 40 万亿的期间，即从 1992 年到 2008 年，那个时候中国什么都缺，开始是缺物质产品，后来缺服务，缺什么就做什么，做什么赚什么，所以产生了一大批的解决温饱、解决住房等问题的企业家；美国有什么，我们没有什么，像百度等都属于填补式的，属于补缺型的。

然后我们进入第二个增长期，传统行业全部过剩，新兴行业发展又缺少文化基因和体制。第二期我们需要升级，需要独特的研发，需要独特的思维和一批在各个领域忘我献身的科学家或者是工程师，我们缺少这样的人。

第二经济时期统称为整合增长期。在第一增长期里面没有做的，或者是出问题的，我们要补课。中国最落后和僵化的教育体系、医疗体系正是我们过往二十年没有做好的，而且目前盘根错节，很难撼动。在医疗方面我们需要补课，三个月前，一个很小的医院——凤凰医疗以 45 倍的市盈率在中国香港上市。这是一个崭新的模型，是在传统行业里中国医疗体系没有做过的。国际资本市场为什么给一个医院 45 倍的市盈率呢？全球没有见过，他们呼唤着、寻找着在这个领域冒出来的新苗。

医疗药品一定是在第二期出现的，不是补课的。药品这个东西需要很多科学家进行研究，需要在生产药品过程中投入多年的奋斗。两年前，很多公司到德国收购一些医药企业。我去了默克药厂，看到一位 86 岁的工程师，一辈子做药品研究，研究心脏里面的一个药，很伟大。中国目前缺少有思想和有创意的科学家，也没有好的创业环境和孵化器。

第二个增长期里面，一方面是帮助在第一期增长期里没做好的产业补课；另一方面是哪里出问题了，哪里就有机会，这个出问题是需要心态的，我们需要的是一些人在一个领域里面深度和广度的进军，什么时髦做什么，不在乎企业做得多大，要看它做得多长。如果你做一个行业，比如说做医药行业、机械行业，企业家得有这种傻瓜精神，得学习西方的先进技术，而不是今天做私募基金去了，明天做投资去了。这种思想不改变，我们第二期的增长期可能就会掉入所谓的中等收入陷阱。第二期能够走上去不是简单的事情，我曾经说过海外收购绝对不是资本的征服，而是文明的尊重、互动和征服。

汪潮涌：城镇化在国内也是非常时髦和热门的话题，但是城镇化能够带来什么样的投资机会，除了砖头房地产以外，更重要的是配套的一些服务机会。

蔡洪平：我感觉中国的砖头城镇化已经接近尾声，而中国的文化城镇化刚刚开始。

汪潮涌：伴随着城镇化的生活质量和文明服务相关的投资机会相继产生，比如说中小规模城镇的污水处理：分布式的几个家庭共用的或者单个家庭用的污水处理，垃圾回收，或者是一个村、一个镇的安防设备、医疗诊所、教育机构、小型的超市等。因为中国小城镇加在一起是几十万个，任何一个产品能够渗透到几十万这么一个量级的市场里面，将是会很巨大的。

未来投资取决于国家的经济周期

陈琦伟：未来的投资在很大程度上取决于这个国家的经济周期。我更加偏悲观一些说，我们现在还远远没有充分估计到中国第一期过猛增长带来的后遗症，它虽然造成了一些数字上的增长，包括出现了一些大企业、好企业，但是另外一方面它又在相当程度上损害了我们经济增长的根基，这种损害往后会越来越明显。中国整体上，包括我们企业界对此的估计远远不足。

汪静波：我觉得虽然过去十年，中国证券市场资产并没有增加，但是从监管的角度，证监会给投资人树立了风险的观念，股票跌了之后也没有出现大的问题，过去理财的发展，银监会有一个最大的问题就是刚性对付，假如刚性对付这件事情不打破，其实短贷长投本身就是风险，流动性就是金融最大的风险，我觉得这是一个定时炸弹，到现在仍然是挂在上面的，假如投资人不能理解风险，所有金融市场和产品都以刚性对付为基础，这个行业没有办法发展。

我认为中国这么大，绝对可以出现像瑞士一样的百年老店式的私人银行，这也是我们的目标——你在什么样的平台上竞争，整个市场发展过程当中处于什么样的状态。我们觉得很重要的要做投资人教育，要跟投资人讲述风险。我昨天看到一篇文章说，信托公司要追责，最后一句话是要把刚性对付进行到底，这样的环境，这样的方式要发展私人银行是很困难的，我觉得资本市场起不来，很重要的就是无风险收益太多，其实余额宝、理财通都是好的，他们选择的就是七天年收益率为 7%，甚至是 8%，如果无风险收益这么高，谁还愿意做投资呢？谁愿意承担这个风险收益呢？我觉得这个是目前市场上一个非常大的问题，但是这个问题又跟政治、经济各种关系都结合在一起，所以怎么走出这个困境，或者走出这个困境的时候会引发怎样的风险和社会的问题？我觉得大家都没有答案。对我们来讲，只能看得更远，能不能锁定好的、优质的资产，怎么样筛选出这些资产才是关键。

吴庆斌：对和不对绝对不是银监会要求的，政策和监管法律上没有这方面的要求。我们信托公司非常不容易，做了差不多 10 年，做到了差不多有 8% 的收益，我们给老百姓的钱是实打实的，这里是信托公司用血和汗维持在自己的尊严和维持这个市场，在道义、荣誉、道德和经济利益上做了一个抉择。

汪潮涌：我们讨论的时间已经到了，希望今天的讨论能给大家提供更好的思考。

养老与医疗——健康大产业的未来

　　老龄化是中国最急迫的社会问题之一，巨大的养老市场吸引了各路资本关注。泰康人寿是第一个吃螃蟹的人，紧随其后的是新华保险等其他保险企业。一个地产与保险产品相结合、倡导尊重生命、体现人文关怀的养老创新商业模式已经出现。同样，中国的医疗行业也发生着类似的深刻变革。这些变革告诉我们，一个健康大产业的轮廓渐次显现。我们将在对养老和医疗这两个产业变革的解读中，预测这一大产业的未来。

　　在 2014 亚布力年会的"养老与医疗——健康大产业的未来"分论坛由泰康之家（北京）投资有限公司 CEO 刘挺军主持，同时邀请了万通投资控股股份有限公司董事长冯仑、万好国际集团董事局主席翁国亮、和睦家医疗集团董事长 Roberta（李碧菁）、晶珠藏药集团董事长李访瑞、美中宜和创始人兼 CEO 胡澜、慈铭体检管理集团董事长胡波等嘉宾参与讨论。

2013 医疗养老行业跑马圈地时代

刘挺军：　2013 年医疗养老行业基本上是一个跑马圈地的时代，国务院 35 号和 40 号两个文件规定出来，说 2020 年要把健康服务业做到 8 万亿人民币。如果按照发展中国家的规模来评估，整个养老行业一共还有 600 万个床位缺口。从医疗、诊疗的角度来讲，国家提出 20% 的市场份额应该由非公利医疗体系提供支撑。面对这样一个大机会，我们看到养老行业和医疗行业分别有不同的发展态势。养老行业是三大派系：第一个派系是保险，以泰康为代表的保险行业进入养老领域；第二个派系实际是房地产公司，以养老地产的方式进入；第三是实业资本，因为中国的医疗行业一直受高度管制。但是以和睦家、美中宜和为代表的民营医疗机构，在中高端的市场化领域中闯出了一条路，他们走的模式是高端市场和私人付费。

我们就从自己的商业模式围绕着下面几个方面讨论：第一，对医疗和养老的商业模式和发展路径的看法和思考；第二，分工和协同问题；第三，下游的技术和服务管理问题。先请冯总谈一下。

做专业的不动产供应商和服务商

冯仑：　最近大家可能觉得比较奇怪，我们怎么跟医疗有关系？跟福建莆田的商界朋友怎么混到了一起？其实不光是我，还有刘永好。应该说我们在这里所扮演的角色是代表钱，不代表运营能力。我们把房子盖起来租给像李院长这样的人，因为她已经是我的客户了，我已经将一个物业租给了和睦家。我们今天讨论的其实就是三个角色：开发商、投资商、运营商。开发商是干什么的呢？一手联络投资商，一手联络运营商。我们之所以跟福建的朋友紧密合作，是因为他们是运营商，是我们最重要的客户。

运营商分三类，一类是公立，公立医院的很多事情要做出决定很慢，要成为我们的客户至少要等一阵子。再有一类是外资，但是外资很少，比如说和睦家在北京很成功，但是在全国其他地方它很慎重，慢慢在发展。所以从不动产角度来说，如果我们要大规模进入医疗健康不动产，其实我们最大的客户还是民营医疗机构，即最后一类。民营医疗机构有多少呢？全国有一万家，其中 8 000 家来自莆田。

对莆田系的医疗发展来说，他们的瓶颈可能是不动产，因为房租在不断涨，他们的发展速度又很快，2013 年 1~9 月，公立医院发展的数量是零，而民间医疗机构发展的数量是 1 500 家，所以大家就能理解，为什么我们要跟莆田的医疗体系建立联系，跟莆田的医疗体系有合作，因为这意味着我们就能够找到长期的合作伙伴或者客户。

比如说一个三甲医院要占地 6 万 ~10 万平方米，一个妇儿中心 2 万平方米，一个整形美容 7 000 平方米，这都有标准配制。过去二三十年，莆田的医疗发展是从专科做起的，其中，前列腺医院 200 家，妇儿医院 50~60 家，肛肠医院 300 家，每家医院 3 000 平方米，算一下总面积是多少？实际上，我们的定位非常清楚，我们是专业的不动产供应商和服务商。

在医疗健康领域，我们发现这个不动产门类非常好。一是租金比较稳定，二是租期比较长，写字楼客户 2~3 年算很长了，但医院是没有 10 年以下的。但是我们没钱，地产商不是有钱人，是穷人，是手艺人。曼哈顿的楼 1/5 都不是地产商的；陆家嘴 30 栋楼，50% 不是地产商的。地产商都是给人干活的，所有楼都是地产商开发的，但是业主不是地产商。所以我们跟泰康等有钱人合作，他们是投资商，我们是开发商，李院长和胡院长是运营商，所以在养老和医疗健康产业，这三个角色都非常重要。

但如果要健康发展，这三个角色既要分开又要统一。分开就是说，做医院的不要管房地产，只需好好做医院。我们就专心盖房子，也不管看病。因为万通不会看病，也没有想进入看病的行业。我们地产商是谁找我们，我们就把活给他干好。就这样，我们和莆田的朋友成立了医疗健康联盟，我们选取了 12 个莆田的带头大哥，他们管了差不多 1 400 家医院，这就等于一下跟中国民营医疗打通了联系。

刘挺军： 刚才冯总说到在这个产业中，投资商、开发商、运营商的专业化分工，其实和其他行业不同，医疗和养老不动产下游的服务都非常专业，同时地产用途也很单一，医院做不成了之后也不能改做其他的用途。在这样一个产业协同上，资本和资本投资商的特点也不一样，前者像 PE，后者像保险公司。它天然地跟养老和医疗的切合性更强，因为周期比较长，不着急短期回收。另外，可以形成客户上的重大协同优势。在医疗的服务体系上，模式主要是两种：莆田系是一种模式，他们的投资效率非常高、回收期很短。

冯仑： 有的回收期只有 7~8 个月。

刘挺军： 有的二三年就回来了。另一种模式是你们自己定义的品质医疗，它的周期很长。

冯仑： 一个是洋范儿，一个是本土相。

李碧菁： 医疗市场的需求很大，连政府都告诉我们，不久的将来会翻三倍——8 万亿的市场。现在很多公司，无论是房地产公司、保险公司，还是医疗集团，都对医疗市场的潜在需求很感兴趣。政府也说要调整政策打开市场，给民营资本更多的发展机会，所以这就引起了很多投资者的兴趣。其实民营医院在中国大概已经有 30 多年的历史，也许莆田的民营医院是最早尝试者。莆田民营医院的发展给我们一个体会，一个很好的体系

不能一两天就建立，需要漫长的过程。

最近我在担心，这么多房地产的钱，或者其他金融机构的钱，如果一下子进入这个领域，这对民营医院的声誉不一定是利好的，因为建立起一个很好的医院，或者是一个很好的医院集团、医疗体系，需要一个发展过程。今天听冯仑董事长说房地产不准备运营医院，我松了一口气，很高兴。不过，有的房地产公司不一定这么认为，真的是准备两个腿都迈进医疗市场。说一句实话，和睦家从一个相对大专科、小综合，变成一个真正综合的多城市医疗系统用了 16 年的时间。而在这十几年间，像和睦家、美中宜和以及其他高端医疗机构，慢慢把民营医疗从一个消费者不一定百分之百信任的供应者转变成一个很受欢迎并且发展很快的角色，其中的艰辛只有我们自己知道，因此我不希望因为这么多人对这个领域感兴趣，就把十几年累积起来的口碑破坏了。

5 到 10 年中国的医疗格局将改变

翁国亮： 我本人一直从事药品医疗行业，对中国的药品开发和医疗发展过程有一点心得。我先简单地说一下我的看法。第一个是医疗开放的问题。中国医疗真正开放是在 2002 年加入 WTO 以后。那个时候对外资机构还有限制，外资机构到中国办医疗只可以占 30% 的股份，而且还要获卫生部和商务部的批准，那时候国家的政策允许民营进入这个行业，这是中国第一次把中国民营医院放开。但是那次放开，除了允许民间资本办医之外，没有任何政策，也没有银行贷款等融资渠道。当初银行还出了一个规定，原则上不为民营医院贷款，因为民营医院的资产不能抵押，贷款到期时如果医院无法偿还，银行业也不能把病人赶走，亦不能将医院收回。

第二个是医保的问题，那时候国家几乎不给民营医院任何医保政策，人才就更不用讲了。在 2002 年之前，国家也出现过很多医药分家的政策，包括 2010 年的国家医改方案。但我认为所有的政策中，只有 2012 年推出的政策是支持民营医院的。这就是过去 10 年民营医院发展的一个政策背景。

在这种背景情况下，我们统计了一个数据：2003 年全国民营医院有 3 000 家，这 3 000 家里面大部分为莆田系医院。2013 年年底全国民营医院是 10 700 家，其中，80% 为莆田系。2005 年到现在，这些莆田系医院的发展有质的变化，不管是管理水平，还是医院的规模和档次。但总体来讲，民营医院的规模还是偏小，2012 年全国医疗消费是 1.6 万亿，其中民营医疗消费只占 1 200 亿。

陈东升： 医疗、器械、药都含在里面？

翁国亮： 不包括药，所以从数量和份额来说占比非常小。这次国务院 42 号文件，包括十八届三中全会之后的医疗市场，我感觉会有很大的变化。因为这次的文件都非常具体，包括医保、银行支持、税收支持、土地支持。近 3 年，公立医院的改制和民营医院的发展还是不明显，我同意李院长的看法，这个行业跟别的行业不一样，不像开酒店，一条街开 5 家，招一些服务员，请一些管理公司管理就行了。医院有人才问题，有管理问题，特别是管理问题，中国之前没有医院管理的人才，95% 的国有医院院长都是医生出身，不懂管理，所以说中国医院没有管理的人才。

国务院最新出台的一个文件，要求每个省 2014 年最少有 1 家国有医院拿出来改制，这是北京下的命令。但更多的事实是，大部分还是大医院在兼并小医院，跟民营没有太大的关系。因为如果让民营进入，他们又有看法，所以我说 2~3 年之内很难有大的变化，但是 5~10 年之后，中国的医疗格局会发生很大变化。

改变这个格局的主要是两拨人，一拨是国企，像中信和华润。中信和华润收购了很多医疗机构，但是之前也很困难，原因主要是品牌不统一，没有管理人才。他们最近一直在检讨，我相信他们会继续在这个领域努力的。另外一拨就是民营，就是所谓的我们这批人，或者说莆田系。莆田系在原有的基础上可能会跳出好几家，它们会做得比较大，之后才是外资的补充。外资进中国都很谨慎，以赚钱为目的，一年开 3 家，一年赚二三亿就 OK 了。所以，真正改变中国医疗格局的一定是我们的央企跟民营医院，但是我感觉这一改变的发生可能需要 5 年时间，5 年以后这拨人会冲击国有医院，也会迫使国有医院改变服务态度和经营体制。现在民营医院的做法就是面对机遇要抱团，所以这次邀请冯总和刘总加入我们的医健联盟，因为单打独斗已经不行了。小医院很难生存，必须做大，要抱团，在短时间做大，这样才可以改变中国的医疗格局，改变中国民营医院的资源现状。

刘挺军：医疗行业的监管确实非常多，从房地产领域到后期的管理领域，可能是各大行业中监管最复杂的一个行业。据统计，老年人年均在健康消费上的支出大概是社会平均消费额的 5~8 倍，而人一辈子大约有一半的医疗健康消费是在退休以后。因此，医疗服务的附加值非常高，某种程度上，营利模式和商业模式非常确定。养老产业在 2013 年也很重要，李总有一个养生养老的联盟，能不能谈谈您的模式？

李访瑞：我在医药行业干了 20 多年，跟福建莆田系医院很早就有合作，因为晶珠藏药产品比较新颖，所以他们都用我们的药。这 20 多年，我们是比较善长营销的一个公司。偶然的机会，我们成立了一个龙腾经合联盟，大家开始抱团国际化。

我们研究了"两个多"的模式。第一个"多"是多民族医药整合疗法，因为我下面有 3 个药厂——中药、西药和藏药，总结了一些治疗癌症或是高血压的方法。我们在北京开了一家医院，叫北京晶珠中医医院。我们认为，任何一门医学都是人类的瑰宝，都是术。我们依照儒、释、道的传统文化给人治病，有三张处方，治身体的处方、治心的处方和治文化缺失的处方。我们更重要的是强调人的行为修正，药和医只是一个小的东西，实际是回归本原。

第二"多"是结合龙腾经合联盟。我们成立了投资公司、网站，还有龙腾精品城，形成了一个完整的商业模式——就是多产业联盟。下一步我们打算把这个医院作为中国第一家倡导多民族医药整合疗法的医院，做成网络医院，做到社区去，发挥医药营销的品牌和网络优势。

刘挺军：借这个机会我把我们在养老方面的探索介绍一下。第一，如果把养老单独作为一个房地产类别，在中国其实很难形成一个营利模式，但是今天把养老和保险结合起来，两边的利润搭建起来综合算，还是可以形成一个长期稳定的投资收益，所以商业模式上发生了很大变化。第二，我们的养老模式叫社区，不叫养老院，跟美国的护理医院其实完全不是一个类别。护理医院是医疗机构的分支，本身是机构化的，我们今天做的是社区，社区说到底是一个综合体，还是住在家里的，完全家庭化。第三，和医疗完全分不开，我们做的是一个高级医疗保健中心。现在，我们在北京、上海、广州三个一线城市同时建。

刚才冯总谈到，投资商、开发商、运营商三大角色，我觉得在这个行业里，三个角色之间真正战略性的抱团特别重要。开发商需要理解医院和养老的特点，它不像建住宅，建住宅现在基本上都已经标准化，除了户型，没有太多东西，但是做医院和养老需要对服务流程有非常精准的了解。而对于投资商来说，因为中国没有养老服务的供应商，所以不得不自己组建，但是在组建过程中，我们看到包括华润和中信，在投资医疗的时候，投资商和运营商之间在战略上的分歧和语言上的不通都将是一个较大的焦点和矛盾。有的运营商想要坚持品质，这就需要比较大的资产投入，但从投资商的角度说，如此大的投入坚持不了太长时间。我有一个观点，PE 资本可以作为一个投资商，当然它卖的价格较高，但是从另外一个角度来说，保险的产业资本也可以扮演这样的角色。

在民营领域里面，高端医疗可能有盈利的模式，但毕竟市场有限，规模做不大。如果说我们希望打造出一个像美国 HCA 公司一样的大网络体系，那么还是要进入医保市场。在民营医院和民营养老体系发展的过程中，我们怎么跟医保对接，怎样来推动政策变化呢？

市场力量难发挥

胡澜：刚才说我们是洋范的，其实是半土不洋，因为我是海归背景，所以做出来的东西可能有西方元素，也有中国本土特点。我们做高端专科连锁医院，今天刘总给我们的定位是品质医疗，这是对我们的一个特别高的评价。我先分享

一下我们做这件事情的经过，我们是 2006 年进入民营医疗市场的，当时我从国外回来，对我冲击特别大的是医院广告铺天盖地，连路边垃圾筒都有，对此我特别震惊。所以，当我们打算进入这个领域的时候，我们决定不做一点广告，我们走口口相传的路线，给客户创造一个极致体验，然后让客户把这种极致的体验传播出去。在这个过程当中，我们认为做医疗的核心是安全和质量。

可能我们在市场营销方面不是特别强，走得比较稳，但实际我们后发力的优势非常强。我们用了 5 年的时间，做了一套适合中国本土又结合国际先进管理理念的管理体系。当时有人说民营医院老板的时间应该花在 2 个地方。一个是市场部，现在有的民营医院市场部是几百人的规模，我们市场部只有 7 个人，最开始只有 2 个人。另外一个地方是卫生局，因为跟卫生局沟通好了，他们可以给予很多政策的支持和帮助。但我们在这两个方面都没有花费太多的时间，我们的时间都花费在了研发一套适合中国本土的，能够保证高品质、高质量的管理体系上。因为我们深知，我们的目标是做一个全国连锁的、有品牌的医疗连锁集团。现在到了我们发力的阶段，也受到了很多资本的青睐，最近刚做了一轮 1 亿美金的融资。在中国为数不多的品质医疗机构中，我们也算是佼佼者。

十八届三中全会定调说，让市场起决定性作用。但是医疗行业到目前为止，市场的力量很难发挥出来。比如说资源，做医疗离不开医生，但是医生的资源不是由市场来决定的，完全被国家垄断。只有把医生的资源完全发挥出来，打破事业编制，自由执业，这个市场才能称为市场，所以我们一直在呼吁这件事情。

第一，多点执业可能是自由化执业中的一步。我们呼吁了这么多年，国家也出台了很多政策，但是到目前都没能实现，因为政策本身就埋下了伏笔，即医生能不能多点执业是由公立医院院长来实现的。有哪个公立医院的院长会轻易同意？卫计委出台的最新多点执业指导意见里面有一条，医生的多点执业还是要获得第一执业地点人 / 机构的批准、同意。所以说很多的政策看上去很美，但是到真正执行的时候，还是有差距的。

第二，市场供求关系。价格是由供求关系决定的，但是中国的医保价格完全不跟着市场走，所以国家对公立医院进行补贴。最近上市的凤凰医疗，虽然试盈利很高，很受资本市场追捧，但是它的两条业务线是药品和器材，真正的医院服务很难盈利。所以在价格没有放开，医生没有放开的大环境下，我对真正让市场发挥决定作用还是保留意见的。但是现在为什么大家对医疗市场还有这么大热情呢？仔细分析不难发现，都在绕着两条路走，如果医生资源没有被放开，做大医院很危险，因为很难在一个很短的时间内，召集那么多优秀医生。所以现在很多人在做专科，相对来说，这个领域对医生资源的依赖度没有那么高。所以在目前的市场状态下，民营医院有路可走，但是爆发式的发展，想真正达到和公立医院抗衡的状态，我感觉为时尚早。

胡波：我夫人从德国回来以后，结合中国情况，创建了健康体检服务模式。在体检前面加了健康，外延内涵就非常大了，中国医师协会《医师报》对我们的模式给予了肯定，它最大的特点就是不靠专家，靠模式。如果靠专家，早就被唾沫星子淹死了。每年我们的同行，包括三甲医院都跟我们学习流水线模式，每年1.5 亿人次在做健康体检，大家现在去三甲医院体检，可能很受尊敬。

做体检这么多年，实际上我们早就做了两手准备，因为体检的竞争门槛低，五年前就做了民间中央保健局的健康管理，也做了医疗会所，现在会所不让提了，改回中国首家健康管理医院，目的就是实现疾病前的全方位管理，这样能跟后期进行配合，尤其是防猝死、防癌症。只要市场有的，我们都做，为后续的研发和合作打好基础。

刘挺军： 最后还有 10 分钟的时间留给大家提问题吧。

嘉宾 1： 我有两个问题，一个问题问一下翁总，怎样提高医疗服务的质量？另外一个问题问冯总，您提到了品质医疗，但你们为什么选择与规模医疗合作，而不是品质医疗？

冯仑： 先选择的是品质医疗，.规模医疗里也有品质医疗。

翁国亮： 首先我要说谢谢莆田人。莆田系医院占去了中国 80% 的医疗机构数量，他们不是不讲品质的。这次我跟冯总合作，带他们参观了莆田人开的医院。大家也都提到了品质，莆田人的医院不是没有品质的，但是不排除存在个别品质不高的医院，任何一个行业放宽的时候都会有一些不规范的现象，但是那都已经成为过去了。

我对莆田系医疗同行们既同情又敬佩，我同情他们的是他们很认真，十几年来一直就做这行，今天开 2 家，明天开 3 家，后天开 4 家，不断捆绑，一起合资，不然怎么可能占中国 80% 的份额？他们对中国民营医院的发展贡献很大，但是没有人说他们好。假如说医院真的不好，就不会有病人愿意上门来看病，医院也就不可能发展。既然还有病人愿意上门，这说明它有一定的品质，有一定的基础，不然他们不可能走到今天。我敬佩他们的这种精神。

嘉宾 1： 我们都知道莆田系医院很挣钱。

翁国亮： 那你有没有听说过莆田系医院也有亏本的？莆田系医院里面的医生，99% 都是从国有医院花重金聘请过来的。以前医疗没有放开的时候，民间没有医院，除赤脚医生外，也没有医生。我补充一点，替莆田系医疗工作者鸣不平，因为他们做了这么多贡献，而且做得这么好，但很多人对此还有看法，没有人说好。

李碧菁： 莆田系的医疗网络做了很多事情，发展也比原来规范多了，这些都是需要时间来证明的事情。和睦家为什么在 1997 年政策艰难的情况下建立第一家医院？是因为我们觉得要受到病人的信任，给他们治疗，首先要为病人好，而不是什么赚钱就做什么。我们现在成立的医院，北京、上海、天津、广州有 6 家，还在筹备的有 4 家，还有 10 几家诊所，可以给每一个患者配一个医生专门帮助其做每年的健康体检，万一生病，还可以帮助其做治疗计划，如果需要住院，我们有医院，需要做手术可以做手术。另外，我们现在开了一个康复医院，手术完了以后，病人还有地方康复。现在很多疾病，包括中风，病人只能躺在床上，公立医院觉得康复不够赚钱，所以就让病人自己回家慢慢康复；而我们成立了康复医院以后，这些中风病人和脑受伤病人都有地方康复，回家以后还有上门服务的家庭医疗。所以我的结论是，赚钱很重要，不过成为一个负责任的医疗提供者更重要。不是说因为是莆田人开的医院就能不负责任，一样可以负责任。

李访瑞：现在的医生，凡是只看身体，搞技术垄断，搞秘方的，都是骗人的，我们现在跟国家中药管理局提出的七师文化认证，就是让医生有高道德标准，在给人治病的同时，更重要的是让患者修正自己的行为。不管是福建莆田系民营医院，还是公立医院，把七师体系嫁接进去，用老祖宗的东西解决当今社会的根本问题，回归本原。不光治病，治理企业也是一样。

胡澜：医生和医院到底什么关系？挂着大牌专家照片的医院就是好医院？这完全是不对的概念。在美国，医生都不属于医院，那么好医院是怎么评价出来的？其实，医院管理是一件非常严谨的事情，首先要有理念才能够把它管好，但医院管理人才在国内还很稀缺，所以在这样一个情况下，真正要出现实际意义上的好医院，还需假以时日。

行业深析：保险业

保险业正处于新旧时代的交界处，除了深耕传统，守住疆域，还需要拓展新业务，特别是和互联网相关的新业务，以面对因日新月异的新技术而加剧的未来不确定性。两位行业大佬的对话，不仅对审视保险业，也将对审视其他传统行业提供了全新视角。

泰康人寿保险股份有限公司董事长兼 CEO 陈东升与华泰保险集团股份有限公司董事长兼首席执行官王梓木在 2014 年亚布力年会上就保险行业的现状和未来展开了高端对话，《第一财经日报》副总编辑杨燕青主持了该场对话。

互联网带来的影响是颠覆性的

杨燕青： 今天我们先从保险业在 2013 年的大事讲起。想请问两位，在你们眼中 2013 年保险业最重大的一件事情是什么？在这一事情中你们两家公司分别扮演了什么角色？这里我给出几个选项：其一，保险费率市场化改革；其二，保监会新政、新规频出，保险业进入大资管时代；其三，互联网保险如火如荼地发展。

陈东升： 我认为是费率市场化和互联网保险，其中费率市场化对我们的影响更直接。银行业也在进行利率市场化，可为什么银行的股票价格跌得很厉害，而保险公司在费率市场化的时候股票价格的变化不大？那是因为保险公司跟国际接轨的时间比银行早，保险公司的整套销售体系也都来自海外。费率市场化后，经营好、竞争能力强的保险公司应该会有更好的发展。

杨燕青： 费率市场化改革会给保险业的经营能力提出更大的挑战，因为竞争会更加激烈，那么你怎么去应对更激烈的竞争，如何在费率市场化改革的环境下保持很强的盈利能力？

陈东升： 我们的对策总结出来是八个字。第一，创新。创新是根本，中国保险业同质化现象非常严重，只有创新才能走出一条差异化道路来，比如我们的养老社区就是在创新之下推出的高端产品。第二，效率。费率市场化的核心是将利益让给客户，如此保险公司的收益、利润就会下降，但我觉得如果提高效率，下降的收益和利润会得到很好的弥补。因此，这两年我们做了很多调整，如调整财务结构，提高产品盈利能力，优化人力资源构架。第三，加强管控。对于保险公司，根据规模来评价是远远不够的，还要评估保险公司应对风险的能力和偿付能力，偿付能力就相当于银行的资本充足率。其实对人寿保险公司来说，控制风险最核心的要素还是资产匹配结构，就是资产和投资产品的匹配。当然，产品结构也很重要，我们一定要做长期的保险。保费一样，但盈利能力不同，这可能就跟保费结构不一样有关，比如我 2014 年做了 10 亿的 10 年期保费，那么未来的收益就是 100 亿。同样另一家保险公司也做了 10 亿的保费，但他们是 3 年期，如此一来，相同保费的价值就很不一样。另外，集中长期保险的保险公司在面对金融危机、金融风险的时候，根本不用担心出现现金流问题，它的投资策略也会更稳健。

王梓木： 2013 年及 2014 年对保险业影响最大，我思考最多的有几件事。第一件事是中国的保险业经过了快车道，开始进入一个非转型不可的时代。寿险以往的商业模式，无论是银行保险，还是代理人业务都受到了挑战。财险同质化产品竞争也导致了绝大多数公司经营亏损，2013 年，占财险 70% 以上份额的车险只有三家保险公司还盈利，其他几十家保险公司的车险基本上都进入承保亏损状态。这一情况下，保险公司的转型更加迫切，可是该怎么转？往哪儿转？涉及公司的战略调整。

杨燕青： 实际上华泰的转型应该从 2000 年就开始了。

王梓木： 是的，当这个行业正在做大做强的时候，我们就提出来要做好、做久，强调走质量效益型发展道路，所以在国家"十一五"期间，尽管华泰财险保费收入仅占财险业同期规模的 1%，但累计实现净利润占同期财险行业净利润总额的 31%。现在华泰的转型已经进入升级版，我们不可能全面地拼实力，而只能在细分市场上培养自己核心的、独特的竞争力，也就是走差异化的道路。在这次转型中，谁转得好、转得快，谁就能活下去，所以我预感中国保险业的大变动、大分化、大改组的时代已经到来。

第二件事是互联网带来的冲击和影响。在新的环境下，对互联网技术的理解和运用程度关系到我们的前途命运。不管过去制定的战略多么好、多么宏伟、多么长期，如果不能和互联网技术有效地结合起来，我认为这些战略都会失效。为什么这么说？因为互联网不仅决定了客户在哪儿，如何到达，还决定了成本如何控制，这两条都关系到企业的生死存亡。虽然华泰保险在互联网方面起步得相对早一些，但是我们的压力仍然非常大。

杨燕青： 有业内分析说，过去的互联网保险更多是基于渠道，就是线下代理人、银行通过互联网买卖保险，但 2013 年这一现状有了很大的转变，适应互联网的保险产品开始登堂入室，在这一方面，陈董和王董都有创新，王董做了一个退货运费险，陈董则是与淘宝合作推出了乐业保，这两个保险在 2013 年成了业内的明星。下面请两位给大家分享一下，这两个保险产品在推出过程中遇到的最大困难在哪里？是如何克服的？

陈东升： 2013 年三马成立了众安在线，主要做信用保险、财险，寿险领域我们则与淘宝合作推出了乐业保，这是非常好的开头。乐业保到现在大概卖了 5 万多张保单，主要针对的是淘宝的卖家。卖家都是一些小商户，只有几个员工，这些员工没有基本的保障，而乐业保实际上就是员工福利，就是老板为员工买我们这份保险，保额为 10 万。目前已经理赔了一单，客户的感觉也非常好。这实际上运用了传统保险公司和互联网巨头各自的优势。当前大家都在议论互联网金融和金融互联网，我觉得也可以开创一种传统金融企业和互联网公司合作的模式。

2013 年 4 月，我们去马云的阿里巴巴参观，他对阿里巴巴的运作介绍让我深受震撼，当时我就认为它会对银行带来颠覆性的影响，但我还没考虑互联网同样也会影响保险行业。经过这一年的观察和体验，我的观点发生了很大的变化，我觉得互联网对保险业的颠覆作用可能比对银行业还要大，因为互联网不仅增强了客户体验，而且还为消费者带来了切实的好处，比如传统保险的销售成本很高，这些成本严格来讲都会由客户来承担，但互联网会极大地降低这一成本，从而直接使消费者受益。

应该看到互联网背后的创新精神

杨燕青： 王董做的是运费退货险，是非常好的一个创新，但是这个产品推出后的一段时间里受到了不少批评。这究竟是一个怎样的产品？请王董为我们讲解一下。

王梓木： 我们为什么会想到做这样的产品？这就涉及我们对金融互联网、保险互联网、互联网保险的理解和认识。马明哲最近有一句话，"互联网保险是颠覆，保险互联网是改良"，两者是不一样的。互联网保险主要是通过网络平台、数据关系为客户提供一种新型的保险服务。保险互联网则是保险企业运用互联网技术来改善自己的服务和管理，降低运营成本，增强竞争力。

互联网的出现改变了保险业的哪些方面？第一，使保险业更加透明，解决了保险人和被保险人信息不对称的问题。我们知道，以前保险都是推销出去的，但互联网出现以后，保险变成了买方为主，保险公司将某些产品通过互联网展示出来，由买家、投保人自己去买。第二，使服务更加精准，互联网技术通过分析客户特点，可以为客户提供个性化、市场化、定制化的服务，甚至费率都可以因人而宜。传统的保险业运用的是大数原则，在找概率，现在的保险业则运用了大数据，可以精算到每一个人、每一户，这样的保险需求非常大。比如很多人去三亚过春节，也为此买了辆车，这辆车只在春节7天使用，如果购买保险，传统的保险肯定不能满足需求，因为这辆车一年只用7天，风险概率小，而保费却这么高，这时就需要提供一个只保7天的产品。这样的产品只能通过网上购买，因为没有营销员愿意去卖。所以互联网的便利使各种各样的需求得以实现。第三，保险公司还可以通过数据管理，压缩中间环节，减少中后台人员编制，降低管理成本。

我们为什么会推出运费退货险？这是因为我们注意到淘宝网2009年初发布的数据显示，2008年淘宝网络购物退货运费纠纷投诉量达42%，位于投诉总量第一，这激发了我们研发此款产品的灵感。投诉的增多，不仅影响了消费者的购买体验，也对卖家经营造成了不小的压力。网络退货运费险有效地满足和解决了这一需求和矛盾，极大提升了网上的商品交易量和客户满意度。2011年这个产品实现了2 000多万元保费，2012年实现了2亿多元，2013年发展到6亿多元，增长得非常快。2012年"双十一"当天，淘宝退货运费险保单数量达到5 000万份，2013年"双十一"当天，保单数量达到1.5亿份，保费收入近9 000万，创造了保险业单日同一险种成交笔数的世界纪录。而且每一单的保费都非常低，最早推出时是五毛钱，2014年提高了一些。不论是买保险还是赔付，都是网上自动进行，每天的赔付量就达18万~20万单，没有互联网做不到这一点。

杨燕青： 按照王董的意思，保险互联网是通过互联网来卖保险，是渠道的互联网化，这个相对比较容易，但是互联网保险是用互联网基因来做保险，这比较难，所以就牵扯出两个问题：第一，互联网卖的产品都是什么类型？第二，这些产品和传统线下卖的保险产品是不是完全不一样？从这个角度我想请教陈董一个问题，泰康在业内有一个非常有名的产品，一张保单保全家，这在 2000 年具有划时代的意义，而且在一个阶段内极大地促进了泰康的保费上升。但是这个模式和互联网保险模式似乎完全背道而驰，因为"一张保单保全家"是把很多保险综合在一起：通过比较强的代理人和客户沟通，这个产品非常复杂，金额也非常大。但是在互联网上，我们发现，所卖保险的期限要短，因为期限长的话，保费就会很贵，大家就不愿意买；若保险太复杂，不够标准化，不够透明，大家也不愿意买。

陈东升： 我们对互联网的认识从 2000 年就开始了，也有一个团队，叫泰康在线，是一个独立的公司，大概有员工近 100 人。这十余年间，我们一直在通过互联网销售保险，每年也有十多个亿，但是这一块到现在都没有做大。回过头来看，我们 2000 年引入互联网实际上还只是起步，近几年马云和马

化腾的运作才是真正的产业革命。你刚说的互联网上标准化、简单、便宜的产品，可能更适用于马云的电子商务客户，对保险业而言，互联网是带来了冲击，但它的出现并不能代替传统的保险业。

其实，对保险公司最大的变革还是大数据。大金融企业就是一个私云、一个大数据公司，国家是最大的数据公司。我们现在有 1 亿客户，其中重要的、有黏度的客户有 3 600 万，每年对外服务的电话有 1 500 万通，每一通电话都是数据，我们可以据此来分析客户的想法和体验。其实这一轮互联网变革对我们最大的启发、最大的贡献就是客户体验。客户体验带来的就是个性化服务，而大数据可以解决个性化服务。我们的互联网战略首先就是建立我们的中后台，实际上泰康的私云已经完成，过去我们的团险服务器是一套系统，个险服务器是一套系统，

而现在所有的都整合在一起了。还有就是对所有客户大数据进行分析，这个技术并不难，对销售人员也可以采用大数据分析，比如某一位销售员有 100 个客户从来没有发生理赔，对这样的销售员就可以考虑对他做保险的渠道完全打开，即使是 100 万的保险也可以不用核保。

杨燕青：保险业一直有精算，这些数据以前也都有，但为什么之前想不到在精算中纳入这些数据呢？

陈东升：如果没有互联网的冲击，传统产业都在沿用以前的做法，其实要想真正成为行业的挑战者就应该这样来创新，当然我们也需要有一个学习的过程。2000 年我们就成立了泰康在线，可一直做不大，究其原因，作为独立公司，我们按照传统公司的运作模式来要求它，对它进行预算，进行 KPI 考核，没有大投入，要求不许亏损，委派管理层，所有这些都是传统的方法。在经历这次互联网的冲击后，我们发觉应该用互联网式的思维和方式来管理。我们在跟马云的合作中学到了很多东西，比如内部结构上，传统企业是金字塔式，上面给下面下达指标，下面完成；而阿里巴巴完全是扁平的，有很多跨界的小组在进行创新，内部竞争比外部还激烈。在这种内部竞争背后起支撑作用的其实是利益机制或报酬机制，马化腾的公司采用的基本上是合伙制度。什么叫合伙制？比如游戏产业对人的创新能力有很高的要求，而创新人才不是培养出来的，都是市场打造的，因此可以采取包干的形式，甚至是分成。所以对于互联网，我们不能仅看到抽象的概念，更应该看到它背后的一套内部创新、毁灭机制以及内部建立的这种文化。我们跟马云合作推出乐业保，为什么？因为面对新的环境，我们不革自己的命，别人也一定会革你的命，那我们还不如先革自己的命。

建立互联网的发展模式才最重要

杨燕青：在陈董看来，互联网带来的最大一个变革是对整个企业的思维方式产生了重大的影响，这是企业管理中比较重要的一块。这里也想问问王董，您觉得互联网对你的压力来自何方？你的互联网战略框架中最核心的一个架构是什么？

王梓木：我们刚起步不久，因为互联网不是简单地把线下的产品搬到线上销售，而是要围绕互联网发展的要求和特点，实现与之相伴的一些产品和运营，是建立一个商业模式。因此，这个任务非常艰巨，整个过程是在探索中前进。保险是一个非常传统的行业，迎接这样一个先进的技术，只是一般性的运用还不够，要真正融入互联网中去，建立互联网的发展模式应该是新的战略举措。我们公司的汽车保险 5 年前定下的是专属门店战略，在社区建立若干个门店，这是从国外学习

来的，业务代理商采取加盟店的方式来获得代理手续费，并且在成本投入上分担风险。到 2013 年年底我们已经有 1 300 家店，2014 年我们计划再开 1 000 家店。互联网确实有一些优势，可以代替很多东西，但从客户体验来说，"手拉手、面对面、心贴心"的服务还是无法由互联网所替代。用冯仑的话讲，网上能谈恋爱，但能结婚、能进洞房吗？所以，相对复杂的东西还是需要"面对面"的服务。如今，发展哪一类的产品？建立哪一类的系统？都必须考虑互联网技术的运用，要根据自己的实际发展需要来一步步推进互联网战略。总之，我觉得我们在互联网方面虽然做了很多产品，但并不是非常先进，我们的退货运费险、旅行险、机票取消险、酒店取消险都在网上卖，而且都通过各大网站来销售，但只有经过一段时间的积累，我们才能测算出它的赔付费，才能重新制定费率，好在我们的费率市场化时代已经到来了。

杨燕青：陈董认为互联网对保险业的颠覆将是本质性的，您觉得有这样严重吗？听你刚才的意思，没有被互联网颠覆的部分也很重要。

王梓木：互联网对保险业的颠覆影响，主要体现在个人业务之类的简单产品上，真正复杂的产品，像我们产险公司的商险，如各类企业的保险、卫星保险、飞机保险，仅保单就有一厚撂，不可能在网上成交。因此，目前能够做到的还是相对简单、容易识别并且便于赔付的一些产品。不过，它覆盖的人群会很广。

杨燕青：陈董，您对此赞同吗？

陈东升：我完全同意。我说的颠覆性影响并不是对整个行业，客户体验是保险业很重要的一个因素。另外，互联网是多重的，首先我们要把它当成工具来用，它的运用可以提高我们的工作效率，比如我们现在将微信运用得很好，不仅用于客户服务，也用于内部办公，我们建立了各种内部微信群，在群里讨论和汇报，这样通过手机我就能详细了解公司的状况。互联网的颠覆是一个温水煮青蛙的过程，我们20万的销售大军也不可能一夕之间被替代，而且这些人也有很强的生存本能，我也总是在告诉他们，革命来了，固守不是办法，必须创新，现在也在鼓励营销员用微信组织客户群，这样他的服务、销售、工作效率就会大大提高。我们的费率也就会慢慢降下来，保险也会更便宜。泰康的战略很清楚，就是坚持专业化，深耕寿险产业链，从摇篮到天堂，让保险成为人们生活的一部分，让保险更实惠、更便捷。更实惠、更便捷就是互联网文化，就是互联网精神。

杨燕青：王董推出的运费退货险有针对卖家和买家的，但在经营中我们发现了一个非常有趣的事情，就是针对买家的互联网保险总是亏损，针对卖家的就盈利，为什么会这样？

王梓木：市场经济初期欺诈风行，哪个国家都避免不了，成熟的市场经济才以诚信为主，这是一个规律。互联网出现以后，在谁也没见到谁的情况下，钱就敢付出去，货物也能运过来，这体现的是市场诚信的作用。但现实中，我们在运营互联网保险时遇到的欺诈比例也很大。例如退货运费险，针对买家和卖家的是同一个保险，分别有两方来购买，但前者的赔付率是后者的两倍。经过数据分析后我们发现，前者中有很多欺诈行为，骗保、骗赔的形式五花八门，甚至有些人就如何骗保、骗赔的经验建立了交流网站，直到公安部门找到他们时，才知道自己犯了罪。

保险业应该往价值链的上游走

杨燕青：刚才两位在讲到互联网保险时都提到了众安在线，2013 年众安在线是一个明星公司，年底他们推出了网络保证金保险。这个保险的概念比较简单，淘宝上有很多卖家，他们都需要给淘宝交一份保证金，众安在线推出的网络保证金保险就是让这些卖家不用交保证金，而只需买这份保险。这是一个非常好的商业创新，但是众安在线将费率确定为 3%，对此两位怎么看？

陈东升：我们在做一个创新产品的时候，思维方式基本是国际上如何做我们就如何做，然后在实践过程中不断修正，最后确定一个比较合理的定价。但是互联网行业跟传统行业不一样，互联网先是免费，在形成市场群之后开始提供增值服务。因此，对你说的这个事，我不太好评价，而且我评价的意义也不大。

杨燕青：那你觉得，像众安在线这样的保险公司是否能与你竞争？

陈东升：今天它还无法跟我竞争，但 20 年后我也不清楚。

杨燕青：王董你觉得这个网络保证金保险设计得怎样？

王梓木：还是挺独特的，用保险取代保证金计划，采取 3% 的费率来使客户领回保证金，客户一算账显然愿意。3% 的费率定价或许存在一定的风险。因为现在还没有办法统计这些商家的信用，也没有充分的数据积累来证明这个价格是否合适，所以还需要一段时间来检验。

杨燕青：我们现在讨论的是互联网对保险业的冲击，陈董认为互联网对保险的冲击大于互联网对银行的冲击，王董持不同意见，刘主席怎么看？

刘明康：很难简单地说互联网对哪个行业的冲击更大，我觉得互联网对金融业的冲击都是巨大的，包括银行、保险和证券。在面对这个冲击的时候，这三个行业如何应对巨大的变化与自我完善是一场革命。举主持人刚提出的 3% 费率是否合理的问题来说，我觉得不能一概而论，这里有两个很重要的概念，互联网作为平台和渠道服务于金融企业，既迎合了客户的体验，又充分利用了银行、保险、证券的专业之手、技能、经验以及对私人的承诺，并且金融业有监管，有很多条条框框。但问题是，如果互联网金融自己有了支付结算功能呢？对此我希望搞互联网金融的人头脑清醒一点。为什么？案件马上跟着来，刚刚梓木董事长讲的欺诈的确存在。另外，传统金融业花了大量的资金建设自己的安全系统，维护自己的支付结算功能和客户隐私权，忽略这一点是要犯大错的。因此这对互联网金融企业来说并不那么容易。

而3%乃至更低的费率如果想顺利维持下去，我觉得就必须坚持一条，那就是风险必须呈正态分布，这样肥尾效应就很小，因为小、散的客户不存在明显的不对称问题，基本上是正态分布。这样的情况下，别说3%，2%乃至更低的费率都没有问题，关键是走哪一条路。陈东升和王梓木两个人所做产品的风险不是正态分布，都具有肥尾效应，所以他们才用类似匹配资本金以及信用风险管理等来管理分保、来分散风险。但是如果坚持做小、散和普通客户，这类企业对传统的简单保险业务就会带来一个重大挑战，这块传统业务就保不住了。如此一来，既然打不赢，传统保险业就只能参与，比如跟马云合作，但即使合作，保险业最后肯定也没有什么效益，可如果不合作，这部分客户则可能全跑掉了。这就逼着保险业开展一场往价值链上端走的革命，陈东升自己也这么说。

往上走为什么是一场革命？第一，处于价值链高端时定价非常困难。高端保险服务的定价、风险的度量牵扯到市场风险、信用风险、流动性风险，而且现在市场化在进一步深入，费率市场化、利率市场化也会马上到来，在这样的环境下，定价就更需要大量的数据与一批人才和技术。第二，更具革命性风险的是文化革命。保险业销售员现在每天跟客户接触的时间不到50%，但如果要做高端服务，就必须量身订做，并且随时形影不离。因此，我觉得这是一场逼着银行业、保险业、证券和基金业往价值链的高端走的革命，是一场文化的革命，一场管理的革命。

所以，互联网的发展是一件好事，它给我们带来了挑战，而对搞互联网的人我希望能够清醒地认识到，只能在自己特定的领域里做特定的事情，越过这个领域就会带来灭顶之灾。

杨燕青：多谢刘主席，两位怎么看？

陈东升：我非常赞成刘主席所说的。前面我所说的颠覆主要指的是观念、文化和销售上的。对于销售，如果未来互联网公司发展迅速，我们即使放弃也没有关系，西方也经历了这样的过程。放弃销售后，我们完完全全只做承保，就做一个纯粹的保险公司。

王梓木：互联网提高了保险公司的销售能力，这我们可以直接看到。除此之外，我们还可以利用互联网技术提高公司整体的系统运营能力，如承保能力、定价能力、风险管理能力，这是保险公司最核心的竞争力。现在的环境下，大家都在强调互联网精神、互联网思维，在我看来，互联网精神就是一种平等、自由、创造的精神，这也是做好企业的基本精神，而把这些精神贯彻到底，是对人性的挖掘。运用好互联网，还可以提高我们与客户的沟通与交流能力，提高企业内部的沟通和学习能力，这对企业的方方面面都会带来很大的益处。

【互动环节】

杨燕青： 下面进入提问环节。

问题 1： 在费率市场化的大环境下，有没有可能建立一个比价网站来挑起保险公司之间的价格战？

杨燕青： 互联网也有一些互联网的习惯，就是把价格压得很低。

王梓木： 英国的比价网站做得较早，财险保费排名靠前的有好几家是比价网站。英国人也找到华泰问是否有做比价网站的意愿，思考之后我们还是拒绝了。因为我们觉得现在还不合适做比价网站，中国的保险业还没有成熟到这个程度，但是冲击是免不了的。虽然价格是越低越好，但是我们现在为客户提供的各类保险服务都是有附加价值的，我们并不把价格看作最根本的因素。互联网对金融业的冲击，首先是银行业，尤其是支付系统；其次是保险业，保险业中首先影响的是产险，然后是寿险。

陈东升： 举个例子，对于喜欢住五星级酒店的人来说，价格是次要的，服务才最重要。但对选择旅馆的人来说，价格是首要因素，服务是其次。其实人类所有的生意都是这样，所以不能简单地一概而论，保险业更是如此。保险业是个非常复杂的行业，不同的人群有不同的需求。比如我们的互联网客户更年轻，年龄在 25~30 岁之间，他们对价格很敏感，但是我们传统的代理销售客户则基本上是中年人，银行客户是老年人，不同的客户、不同的渠道所需要的产品也完全不一样。这样的情况下进行比价不是件容易的事，寿险可能更难，因为寿险可以根据不同的功能组合成无穷的产品。

杨燕青： 既然互联网销售渠道非常重要，那到 2020 年你们预计通过互联网销售的保险在整个保险产品中的比重是多少？

陈东升：目前来讲，可以忽略不计，未来就不太好说了。

王梓木：大体上来说，到 2020 年可能达到 5 000 亿，占整个市场份额的 10%。

杨燕青：你们公司是比 10% 高还是低？

王梓木：肯定比这个高，现在都达到 13% 了。

杨燕青：最后，我们请两位给我们的 2014 年做一个寄语，可以针对保险业，也可以针对金融业，你们期望 2014 年发生的那个变革是什么？

王梓木：希望无论是投保人还是承保人都更加理性地对待一切，希望互联网走进我们，我们也能够拥抱互联网、融入互联网、学习互联网，使我们的生活更美好，使我们的业务发展得也更健康。

陈东升：我认为大金融时代才刚刚到来，充满机会。

后记：市场与企业家精神

十八届三中全会指出：经济体制改革是全面深化改革的重点，核心问题是处理好政府和市场的关系，使市场在资源配置中起决定性作用和更好地发挥政府作用。在这之前，市场的作用是"基础性"的，从"基础性"到"决定性"，虽然只有两个字的差别，却从根本上厘清了市场和政府的关系，市场能办的都交给市场办。

30 多年的改革史充分证明了市场的作用，它是经济增长最有效的手段，但市场的作用不止于此。市场是个子系统，镶嵌在整个社会的大系统中，并和其他子系统如行政、司法、教育等互相作用。每个企业都想招聘到更优秀的员工，这说明市场与教育密切相关；合同是市场的中枢，大量的合同纠纷需要裁定，这说明市场与司法紧密相连；每个企业的正常运转都需要大量的公共性服务，这说明市场与行政不可分离。凡此种种，认定市场的作用是"决定性"的，事实上是承认了市场这个子系统引导其他子系统以及整个母体的新陈代谢，这是市场"决定性"作用的真正含义。

只有对市场的"决定性"作用有了更为完整的认识，才能真正确立市场的信念。

在这样的大环境下，从实践的角度讨论如何发挥市场在资源配置中的决定性作用就不仅是必要的，而且也是必然的。在此书中，我们可以看到众多学者、企业家对这一问题的解答，有乐观，有质疑，有理论分析，也有实战指导，虽然答案不尽相同，但答案中折射出的"匹夫有责"精神却如出一辙。

工商银行董事长姜建清曾表示，实现市场在金融配置中起决定性的作用，需要在若干方面继续推进和完善：其一，完善市场监管和市场退出机制，促进市场主体向理性的经济转变；其二，培养储户和投资者的风险意识；其三，完善资源配置市场化的一系列基础性工作。完善金融企业风险治理、内部控制、风险定价和经营转型，才能使微观经济主体更具活力，市场在金融资源配置上起决定性作用的内外部环境才能真正成熟。

春华资本集团董事长、著名经济学家胡祖六指出，尽管通过 30 多年的渐进式改革，中国的市场化程度越来越高，市场力量越来越大，也越来越国际化，但我们还不是真正的市场化经济，所以全面深化改革就要将政府和市场的关系处理好。其中，有两点最重要：一是放松管制，打破垄断，倡导竞争，只有这样才能迸发市场活力；二是减少审批，所有不必要、不合理、烦琐的行政审批都需取消，只有这样才能真正提高市场配置资源的效率。

新东方教育科技集团董事长俞敏洪也说到，市场决定性作用的说法其实不仅仅为中国经济未来的发展奠定了基础，更重要的是奠定了中国体制改革的基础，而且这个体制改革不仅仅是在经济领域，也应该在文化、社会、政治领域。

华泰保险集团股份有限公司董事长兼 CEO 王梓木就混合所有制的问题提到，混合所有制还是进步和积极的东西。一是有利于国有企业的进一步改制，提高国有企业的竞争力乃至生命力；第二，有利于培育一批真正的企业家群体；第三，有利于市场结构的优化；第四，混合所有制不仅给国有企业，也给民营企业带来新的发展机遇。在亚布力年会看这个混合所有制的题目时，他立即说了一句话：混合所有制或许是一剂药方，它能够治国企的病，救央企的命。

而与其论调完全相反的是华远地产董事长任志强，他指出，混合制的好处就是他可以化装逃跑。什么叫混合？混合的结果，不是国有资产侵吞民有资产，就是民有资产侵吞国有资产，一定是这两种结果，不会有第三种结果。

……

面对如此多相似或相反的答案，我们无从也无法判断哪些会与未来的现实更相符。但正如任志强先生所说，亚布力中国企业家论坛最重要的任务是培养我们独立的思考能力，让所有企业家都能够在市场发展的过程中创造一个奇迹。如果企业家没有创造精神，那么这个市场也就不会有了。现在我们将众学者、企业家关于"市场的决定性作用"的思考集结成此书的目的不在于通过对"如何发挥市场在资源配置中的决定作用"进行探讨从而产生共识，而在于向广大读者呈现学者、企业家们最原始、最真实的想法，也期望通过对思想的真实呈现让广大读者看到隐藏其中而又随处可见的企业家精神。

在此，我们衷心感谢积极参与讨论并贡献自己所思所想的企业家们，感谢他们为我们提供了又一场思想盛宴。在此，我们还要特别感谢芙蓉王文化给予我们的大力支持。在公众眼中，芙蓉王一直是一个低调、不事张扬的品牌。但就在这种低调中，多年的潜心运作让芙蓉王顺利成为烟草行业中式卷烟的代表品牌。用心聆听、厚积薄发，这或许就是企业乃至个人成功的关键。"传递价值，成就你我"，芙蓉王的品牌理念强调价值的传递与成就的共享，这与企业家们心系家国，匹夫有责的情怀以及我们的宗旨——"让企业有思想，让思想能流传"不谋而合。再次感谢芙蓉王文化愿意与我们一起，成为中国企业家思想的传递者。

同时，我们也感谢各界朋友长期以来对亚布力中国企业家论坛的关注和参与，更感谢黑龙江省政府、黑龙江省工业和信息化委员会、哈尔滨市市政府、尚志市市政府等各级政府部门对亚布力中国企业家论坛 10 多年来的鼎力支持！